Der Status der Aufständischen im modernen humanitären Völkerrecht

SCHRIFTEN
zum internationalen und zum öffentlichen
RECHT

Herausgegeben von Gilbert Gornig

Band 73

PETER LANG
Frankfurt am Main · Berlin · Bern · Bruxelles · New York · Oxford · Wien

Katja Lange

Der Status der Aufständischen im modernen humanitären Völkerrecht

PETER LANG
Internationaler Verlag der Wissenschaften

Bibliografische Information der Deutschen Nationalbibliothek
Die Deutsche Nationalbibliothek verzeichnet diese Publikation in der Deutschen Nationalbibliografie; detaillierte bibliografische Daten sind im Internet über <http://www.d-nb.de> abrufbar.

Zugl.: Marburg, Univ., Diss., 2007

D 4
ISSN 0943-173X
ISBN 978-3-631-57395-2

www.peterlang.de

Vorwort

Die vorliegende Arbeit wurde im Sommersemester 2007 vom Fachbereich Rechtswissenschaften der Philipps-Universität Marburg als Dissertation angenommen.

Ich möchte an dieser Stelle all denen, die zum Entstehen dieser Arbeit beigetragen haben, herzlich danken.

Mein besonderer Dank gilt meinem Doktorvater, Herrn Professor Dr. Dr. h.c. Gilbert Gornig, Leiter des Instituts für öffentliches Recht der Philipps-Universität Marburg.

In den Dank mit einschließen möchte ich aber auch meine Eltern und meinen Freund. Ohne ihr Entgegenkommen und Verständnis wäre mir die Fertigstellung dieser Arbeit nicht möglich gewesen.

Wetter, im Juli 2007 Katja Lange

Inhaltsverzeichnis

Abkürzungsverzeichnis

Abs.	Absatz
AC	Appeal Chamber
AdG	Archiv der Gegenwart
AFDI	Annuaire Français de Droit International
AFRC	Armed Forces Revolutionary Council
ai	Amnesty International
AIDI	Annuaire de l'Institut de droit international
AJIL	American Journal of International Law
AKUF	Arbeitsgemeinschaft Kriegsursachenforschung
ALIR	Armée pour la Libération du Rwanda
Anm.	Anmerkung
Art.	Artikel
ASIL	American Society of International Law
Aufl.	Auflage
AVR	Archiv des Völkerrechts
Bd.	Band
BGBl.	Bundesgesetzblatt
BRA	Bourgainville Revolutionary Army
Buchst.	Buchstabe
bzw.	beziehungsweise
CCW	Convention on prohibitions or restrictions on the use of certain conventional weapons
CDDH	Actes de la Conférence diplomatique sur la réaffirmation et le développement du droit internationale humanitaire applicable dans les conflits armés
CDF	Civil Defence Forces
CIA	Central Intelligence Agency
CICC	Coalition for an International Criminal Court
CICR	Comité International de la Croix-Rouge
Colo.	Colorado
ders.	derselbe
d. h.	das heißt
dies.	dieselbe
Diss.	Dissertation
Doc.	Document

EA	Europa-Archiv
ECOMOG	ECOWAS Cease-fire Monitorino Group (Beobachtermission der westafrikanischen Wirtschaftaftsgemeinschaft
ECOWAS	Economic Community of West African States (Wirtschaftsgemeinschaft westafrikanischer Staaten)
EJIL	European Journal of International Law
ENMOD	Convention on the Prohibition of Military or Any Other Hostile Use of Environmental Modification Techniques
EPIL	Encyclopedia of Public International Law
EU	Europäische Union
EuGRZ	Europäische Grundrechtezeitschrift
EWG	Europäische Wirtschaftsgemeinschaft
f., ff.	folgend, folgende
FAZ	Frankfurter Allgemeine Zeitung
FAR	Forces Armées Rwandaise
Fordham Int'l L.J.	Fordham International Law Journal
FPR	Front Patriotique Rwandaise
FS	Festschrift
GAbk.	Genfer Abkommen von 1949
HLKO	Haager Landkriegsordnung; eigentlich: Ordnung der Gesetze und Gebräuche des Landkriegs (Anlage zu dem [IV. Haager] Abkommen, betreffend die Gesetze und Gebräuche des Landkriegs vom 18.10. 1907), RGBl. 1910, 132
HuV-I	Humanitäres Völkerrecht - Informationsschriften
GYIL	German Yearbook of International Law
Hrsg.	Herausgeber
ICHRDD	International Centre for Human Rights and Democratic Development
ICJ	International Court of Justice
ICJ Reports	International Court of Justice, annual reports of judgements, advisory opinions and orders
ICLQ	International and Comparative Law Quarterly
ICRC	International Committee of the Red Cross
ICTR	Internationales Straftribunal für Ruanda
ICTY	Internationales Straftribunal für das ehemalige Jugoslawien
IDI	Institut de Droit International
IGH	Internationaler Gerichtshof
IIP	International Institut for Peace
IISS	International Institut for Strategic Studies

IKRK	Internationales Komitee vom Roten Kreuz
Inc.	Incorporation
insb.	insbesondere
IPbürgR	Internationaler Pakt über Bürgerliche und Politische Rechte
IRRC	International Review of the Red Cross
IStGH	Internationaler Strafgerichtshof
IYHR	Israel Yearbook on Human Rights
JA	Juristische Ausbildung
JNA	Jugoslawische Volksarmee
JZ	Juristenzeitung
KP	Kommunistische Partei
KSZE	Konferenz über die Sicherheit und Zusammenarbeit in Europa
LRA	Lord's Resistance Army
LTTE	Liberation Tamil Tigers of Elam
k. und k.	kaiserlich und königlich
Mass.	Massachusetts
MONUC	Mission de l'Organisation des Nations Unies en République Démocratique du Congo
NATO	North Atlantic Treaty Organisation
NJIL	Nordic Journal of International Law
NJW	Neue Juristische Wochenschrift
no.	number
NPFL	National Patriotic Front of Liberia
NStZ	Neue Zeitschrift für Strafrecht
NY	New York
NYIL	Netherlands Yearbook of International Law
OSZE	Organisation für Sicherheit und Zusammenarbeit in Europa
p.	page
PCIJ	Permanent Court of International Justice
PLO	Palestine Liberation Organisation
Proc.	Proceedings
RdC	Recueil des Cours de l'Académie de Droit International
Res.	Resolution
RGBl.	Reichsgesetzblatt
RGDIP	Revue Générale de Droit International Public
RICR	Revue Internationale de la Croix-Rouge

Rn.	Randnummer
RUF	Revolutionary United Front
SAYIL	South Africa Yearbook of International Law
SCSL	Special Court for Sierra Leone
SCSt	Special Court Statute
sec.	section
S+F	Vierteljahresschrift für Sicherheit und Frieden
SIPRI	Stockholm International Peace Research Institut
SJIR	Schweizerisches Jahrbuch für Internationales Recht
SR	Sicherheitsrat
SZIER/RSDIE	Schweizerische Zeitschrift für internationales und europäisches Recht/Revue suisse de droit international et européen
TC	Trial Chamber
u. a.	unter anderem
UN, UNO	United Nations (Organization)
UNAMIR	United Nations Assistance Mission for Runada
UNAMSIL	United Nations Mission in Sierra Leone
UNESCO	United Nations Educational, Scientific and Cultural Organization
UNIDIR	United Nations Institute for Disarmament Reserach
UNP	United National Party
UNWCC	United Nations War Crime Commission
US, USA	United States (of America)
U.S.	United States Reports
v.	versus
vgl.	vergleiche
VN	Vereinte Nationen
vol.	volume
WHO	World Health Organization
YIHL	Yearbook of International Humanitarian Law
YLJ	Yale Law Journal
ZaöRV	Zeitschrift für ausländisches öffentliches Recht und Völkerrecht
z. B.	zum Beispiel
Ziff.	Ziffer
ZP I	Zusatzprotokoll zu den Genfer Abkommen vom 12. August 1949 über den Schutz der Oper internationaler bewaffneter Konflikte vom 10. Juni 1977

ZP II	Zusatzprotokoll zu den Genfer Abkommen vom 12. August 1949 über den Schutz der Opfer nicht internationaler bewaffneter Konflikte vom 10. Juni 1977
ZStW	Zeitschrift für die gesamte Strafrechtswissenschaft

Einleitung – Problemstellung

"The destiny of the modern world is closely tied to the consequences of widespread revolutionary violence."[1] – *„Das Schicksal der modernen Welt ist eng verbunden mit den Konsequenzen der weit verbreiteten revolutionären Gewalt."*

So schrieb Richard A. Falk bereits Anfang der siebziger Jahre des letzten Jahrhunderts. Dennoch hat die Staatengemeinschaft bis heute nur wenige Konzepte für ein *ius in bello* in Bürgerkriegszeiten entwickelt.[2] Die Stagnation der Rechtsfortbildung steht dabei im Widerspruch zu einer sich rasant verändernden politischen Wirklichkeit, die an die Behandlung aktueller Krisenherde bereits neue Herausforderungen stellt und das, obwohl alte Problemfelder noch keiner Lösung zugeführt worden sind. Auf diese Problematik der Anwendbarkeit völkerrechtlicher Normen in nicht-internationalen bewaffneten Konflikten wird sich die vorliegende Arbeit konzentrieren. Damit soll eine Lücke geschlossen werden, denn dieser Fragenkreis wurde in der völkerrechtlichen Literatur bislang weitestgehend ausgespart.

Oftmals dargestellt wurden die Anerkennungslehren,[3] die zwar auch in diesem Beitrag ihren Platz im Rahmen eines historischen Erklärungsansatzes finden sollen, aber insoweit veraltet sind, als im 20. Jahrhundert keine Anerkennung mehr ausgesprochen wurde. Lange geisterte das Rechtsinstitut der Anerkennung der Aufständischen als Kriegführende durch das Kriegsvölkerrecht, das den von Bürgerkriegen betroffenen Regierungen ein souveränes Ermessen einräumte, den Regeln der Humanität aber nicht zur Durchsetzung verhelfen konnte.[4] Historisch existieren nur sehr wenige Fälle, in denen Einigkeit herrscht, dass eine solche Anerkennung als kriegführende Partei überhaupt stattgefunden hat.[5]

---

1 Falk, Introduction, in: Falk (Hrsg.), The International Law of Civil War, S. xi.

2 Zu nennen sind der gemeinsame Art. 3 der Genfer Abkommen von 1949 und Zusatzprotokoll II zu den Genfer Abkommen von 1949 aus dem Jahr 1977.

3 Die Anerkennungstheorien sind dargestellt bei: Castrén, Civil War; Kunz, Die Anerkennung von Staaten und Regierungen im Völkerrecht, S. 169 ff.; Naumann, Bürgerkrieg und Völkerrecht insb. die Anerkennung als Aufständische und als kriegführende Partei in ihrer Bedeutung für das Seekriegsrecht; Lauterpacht, Recognition in International Law, S. 175 ff.

4 Riedel, in: EPIL, vol. IV, 1982, S. 167 ff.

5 Hauptbeispiele sind der griechische Aufstand gegen das Ottomanische Reich 1821-1829; der Amerikanische Bürgerkrieg 1861-1865; der chilenische Aufstand 1891 (Anerkennung der Aufständischen durch Bolivien 1891).

Im 20. Jahrhundert wurden neue Konzepte für die Anwendbarkeit des Völkerrechts gefunden, indem man sich von formalistischen Betrachtungsweisen löste.[6] Denn nach klassischem Völkerrecht bekamen Bürgerkriege erst durch die Anerkennung der Aufständischen völkerrechtliche Bedeutung, d. h. einzig die Anerkennung bestimmte den Status der Rebellen. Die Genfer Abkommen von 1949 formulieren nun ein Mindestmaß an in nicht-internationalen bewaffneten Konflikten geltenden Rechten unabhängig vom Ermessen der Staaten. Sie definieren aber nicht, was unter internen Konflikten zu verstehen ist. Auch bei den Vorbereitungsarbeiten des Internationalen Komitees vom Roten Kreuz (IKRK) für die Überarbeitung der Genfer Abkommen wurde weitestgehend auf eine Qualifikation der Innerstaatlichkeit und eine Definition der internen Konflikte verzichtet. Art. 1 des II. Zusatzprotokolls zu den Genfer Abkommen legt zwar eine Anwendbarkeitsschwelle fest, genaue Kriterien, um zu bestimmen, wann ein Konflikt nicht-internationalen Charakters vorliegt, fehlen aber weiterhin. Damit ist bis heute die Frage ungeklärt, wo die exakte Trennungslinie zwischen dem einem völkerrechtlichen Mindeststandard unterliegenden nicht-internationalen bewaffneten Konflikt und dem ausschließlich dem innerstaatlichen Recht unterfallenden internen Konflikt zu ziehen ist. Wo ist hier der internationalisierte Konflikt einzuordnen? Wird die Masse der bewaffneten Konflikte überhaupt vom Regelungsbereich des geltenden Rechts erfasst?

Das humanitäre Völkerrecht muss sich wie jeder Bereich des Rechts der Herausforderung stellen, auf eine sich verändernde Wirklichkeit normativ antworten zu müssen. Anders als in der nationalen Gesetzgebung sind die Möglichkeiten im zwischenstaatlichen Bereich aber weitaus geringer, um zu gewährleisten, dass das Recht die Wirklichkeit mitgestaltet. Vielmehr besteht die Gefahr, dass die Wirklichkeit sich unabhängig von der Völkerrechtsordnung weiterentwickelt.[7] Besondere Berücksichtigung muss im Rahmen der Rechtsfortbildung für Bürgerkriege der Aspekt finden, dass von Anfang an ein Konflikt in das internationale humanitäre Völkerrecht hineingetragen wurde: Die Souveränitätsansprüche der einzelnen Staaten standen gegen die Festlegung eines humanitären Verhaltenskodex für nicht-internationale bewaffnete Konflikte.[8] Die Unterdrückung

---

6 Dahm/Delbrück/Wolfrum, Völkerrecht, Bd. I/2, S. 299 f.

7 Frowein, Das de-facto-Regime im Völkerrecht, S. 1.

8 CDDH/SR 50 Annex, p. 104, (Zaire) "Accordingly, dissident armed forces are primarily a group of rebels with no international legal personality. Their only legal status is that granted them under the domestic laws of their national State. To claim otherwise is to place a sovereign State on the same footing as a rebel movement, and that would imply de facto recognition to the movement."; CDDH/SR 49, p. 5 (Pakistan) "[Protocol II]

von Aufständen sollte nicht durch die Eingehung völkerrechtlicher Verpflichtungen verhindert werden, da gerade die Aufrechterhaltung von Ruhe und Ordnung zu den elementaren Aufgaben jedes Staates gehört.[9] Von vielen Staaten wurde dabei bewusst ignoriert, dass das Verhältnis einer Regierung zu Aufständischen nicht ohne weiteres mit der Kategorisierung des Verhältnisses von staatlicher Polizeigewalt und Rechtsstörern vergleichbar sein kann. Ein dynamisches Korrektiv zur statischen Souveränität konnte in der Mitte des letzten Jahrhunderts in den Dekolonialisierungskriegen mit dem Selbstbestimmungsrecht der Völker gefunden werden, für die übrigen Bürgerkriege gelten bis heute die alten Strukturen von internationalen und nicht-internationalen bewaffneten Konflikten.

Die Problematik der Nichtanpassung des Rechts zeigte sich bereits in den fünfziger Jahren des letzten Jahrhunderts im Rahmen der Behandlung gefangen genommener Kombattanten. Irregulär kämpfende Guerillatruppen wurden nicht vom Kriegsgefangenenstatus erfasst, obwohl die Irregularität der Kämpfe zu dieser Zeit zur Gewohnheit geworden war.[10] Ebenso verhält es sich bis heute, soweit das Völkerrecht andere als staatliche Konfliktbeteiligte berücksichtigt. Es beurteilt den nicht-internationalen bewaffneten Konflikt als Ausnahme, obwohl er in der Realität bewaffneter Auseinandersetzungen die Regel darstellt, der zwischenstaatliche bewaffnete Konflikt dagegen die Ausnahme geworden ist. 1997 waren in nahezu keinem der weltweit existierenden 25 bewaffneten Konflikte auf beiden Seiten Staaten als Parteien in die Kämpfe involviert.[11]

Erst seit der Entscheidung des Jugoslawien-Tribunals im Fall Tadic wird zunehmend von einer „Assimilierung" der Regelungsbereiche für den internationalen und den nicht-internationalen bewaffneten Konflikt gesprochen.[12] Dabei hat die Berufungskammer in der Dichotomie keinen hinreichenden Grund für die Beschränkung elementarer Standards des humanitären Völkerrechts in Bürger-

---

should not appear to affect the sovereignty of any State Party or the responsibility of its Government to maintain law and order."

9 Nach R. v. Ihering ist Ohnmacht die Todsünde des Staates (Der Zweck im Recht, Bd. 1, S. 243); Merten, in: Recht und Staat in Geschichte und Gegenwart, Bd. 442/443, S. 33: „Das Gewaltmonopol gehört daher zu den vitalen Lebensinteressen des Staats. Jede Beeinträchtigung ist mit einer Gefährdung der Staatlichkeit verbunden."

10 Bothe, in: EA 1976, S. 197 (200); Koenig, Der nationale Befreiungskrieg im modernen humanitären Völkerrecht, S. 1.

11 Fischer, in: Ipsen, Völkerrecht, § 64 I; McDonald nennt als einzige Ausnahme den Konflikt zwischen Indien und Kaschmir (McDonald, in: YIHL, vol. 1, 1998, S. 113 [121]).

12 Kreß, in: EuGRZ 1996, S. 638 (648).

kriegen gesehen.[13] Zumindest teilweise wurde diese Tendenz im Rom-Statut des Internationalen Strafgerichtshofs von 1998 übernommen.[14] Ob dieses Vorgehen jedoch zum jetzigen Zeitpunkt auch wirklich von der Staatenpraxis gedeckt ist, bleibt fraglich.[15]

Fehlen bislang Regelungen für die Erscheinungsformen traditionell geprägter nicht-internationaler bewaffneter Konflikte, existieren heute vielfach neue Kämpfe, in denen zum Teil nicht exakt identifizierbare Gruppen um die Macht in einem zerfallenden Staatswesen streiten. Die Motive der Gewaltanwendung und damit eng verknüpft auch die Ziele und Methoden innerstaatlicher Auseinandersetzungen haben sich verändert. Während früher für die Beherrschung von Land und Menschen gestritten wurde, wird heute in den immer mehr religiös und ethnisch geprägten Konflikten um die Beseitigung ganzer Volksgruppen gekämpft.[16] Der im Jugoslawienkonflikt entstandene Ausdruck ethnic cleansing[17] kennzeichnet die aktuelle Situation. Die Länder Somalia und Afghanistan bieten weitere Beispiele von blutiger Beständigkeit, die Staaten Ruanda, Burundi und die Demokratische Republik Kongo sind Orte andauernder Gewalt.

Während sich die meisten Autoren auf eine kritische Auseinandersetzung mit dem Kriegsvölkerrecht beschränken, will die vorliegende Arbeit das Phänomen des kollektiven Widerstandes zusätzlich vor seinem soziologischen und taktischen Hintergrund beleuchten. Beide Aspekte sollen den Wandel der Bürgerkriege von ideologisch zu religiös und ethnisch, von durch Guerillamethoden zu von Terrorakten geprägten Konflikten aufzeigen und damit einen Erklärungsansatz liefern, warum Bürgerkriege insbesondere seit den neunziger Jahren des 20. Jahrhunderts einer rasanten Veränderung unterliegen. Diese Randgebiete sollen Berührungspunkte zu der zentralen Problematik liefern, ob ein Festhalten an der Dichotomie des in internationalen und nicht-internationalen Konflikten geltenden Rechts überhaupt noch zeitgemäß sein kann oder nicht längst einen ein Umdenken provozierenden Anachronismus darstellt.

---

13 ICTY, The Prosecutor v. Tadic, Decision of Appeal Chamber on the defence motion of interlocutory appeal on jurisdiction, 2 October 1995, Case no. IT-94-1-AR72, § 97.

14 Art. 8 Abs. 2 c) und e) Rom Statut.

15 Fleck, in: ASIL Proc. 96 (2002), S. 25 (28).

16 Fischer, in: Ipsen, Völkerrecht, § 64 II.3.c).

17 Naimark, Fires of Hatred: Ethnic Cleansing in Twentieth Century Europe.

So tritt mit den Ereignissen vom 11. September 2001 neuer Diskussionsstoff an das humanitäre Völkerrecht heran. Die Anschläge auf das World Trade Center und das Pentagon veranlassen Sicherheitspolitiker und Wissenschaftler zu der Frage, ob das Regelwerk der Genfer Abkommen den heutigen Konflikten noch gerecht wird.[18] Das humanitäre Völkerrecht sei im Hinblick auf die neuen Konfliktarten lückenhaft und inadäquat, eine Ergänzung sei notwendig, um die neuen Erscheinungsformen einzubeziehen.

Alte Bemühungen um ein "single law" werden nun neu aufgelegt. Den Anfang macht das Internationale Komitee vom Roten Kreuz, das im Frühjahr 2005 einen Vorschlag zum völkerrechtlichen Gewohnheitsrecht in nicht-internationalen bewaffneten Konflikten vorgelegt hat.[19] Die Frage, ob damit ein neuer, hoffnungsvoller Weg eingeschlagen wurde, soll den Abschluss dieses Beitrags bilden.

---

18 Watkin, Combatants, Unprivileged Belligerents and Conflicts in the 21st Century, International Humanitarian Law Research Initiative, Background Paper prepared for the Informal High-Level Expert Meeting on the Reaffirmation and Development of International Humanitarian Law, Cambridge, June 27-29 2003, S. 18; abrufbar unter: www.ihlresearch.org/ihl/pdfs/Session2.pdf.

19 Henckaerts/Doswald-Beck, Customary International Humanitarian Law, 2 volumes, vol. I Rules, vol. II Practice (2 Parts).

KAPITEL 1

Nationale Konflikte im Wandel des humanitären Völkerrechts

I. Konnexität von Recht und Wirklichkeit

Die Regelungskraft einer Rechtsordnung muss sich immer an der Wirklichkeit messen lassen, mit der sie unweigerlich verknüpft ist und an die sie sich funktional anzupassen hat. Recht entsteht durch Abkommen, Gewohnheiten und Prinzipien. Sie spiegeln in der Regel den Stand der internationalen Beziehungen wider und zwar insofern als die Prinzipien den Grundkonsens der Staaten verkörpern, die Gewohnheiten die aktuelle Praxis reflektieren und die Konventionen die zu positivem Recht verdichteten Normen repräsentieren. Dieses Verhältnis von Recht und Wirklichkeit – so die These der vorliegenden Arbeit – bestand im Zeitalter des klassischen Völkerrechts in angemessener Form. Die Zeitspanne des klassischen Kriegsrechts soll hier beginnend mit dem Westfälischen Frieden im Jahr 1648 und auslaufend mit den zwei großen Weltkriegen des 20. Jahrhunderts datiert werden.[20] Erfasst wird damit eine Epoche, die geprägt war durch Staatsbildungsprozesse[21], in erster Linie im europäischen Raum, später aber auch in Nordamerika. Damit einher ging eine Verstaatlichung des Krieges.[22] Was entstand, war eine staatszentrierte Kriegsführung, an der sich auch das klassische Kriegsvölkerrecht ausrichtete.

1. Staatszentrierte Kriegsführung

Meist sind es neue technologische Errungenschaften, die das Kriegsbild nachhaltig verändern. So hat die Revolutionierung des Militärwesens in der Frühen Neuzeit auch die politische Ausrichtung der Kriegsführung grundlegend beeinflusst. Zunehmend wurde Artillerie zum Einsatz gebracht, was zugleich Burgen und Stadtmauern in ihrer Abwehrfunktion gegen feindliche Angriffe bedeu-

---

20 Kimminich/Hobe, Einführung in das Völkerrecht, 2.4, 2.5.1.

21 Gantzel, in: Ethik und Sozialwissenschaften. Streitforum für Erwägungskultur, Heft 3, 1997, S. 257 (264). Unter dem unmittelbarem Eindruck der Kriege in Ex-Jugoslawien hat auch J. Burkhardt den Dreißigjährigen Krieg in diesem Sinne als Staatsbildungskrieg beschrieben (Burkhardt, in: Geschichte in Wissenschaft und Unterricht, S. 487 ff.).

22 Münkler, Die neuen Kriege, S. 91 ff.

tungslos werden ließ. Große Festungsanlagen mussten gebaut werden. Hinzu kam der Zwang über alle drei Waffengattungen, Infanterie, Kavallerie und Artillerie, zu verfügen, um sie in der Schlacht gemeinsam zum Einsatz zu bringen. Das Ergebnis war eine gewaltige Kostensteigerung im Kriegswesen[23] mit der Folge, dass der Staat, aber auch nur der größere Territorialstaat, zum Monopolisten der Kriegsführung aufstieg.[24] Zuvor hatten zahllose substaatliche Akteure wie die Feudalritter oder geschäftstüchtige Kriegsunternehmer, die Condottiere[25], das Kriegsbild beherrscht. Sie verschwanden entweder vollständig von den Schlachtfeldern oder wurden vom Staat den eigenen Truppen eingegliedert.

Max Weber spricht in diesem Zusammenhang von einer Trennung von Produzent und Produktionsmittel, denn die neuen Waffen waren zu teuer geworden, als dass sie sich ein Einzelner hätte leisten können. Waren bis dahin die einzelnen Kämpfer ihrem Lehnsherrn für die Dauer eines Krieges gegen Handgeld und Sold mit ihrer eigenen Ausrüstung in die Schlacht gefolgt, wurde das Kriegsgerät nun in staatlicher Hand zusammengefasst.[26] Zudem erforderte die neue Kriegsführung, dass die Truppen eine besondere Ausbildung erhielten. Das war nicht möglich, wenn sie erst bei Beginn des Krieges zusammengezogen wurden. Sie mussten kaserniert und unterwiesen werden. Die Waffen und die Kleidung, die sie trugen, standen nicht länger in ihrem Eigentum, sondern gehörten dem Staat. Der Staat stieg so zum alleinigen Kriegsherrn auf und die Rechtswissenschaft gab dieser Entwicklung eine rechtliche Form.

2. *Staatszentriertes Kriegsrecht*

Die Verstaatlichung des Militärwesens und der Aufstieg des Staates zum Monopolisten des Krieges hat das Kriegsvölkerrecht tief geprägt. Zusätzlich haben Konkurrenzgebaren und das Streben der größeren Staaten nach einer Vormachtstellung in Europa ein Gleichgewichtssystem herausgebildet, das im Wesentlichen durch die Idee der Symmetrie bestimmt war. So sind die zwischenstaatlichen Kriege im neuzeitlichen Europa – mit wenigen Ausnahmen[27] – als symmetrische Kriege geführt worden, und das wiederum ließ ein besonderes Rechtssys-

23 Münkler, S. 104.
24 Münkler, in: Merkur 2001, S. 222 (225).
25 Münkler, Die neuen Kriege, S. 91 ff.
26 Weber/Winckelmann, Wirtschaft und Gesellschaft: Grundriss der verstehenden Soziologie, S. 566.
27 Kapitel 1 III.1.a).

tem für den Krieg entstehen, wie es sich in anderen Teilen der Welt nicht entwickelt hat.

a) *Staat als Herr des Krieges und Entwicklung des europäischen Kriegsvölkerrechts*

aa) *Recht Krieg zu führen – ius ad bellum*

Als erstes wurde im Zuge der frühneuzeitlichen Symmetrisierung des Krieges die Vorstellung vom gerechten Krieg aufgegeben, die von Augustinus entworfen, von Thomas von Aquin und daran anschließend von den Neuscholastikern weiterentwickelt worden war.[28] Nach ihrer Theorie konnte man nur dann von einem gerechten Krieg sprechen, wenn die eine Seite als Rechtsverletzer anzusehen war, während die andere Seite den Krieg führte, um den rechtmäßigen Zustand wiederherzustellen. Das Recht zum Krieg, das *ius ad bellum*, war danach also von vornherein asymmetrisch zwischen den Kriegsparteien aufgeteilt, denn nur eine Partei führte einen legitimen Kampf.

Das Modell des gerechten Krieges unterscheidet sich nun grundlegend von den Kriegstheorien, die den bewaffneten Konflikt als Duell oder Turnier verstehen und damit von einer grundsätzlichen Äquivalenz der Kampfparteien ausgehen. Diese Auffassung sollte aber wegweisend für das europäische Völkerrecht von der Mitte des 17. bis zum Beginn des 20. Jahrhunderts sein.[29] Der italienische Jurist Alberico Gentili bejahte erstmals die Frage, ob es einen Krieg geben könne, der von beiden Seiten gerecht sei und schuf damit die Formel vom *bellum iustum ex utraque parte*.[30] Diese Formel unterstreicht zum einen die Gleichheit der kämpfenden Parteien, zum anderen macht sie deutlich, dass beide Seiten keine übergeordnete Instanz zur Beurteilung der Gerechtigkeit mehr akzeptieren. Indem alle als kriegsführungsfähig geltenden Parteien sich gegenseitig als Gleiche anerkannten – so durch die vertragsschließenden Parteien des Westfälischen Friedens erfolgt[31] – konnte kein Dritter mehr existieren, der in Rechtsfragen über ihnen stand.[32] Es gab fortan nur noch auf einer Stufe stehende Mächte,

---

28 Engelhardt, Der gerechte Krieg: Christentum, Islam, Marxismus, S. 72 ff.

29 Münkler, Die neuen Kriege, S. 113.

30 Kimminch, in: Fetscher/Münkler (Hrsg.), Pipers Handbuch der politischen Ideen, Bd. 3, S. 73 (84 f.); ders., in: Steinweg (Hrsg.), Der gerechte Krieg: Christentum, Islam, Marxismus, S. 206 (210); Grewe, Epochen der Völkerrechtsgeschichte, S. 247 ff.

31 Münkler, Gewalt und Ordnung, S. 71.

32 Münkler, Die neuen Kriege, S. 113.

deren juristische Stellung in ihrer Gesamtheit durch den Begriff der Souveränität beschrieben wurde. Der Souverän ist dabei der unabhängige, gleichberechtigte Herrscher, der keinen Höheren über sich anerkennt.[33]

Die in der Anerkennung der staatlichen Souveränität enthaltene gegenseitige Konzession der Gleichheit wurde zu einem Grundpfeiler des klassischen Kriegsvölkerrechts.[34] Danach hatten nur noch souveräne Staaten das Recht, Krieg zu führen, und da in Europa ohnehin niemand anders mehr faktisch dazu in der Lage war, hat sich dieses Kriegsverständnis durchgesetzt und für mehrere Jahrhunderte Gültigkeit behalten.[35] Staaten konnten sich fortan ohne vorherige Prüfung von Gründen und Ansprüchen im Kriegs- oder Friedenszustand befinden. Als Kriterium für den Eintritt des Kriegszustandes, verwandte das klassische Völkerrecht die Absicht zumindest eines Staates, Krieg führen zu wollen. Diese Absicht, der *animus belligerandi*, musste entweder in einer formellen Kriegserklärung oder durch konkludentes Verhalten, aus welchem auf den Willen zum Krieg geschlossen werden konnte, geäußert werden.[36]

bb) Recht im Krieg – ius in bello

Neben der Beachtung bestimmter formaler Schritte zum Kriegseintritt waren die Staaten aber auch zur genauen Einhaltung der kriegsrechtlichen Bestimmungen und Regeln, dem *ius in bello*, verpflichtet. Dies gilt insbesondere für die Respektierung neutraler Dritter und die Schonung von Kombattanten.

(1) Neutralität eines Dritten

Ein Respekt gegenüber der neutralen Stellung dritter Staaten konnte erst aufkommen, nachdem die Vorstellungen über den gerechten Krieg an Bedeutung verloren hatten. Heute erleben wir mit dem Wiederaufleben dieser Theorien erneut ein Verschwinden der Bereitschaft, den Interessen Dritter zurückhaltend zu begegnen. Der gegenwärtige Krieg gegen den Terrorismus etwa schließt ein Neutralitätsrecht aus, jedenfalls aus Sicht der exekutiven Spitze eines seiner

---

33 Kimminich/Hobe, Einführung in das Völkerrecht, 2.4.

34 Ebenda.

35 Schmitt, Der Nomos der Erde im Völkerrecht des Jus Publicum Europaeum, S. 112 f.

36 Rajower, Das Recht des bewaffneten nicht-internationalen Konflikts seit 1949, S. 2 f.

Hauptakteure: Wer nicht auf Seiten der USA steht, ist laut ihres Präsidenten George W. Bush gegen sie.[37]

Das Recht der Neutralität bleibt trotz dieses neuen Trends eine der wichtigsten, bis heute gültigen Errungenschaften des klassischen Völkerrechts. Sobald ein Kriegszustand zwischen zwei Staaten eintritt, erwerben alle an diesem Krieg nicht beteiligten Staaten automatisch die Rechtsstellung von Neutralen. Dieser Status besteht aus einem Paket von Rechten und Pflichten des neutralen Staates, die mit den Begriffen Unverletzlichkeit und Unparteilichkeit umschrieben werden können.[38] Andere wiederum kennzeichnen die Neutralität als „ein Rechtsverhältnis, das bestimmte Rechte und Pflichten der kriegführenden und neutralen Staaten in ihrem gegenseitigen Verhältnis zum Inhalt hat".[39] Das für den neutralen Staat wichtigste Recht ist gemäß Art. 1 des V. Haager Abkommens, die Unverletzlichkeit seines Staatsgebiets. Die Kriegführenden dürfen keine Truppen, Munition oder Verpflegung durch das Gebiet eines neutralen Staates transportieren.[40] Die Hauptpflicht der Neutralen besteht im Gegenzug darin, nicht zugunsten einer Partei in den Krieg einzugreifen.[41]

(2) Schonung der Kombattanten

Schonung von Kombattanten bedeutet, dass „ein Soldat seinen Gegner nicht als illegitimen Feind und dessen Ausrüstung sowie persönlichen Besitz nicht als Beute"[42] betrachten darf. Selbst das, was rechtmäßige Beute darstellt, gehört dem Kriegsmonopolisten Staat und nicht seinen Truppen. Mit dieser neuen Beurteilung des Kombattanten entstand eine Verrechtlichung des Soldaten, der zum *iustus hostis* wurde, wie Balthasar de Ayala ihn nannte.[43] Im Falle seiner Verwundung und Gefangennahme konnte er nun bestimmte Rechte für sich be-

---

37 Münkler, Die neuen Kriege, S. 114. Die neue Auffassung über das Verhältnis von Neutralität und kollektiver Sicherheit zeigte sich aber schon früher, während des Kuwaitkrieges als Österreich sich mit den von der UNO gebilligten Aktionen gegen den Irak solidarisch erklärte und damit das Überfliegen und den Bahntransit von Kriegsmaterial erlaubte. Vgl. Seidl-Hohenveldern, Völkerrecht, Rn. 1887.

38 Kimminich/Hobe, Einführung in das Völkerrecht, 18.4.

39 Bindschedler, in: ZaöRV, Bd. 17, 1956/57, S. 1 (1); ders., in: EPIL, vol. IV, 1982, S. 9 (9 f.).

40 Seidl-Hohenveldern, Völkerrecht, Rn. 1894.

41 Kimminich/Hobe, Einführung in das Völkerrecht, 18.4.

42 Münkler, Die neuen Kriege, S. 114.

43 Grewe, Epochen der Völkerrechtsgeschichte, S. 246; Schmitt, Der Nomos der Erde im Völkerrecht des Jus Publicum Europaeum, S. 113 ff.

anspruchen, insbesondere den Schutz seines Lebens und Respekt gegenüber seinem persönlichen Eigentum.[44] Der Schutz, den die Gefangenen zuvor genossen hatten, war dagegen abhängig vom Lösegeld gewesen, das mit ihnen erzielt werden konnte. Wo mit solchen Zahlungen nicht zu rechnen war, wurden Gefangene getötet oder verstümmelt, um sie so zumindest für weitere Kriegshandlungen unbrauchbar zu machen.

b) Symmetrisierung des Krieges

Da infolge des neuen Kriegsrechts das Beutemachen auf dem Schlachtfeld, d. h. die Ausplünderung von Gefallenen und Verwundeten, zurückging, entstand die Möglichkeit, den in der Schlacht erzielten Sieg strategisch vorteilhaft zu nutzen. Indem die siegreichen Truppen nicht mehr länger zum Plündern auf dem Schlachtfeld blieben, konnten sie nun den flüchtenden Gegner verfolgen, um ihn vollständig zu zerschlagen. Erst die Verfolgung des besiegten Gegners und seine Vernichtung „machte die Schlacht zur Entscheidungsschlacht“[45], mit der ein Krieg innerhalb kürzester Zeit beendet werden konnte.

Diese in Europa seit Mitte des 17. Jahrhunderts erfolgte Zusammenziehung der militärischen Gewalt auf dem Schlachtfeld und die Unterscheidung zwischen Aufmarschgebiet und Schlachtfeld, Etappe und Front, Kombattanten und Nichtkombattanten, Kriegswaffen und Gerätschaften des zivilen Lebens sind Bestandteile einer umfangreichen politischen Entwicklung. Die Summe der strategischen Elemente stellte eine militärische Symmetrie zwischen den kampfbereiten Parteien her, deren Einhaltung dadurch sichergestellt wurde, dass die einzelnen Staaten Belohnungen erhielten. Der Lohn für die Einhaltung der Symmetrie bestand in der grundsätzlichen Gleichstellung eines Staates mit den führenden Mächten Europas und die Form, in der er gewährt wurde, war die Zuerkennung der Souveränität. Auf diese Weise wurden die Staaten davon abgehalten, in der Auseinandersetzung mit kräftemäßig überlegenen Gegnern auf asymmetrische Strategien zurückzugreifen, etwa durch die Einbeziehung eines Volkskrieges in den eigenen Kriegsplan.[46]

---

44 Van Creveld, Aufstieg und Untergang des Staates, S. 185 ff.; Grewe, S. 246 f.; Münkler, Gewalt und Ordnung, S. 73.

45 Münkler, Die neuen Kriege, S. 116.

46 Münkler, Die neuen Kriege, S. 119.

II. Bürgerkriege im klassischen Völkerrecht

1. Souverän zuständig für innere Angelegenheiten

Im Wesentlichen stützte sich das europäische Gleichgewicht auf die Souveränität als tragende Säule. Diese Grunderkenntnis bildet den Schlüssel für das Verständnis zahlreicher Regeln des klassischen Völkerrechts, aber auch dafür, was nicht geregelt wurde. Das Recht, Ruhe und Ordnung im eigenen Staatsgebiet aufrechtzuerhalten bzw. wiederherzustellen, stand den Staaten selbst zu.[47] Denn in seinem Gebiet bildete der souveräne Staat den höchsten Herrschaftsverband und besaß die alleinige rechtliche wie auch tatsächliche Gewalt.[48] Das bedeutet, alle inneren Angelegenheiten unterfielen nationalem Recht und damit auch bewaffnete Auseinandersetzungen innerhalb eines Staates.[49]

Forderte man nun aus humanitären Erwägungen deren völkerrechtliche Regelung, so entsteht zwangsläufig ein Konflikt zwischen den Interessen der Staaten an der Wahrung der Souveränität und dem Humanitätsgedanken: Die absolut verstandene Souveränität verleiht den Staaten kraft des Gewaltmonopols völlige Handlungsfreiheit in der Bekämpfung innerer Unruhen. Diese Handlungsfreiheit ginge verloren, sobald das Völkerrecht auf interne bewaffnete Auseinandersetzungen anwendbar wäre, weil das humanitäre Völkerrecht gerade auf dem Gedanken beruht, dass eine schrankenlose Freiheit in der Wahl der Mittel zur Schädigung des Gegners unzulässig ist.[50]

Die lange währende Bedeutungslosigkeit des Kriegsrechts für Bürgerkriege wird sowohl in den Veröffentlichungen des Schrifttums[51] als auch in der Haltung der Staaten[52] selbst sichtbar. Am treffendsten formulierte es noch im Jahr 1912 der

---

47 Castrén, Civil War, S. 97; Kelsen/Tucker, Principles of International Law, S. 28; Lombardi, Bürgerkrieg und Völkerrecht, S. 86; Schindler, in: RdC, Bd. 163, 1979/II, S. 117 (125).

48 Verdross/Simma, Universelles Völkerrecht, S. 51; Zippelius, Allgemeines Staatslehre, S. 53.

49 Bindschedler, in: Blumenwitz/Randelzhofer (Hrsg.), FS Berber, S. 61 (73).

50 Oppenheim/Lauterpacht, International Law, vol. II, S. 226 f.

51 Fauchille, Traité de droit international public, tome II: Guerre et Neutralité, S. 11.

52 Bothe, in: RGDIP 1978, S. 82 (86 f.); Forsythe, in: AJIL, vol. 72, 1978, S. 272 (279 ff.); vgl. Indien, CDDH/I/SR 23, § 48; I/SR 29, § 15; I/SR 34, § 13; I/SR 30, § 26 (vol. VIII, p. 243, 314 f., 333 f., 389); CDDH/SR 49, § 76 f.; SR 56, § 49-54 (vol. VII, p. 72, 209 f.). China, CDDH/SR 12, § 20 (vol. V, p. 116 f.); CDDH/III/SR 3, § 26 (vol. XIV, p. 23). Irak, CDDH/II/SR 32, § 52 (vol. XI, p. 349). Pakistan, CDDH/I/SR 34, § 17 (vol. VIII, p. 390). Philippinen, CDDH/SR 49, Annexe und CDDH/SR 56, Annexe (vol. VII, p. 83 f., 243 ff.).

Vertreter Russlands, der gegen die Initiative des Internationalen Komitees vom Roten Kreuz für eine internationale Regelung von Bürgerkriegssituationen einwandte:

> *"I consider [...] that the Red Cross Societies should have no duty towards insurgents or bands of revolutionaries whom the laws of my country regard as criminals."*[53]

2. *Anerkennung*

a) *Aufständische als Kriegführende*

Dass ein so absolutes Prinzip schwerlich funktioniert, zeigte sich erstmals im amerikanischen Unabhängigkeitskrieg (1775-1783). Hier stellte sich die Frage, wie mit denjenigen zu verfahren sei, die staatsähnliche Attribute aufwiesen bzw. sie durch den bewaffneten Kampf gegen einen Souverän erlangt hatten. Denn ein Territorialverband wird aufgrund bestimmter Merkmale als Staat und damit als rechtlich Gleicher behandelt. Erlangten nun Aufständische ähnliche Merkmale wurden sie zwar nicht als Souverän, aber als Kriegführende anerkannt. Ein Aufstand wurde weiter als ein primär innerstaatlicher Vorgang eingestuft;[54] die legitime Regierung behielt also ihre bevorzugte Rechtsstellung. Die Anerkennung bewirkte aber eine Rangerhöhung der Rebellen als einen so genannten „Vorgriff auf eine mögliche Staatlichkeit"[55].

aa) *Voraussetzungen*

Die Anerkennung konnte sowohl durch die bekämpfte Regierung selbst als auch durch dritte Staaten[56] ausgesprochen werden. Während die betroffene Regierung die Rebellen jederzeit anerkennen konnte – diese Rechtshandlung stand als Zugeständnis an ihre Souveränität in ihrem freien Ermessen[57] – ‚durfte eine Anerkennung durch dritte Staaten erst erfolgen, wenn die Aufständischen in einem Staat die Merkmale eines lokalen *de-facto*-Regimes erfüllten, also faktisch Gleichheit bestand.

---

53 Schlögel, in: IRRC 1970, S. 137 (139).

54 Dahm/Delbrück/Wolfrum, Völkerrecht, Bd. I/2, S. 295.

55 Schmitt, Der Nomos der Erde im Völkerrecht des Jus Publicum Europaeum, S. 139.

56 Wie dies beispielsweise durch Bolivien im Jahr 1891 gegenüber chilenischen Aufständischen geschehen ist; vgl. Riedel, in: EPIL, vol. IV, 1982, S. 167 (168).

57 Berber, Lehrbuch des Völkerrechts, Bd. I, S. 242 f.; Castrén, Civil War, S. 140 ff.; Kunz, Die Anerkennung von Staaten und Regierungen im Völkerrecht, S. 179; Lauterpacht, Recognition in International Law, S. 243 f.

Es musste eine Regierung der Aufständischen existieren, welche die tatsächliche Herrschaft über ein größeres geschlossenes Gebiet eines anerkannten Staates ausübte und den Kampf gegen die legitime Regierung völkerrechtskonform führte.[58] Ähnlich den Entstehungsvoraussetzungen eines Staates, zu denen eine effektive Staatsgewalt zählt, musste auch die Herrschaft des neuen Regimes von Dauerhaftigkeit und Durchsetzungsfähigkeit gekennzeichnet sein. Aber nicht nur die Machtausübung selbst hatte sich internationalen Kriterien anzunähern, auch die Kampfhandlungen mussten nach ihrer Intensität, ihrem Umfang und ihrer Art der Austragung einem zwischenstaatlichen Krieg entsprechen.[59]

Lagen die Voraussetzungen eines lokalen *de-facto*-Regimes zur Zeit der Anerkennung noch nicht vor, so stellten dahingehende Erklärungen dritter Staaten eine verbotene Einmischung in die inneren Angelegenheiten des betroffenen Staates und damit eine Souveränitätsverletzung dar.[60] Der divergente Fall einer Rechtspflicht dritter Staaten zur Anerkennung der Aufständischen als Kriegführende, vorausgesetzt ein lokales *de-facto*-Regime existierte, wurde von Teilen der Literatur zwar vertreten,[61] die Staatenpraxis belegt aber ein anderes. Diese ging von einer fakultativen Rechtnatur der Anerkennung aus.[62]

bb) Wirkung

Sprach die etablierte Regierung selbst die Anerkennung der Aufständischen als kriegführende Partei aus, brachte sie damit das Kriegsvölkerrecht zur Anwendung.[63] Wählten dagegen dritte Staaten diesen Schritt, so konnten sie diese Wirkung nicht hervorrufen. Die Anerkennung durch Dritte bewirkte, dass deren Beziehungen zu den Regierenden wie auch zu den Aufständischen durch das Neutralitätsrecht geregelt wurden.[64]

---

58 Hess (Die Anwendbarkeit des humanitären Völkerrechts, insb. in gemischten Konflikten, S. 80) verweist auf die Résolution des Institut de Droit International vom 8.9.1900: « Droits et devoirs des Puissances étrangères, au cas de mouvement insurrectionnel, envers les gouvernements établis et reconnus qui sont aux prises avec l'insurrection. » Siehe auch von der Heydte, Völkerrecht, Bd. I, S. 195.

59 Dahm/Delbrück/Wolfrum, Völkerrecht, Bd. I/2, S. 296 f.

60 Von der Heydte, S. 196.

61 Lauterpacht, S. 237 f., der diese Pflicht aus dem Grundsatz der Nichtintervention ableitet. Zu dieser Lehre siehe auch Wehberg, in: RdC, Bd. 63, 1938/I, S. 1 (108).

62 Castrén, S. 173 ff.; Wehberg, S. 1 (103 ff.).

63 Riedel, in: EPIL, vol. IV, 1982, S. 167 ff.

64 Blix, in: RdC, Bd. 130, 1970/II, S. 587 (619 f.); siehe zum Neutralitätsrecht: Kapitel 1 I.2. a) bb) (1).

Das Rechtsinstitut der Anerkennung verlieh den Aufständischen damit nur eine partielle und relative Völkerrechtssubjektivität. Partiell bedeutet, die Belligeranten wurden nur Adressaten des Kriegs- und Neutralitätsrechts, nicht aber des gesamten Völkerrechts und relativ meint, Rechtsfolgen konnten nur im Verhältnis zu dem anerkennenden Staat entstehen.[65] Zudem war die Berechtigung der Aufständischen rein provisorischer Natur: Mit einer Niederlage der Rebellen wurde sie bedeutungslos, im Fall eines Sieges wurde sie ersetzt durch die volle Rechtsfähigkeit der neuen Regierung.[66]

b) *Insurgenten als Aufständische mit beschränkten Rechten*

Die Abhängigkeit der Rechtsfigur der Kriegführenden vom Ermessen der Staaten warf dort Probleme auf, wo die Staaten aufgrund rechtspolitischer Überlegungen den Rebellen einen Status als Kriegführende verweigerten, obwohl diese sämtliche Kriterien der Anerkennung oder zumindest einzelne Kriterien erfüllten. Sie weiterhin als Verbrecher, Verräter oder Piraten zu behandeln, lag weder im Interesse einer sich auf die Grundsätze der Menschlichkeit gründenden Staatengemeinschaft, noch konnte es ein Anliegen dritter Staaten sein. Für letztere war es zum Schutz des eigenen Handels und eigener, zwischen die Fronten geratener Staatsangehöriger von großer Bedeutung, mit den Kämpfenden in Kontakt zu treten.[67] Es war daher möglich auch hier elementare Regeln des Kriegsrechts zur Anwendung zu bringen,[68] die so genannte Anerkennung als Insurgenten.[69] Dabei mussten die strikten Kriterien einer Anerkennung als Kriegführende für eine rechtliche Einbeziehung der Insurgenten nicht vorliegen. Die Entscheidung darüber, welche Normen des *ius in bello* auf den Konflikt anwendbar sein sollten, blieb jedoch fakultativ.[70]

---

65 Hess, Die Anwendbarkeit des humanitären Völkerrechts, insb. in gemischten Konflikten, S. 79.

66 Von der Heydte, Völkerrecht, Bd. I, S. 195 f.; Kelsen/Tucker, Principles of International Law, S. 414; Neuhold, in: Österreichische Zeitschrift für Außenpolitik 1969, S. 63 (75).

67 Dahm/Delbrück/Wolfrum, Völkerrecht, Bd. I/2, S. 301; von der Heydte, S. 197.

68 So auch das Institut de Droit International in Art. 4 § 2, AIDI, Bd. 18, 1900, S. 228.

69 Falk, in: Rosenau (Hrsg.), International Aspects of Civil Strife, S. 185 ff.; Lauterpacht, Recognition of International Law, S. 270 ff.

70 Verdross, Völkerrecht, S. 208.

Verschiedene Autoren lehnen die Existenz einer solchen Rechtsposition bis heute ab,[71] die Staatenpraxis zeigt jedoch, dass ein solches Vorgehen tatsächlich üblich war. Der US Supreme Court beispielsweise erklärte in seiner viel zitierten Entscheidung im Fall Three Friends v. United States[72] aus dem Jahr 1897 die amerikanische Neutralitätsgesetzgebung für anwendbar und stellte damit die Rebellen, denen Präsident Cleveland zuvor einen Kombattantenstatus versagt hatte[73], zumindest im US-amerikanischen Rechtsraum mit der Staatsgewalt auf eine Stufe. Im Burenkrieg behandelten die Engländer die kämpfenden Buren nicht als rechtlose Rebellen,[74] vielmehr schlossen sie mit ihnen am 3. Mai 1902 den Vertrag von Vereeniging, der den Kämpfen ein Ende setzte. Ähnliches zeigen Beispiele auf hoher See: Übergriffe wurden solange nicht als Piraterie geahndet,[75] wie keine eigenen Schiffe und Staatsangehörige betroffen waren. Wurden diese angegriffen, tendierte sowohl die britische als auch die US-amerikanische Regierung zur Anwendung des Piraterierechts, ohne jedoch in der persönlichen Behandlung der Kämpfer die letzte Konsequenz zu ziehen.

---

71 Es gebe kein klares Unterscheidungskriterium zwischen Aufständischen und Insurgenten (O'Connell, International Law, S. 164 f.; Verhoeven, La reconnaissance internationale dans la pratique contemporaire, S. 108 ff.). Andere klassifizieren den Status der Insurgenten als die bloße Beschreibung eines faktischen Zustandes ohne jede rechtliche Bedeutung. (Chen, The International Law of Recognition, S. 399; Padelford, International Law and Diplomacy in the Spanish Civil Strife, S. 2 f.).

72 U.S. 1. 1897, S. 166

73 Moore, Digest, vol. 1, S. 198.

74 So auch das Urteil des Supreme Court Transvaal im Fall Van Denventer v. Hancke and Mossop, Transvaal Law Reporter, 1903, S. 401.

75 Die Staaten gingen davon aus, dass Insurgenten der animus furandi fehlte, der für Piraten kennzeichnend ist, vgl. Riedel, in: EPIL, vol. IV, 1982, S. 171 (172). Waren eigene Staatsangehörige an den Kämpfen aktiv beteiligt, wurde verhindert, dass diese einer Behandlung als Piraten oder US-Verbrecher ausgesetzt wurden. So haben Großbritannien und die USA gegen die Erschießung britischer und amerikanischer Bürger durch die Spanier nach deren Festnahme an Bord des Rebellenschiffs Virginius scharf reagiert. (Moore, in: Digest, vol. 2, S. 895). Siehe auch das bei Hackworth, in: Digest, vol. 1, S. 324, mitgeteilte Schreiben des amerikanischen Staatssekretärs Stimson an den amerikanischen Botschafter in Mexiko von 1929, in dem dieser angewiesen wird, auf die Behandlung der auf Seiten mexikanischer Rebellen stehender Amerikaner als Kriegsgefangene zu bestehen.

III. Konfliktforschung zur Entwicklung innerstaatlicher Gewalt

1. *Strategische Veränderungen*

a) *Volkskrieg nach von Clausewitz*

Es wäre historisch ungenau von einer vollständigen Bedeutungslosigkeit der Bürgerkriege in der Zeit des klassischen Völkerrechts auszugehen, war es doch der amerikanische Unabhängigkeitskrieg gegen die Briten, der eine begrenzte Gleichstellung der Aufständischen mit den Staaten – die Einführung des Status als Kriegführende – bewirkte.[76] Im Grundsatz wurde jedoch mit der Konzentration des Militärischen in staatlicher Hand und der sich daran anschließenden Symmetrisierung der Kriegsführung diese Art der Kampfführung für mehrere Jahrhunderte aus dem Zentrum Europas und damit aus dem Mutterland des Völkerrechts verbannt. Beispielsfälle, in denen eine Anerkennung als kriegführende Partei tatsächlich ausgesprochen wurde[77], bzw. Fälle asymmetrischer Konfliktführung, die eine Einbeziehung der Bevölkerung in das Kriegsgeschehen bedeuten, sind bis ins 20. Jahrhundert kaum aufzufinden. Zu asymmetrischen Mitteln haben nur die Spanier in der antinapoleonischen Guerilla und teilweise die Russen im Herbst und Winter 1812 gegriffen. Ansonsten lässt sich allenfalls noch der Südtiroler Aufstand gegen die bayerische Besatzungsmacht des Jahres 1809 anführen.[78] Auch die preußischen Reformer zwischen 1807 und 1812 haben sich mit solchen Fragen befasst, doch haben ihre Überlegungen nie mehr als Planungscharakter besessen.

Volkskriege wurden vielmehr seit Mitte des 17. Jahrhunderts, wobei die französische Revolution 1789 eine Ausnahme bildet, in einem anderen Kontext diskutiert. Es wurde gefragt, inwieweit der Volkskrieg zur Unterstützung der neuen staatlichen Heere herangezogen werden könne. Von Clausewitz hat die Einwände, die damals gegen eine solche Form des Krieges geltend gemacht wurden, in seinem Werk „Vom Kriege" zusammengefasst:

> *„Er [der Volkskrieg] hat seine Anhänger und seine Widersacher, die letzteren entweder aus politischen Gründen, weil sie ihn für ein revolutionäres Mittel,*

---

76 Siehe Kapitel 1 II.2. a).

77 Blix, in: RdC, Bd. 130, 1970/III, S. 587 (619); Duculesco, in: RGDIP 1975, S. 125 (137); Frowein, Das de-facto-Regime im Völkerrecht, S. 31; Lauterpacht, Recognition in International Law, S. 182 ff.; Schindler, in: RdC, Bd. 163, 1979/II, S. 117 (145); Verhoeven, La reconnaissance internationale dans la pratique contemporaire, S. 104.

78 Münkler, in: Münkler (Hrsg.), Der Partisan, S. 14 (19).

einen für gesetzlich erklärten Zustand der Anarchie halten, der der gesellschaftlichen Ordnung nach innen ebenso gefährlich sei wie dem Feinde nach außen, oder aus militärischen Gründen, weil sie glauben, der Erfolg entspräche nicht der aufgewendeten Kraft."[79]

Von Clausewitz analytische Beschreibung der dem Volkskrieg zugrunde liegenden Prinzipien macht dessen asymmetrische Stellung gegenüber dem Staatenkrieg deutlich:

„Dass ein so verteilter Widerstand nicht zu der in Zeit und Raum konzentrierten Wirkung großer Schläge geeignet ist, geht aus der Natur der Sache hervor. Seine Wirkung richtet sich, wie in der physischen Natur der Verdampfungsprozess, nach der Oberfläche. Je größer diese ist und der Kontakt, in welchem sie mit dem feindlichen Heere sich befindet, also je mehr dieses sich ausbreitet, umso größer ist die Wirkung der Volksbewaffnung. Sie zerstört wie eine still fortschwelende Glut die Grundfesten des feindlichen Heeres."[80]

Die Gefahr also sehr wohl erkennend geht von Clausewitz so dann dazu über, den Volkskrieg insgesamt als wenig erfolgsversprechend einzustufen. Aufgrund seiner schlechten Organisation und Koordination könne das Volk einem regulären Heer nicht erfolgreich Widerstand leisten. Es fehle ihm die „kriegerische Tugend des Heeres", die „sich von der bloßen Tapferkeit und noch mehr von dem Enthusiasmus für die Sache des Krieges"[81] unterscheide. Einmal mit dem Feind konfrontiert, sänke diesem der Mut und die Waffen fielen aus ihren Händen.[82] Das Fazit musste daher lauten, diese Form der Kriegsführung versprach keinen Kriegsgewinn und war allenfalls systemgefährdend.

b) Guerillakrieg nach Mao Tse-tung

Mao Tse-tung zog mit seiner Theorie der Guerilla[83] in der Mitte des 20. Jahrhunderts strategische Konsequenzen aus dem ungleichen und bis dahin wenig erfolgsversprechenden Kampf der Bevölkerung gegen reguläre Truppenverbände. Aufbauend auf von Clausewitz selbst erarbeitete er einen neuen Strategie-

---

79 Von Clausewitz, Vom Kriege, S. 697.

80 Von Clausewitz, S. 698.

81 Von Clausewitz, Vom Kriege, S. 259.

82 Von Clausewitz, S. 701.

83 Das Wort Guerilla hat seinen Ursprung im Spanienfeldzug Napoleons (1808/1809). Die geschlagene spanische Armee löste sich in kleine Einheiten auf, die einen Kleinkrieg weiterführten. vgl. Kutger, in: Osanka (Hrsg.), Der Krieg aus dem Dunkel, 20 Jahre kommunistische Guerillakämpfe in aller Welt, S. 79 (80).

plan, der die truppenmäßige Unterlegenheit und die fehlende militärische Ausrüstung des Volkes durch den Kampf in unerschlossenem Gelände ausglich. Schon von Clausewitz hatte für die Volksbewaffnung das Gebirge als strategisch besten Ort erkannt, „wo jeder sich selbst überlassen ist, bis zum einzelnen Soldaten hinab“[84]. Denn die Angreifer hätten dort nicht nur mit dem Gegner zu kämpfen, sondern auch mit dem Gelände.[85]

Die Beschaffenheit des Terrains nahm damit bei Mao eine Schlüsselrolle ein. Zusätzlich berücksichtigte er die spezifischen sozialen Verhältnisse in den Ländern der Dritten Welt, denn nur hier sah er seine Kriegstechnik von Erfolg gekrönt.[86] Damit schloss er sich Friedrich Engels an, der die Kampfmethoden einer Armee immer mit den ökonomischen Bedingungen eines Landes verknüpft sah.[87] Was damit gemeint ist, wird deutlich, wenn man die Kampfmethode der Guerilleros betrachtet:

> *„Der Guerillakrieg ist eine Form der Kriegführung, bei der die strategisch schwächere Seite zu von ihr selbst gewählten Zeiten, an von ihr selbst bestimmten Orten und in von ihr selbst gewählten Formen taktisch offensiv wird.“*[88]

Es ist also eine Zermürbungstaktik, die nur in armen Ländern mit einer Bevölkerung, die nichts zu verlieren hat, die Akzeptanz des Volkes finden kann. Dass diese neuen Kriege gerade in armen Ländern erfolgreich waren, zeigen die Beispiele Indochinas, Kubas und Algeriens.[89]

Mao nennt vier Voraussetzungen für einen erfolgreichen Guerillakampf: Erforderlich sind „weite, rückständige Landgebiete“ mit „Karrenwegen und Fußpfaden, von denen viele sogar zu Fuß nur unter Schwierigkeiten passierbar sind“[90], ein Gegner, der „mit Waffen und Kriegsmaterial besser ausgestattet“[91] ist als die kämpfenden Rebellen. Letztgenannte müssen eine Kampfeinheit bilden, die „zahlenmäßig klein, spärlich mit Waffen ausgerüstet ist und die größten Schwierigkeiten hat, sich Nachschub an Nahrungsmitteln, Bettzeug und Kleidung zu

---

84 Von Clausewitz, S. 257 f.
85 Von Clausewitz, S. 605 ff.
86 Lombardi, Bürgerkrieg und Völkerrecht, S. 31.
87 Engels, Herrn Eugen Dührings Umwälzung der Wissenschaft, S. 147 ff.
88 Huntington, in: Osanka (Hrsg.), Der Krieg aus dem Dunkel. 20 Jahre kommunistische Guerillakämpfe in aller Welt, S. 17 (19).
89 Lombardi, Bürgerkrieg und Völkerrecht, S. 33.
90 Mao Tse-tung, Theorie des Guerillakrieges oder Strategie der Dritten Welt, S. 50.
91 Mao Tse-tung, S. 51.

verschaffen"[92]. Schließlich muss eine Partei die ideologische Führung übernehmen, um so das Volk für die Sache der Aufständischen zu gewinnen.[93]

Insbesondere der letzte Punkt darf für die Beurteilung des Erfolges des Guerillakampfes nicht unterschätzt werden. So stützte sich der kubanische Guerillakrieg in erster Linie auf die ideologische Begeisterungsfähigkeit der Landbevölkerung, ein Punkt, der Che Guevara, bei seinem Versuch die Revolution nach Südamerika, Bolivien, zu tragen, ein totales Fiasko erleben ließ.[94] Die Indios und Landarbeiter konnten politisch nicht beeinflusst werden, es fehlte ihnen sogar an jedem politischen Bewusstsein. Nach der maoistischen Doktrin musste Guevaras Vorhaben daher zum Scheitern verurteilt sein: Die Guerillakämpfer und die Zivilbevölkerung müssen von Anfang an kooperieren, denn Versorgung, Erkundung und Nachschub sind Aufgabe der Bevölkerung.[95] Wurde er wie im 20. Jahrhundert in diesem Sinne erfolgreich durchgeführt, hat „Maos Krieg [...] tatsächlich eine Art von Krieg aussichtslos und daher sinnlos gemacht [...]: den Kolonialkrieg, den Eroberungs-, Unterwerfungs- und Ausbeutungskrieg der reichen, mächtigen, technisch hoch entwickelten Großmächte gegen die armen, machtlosen, technisch zurückgebliebenen Völker."[96]

2. *Soziologische Ursachen*

a) *Krieg an den Grenzen der einstigen Großmächte*

Ein Großteil der in den letzten Jahrzehnten geführten Kriege[97] entwickelte sich an den geografischen Grenzen der einstigen Großmächte, die bis zu Beginn des 20. Jahrhunderts die Welt beherrscht und unter sich aufgeteilt hatten.[98] Die Balkankriege, die zum Zerfall Jugoslawiens führten, hatten dort ihr größtes Ausmaß

---

92 Mao Tse-tung, S. 51 f.

93 Mao Tse-tung, S. 46.

94 Papcke, in: Brandstiftung oder Neuer Friede? von Ernesto Che Guevara, S. 134 (136): „Politisches Bewusstsein gar ist Ergebnis eines mühsamen Prozesses der Ablösung von bis dahin als naturwüchsig verstandener Not, heißt Einsicht in die Veränderbarkeit der Welt, sei es auch nur im eigenen Umraum."

95 Lombardi, S. 36 f.

96 Haffner, Einleitender Essay zur Theorie des Guerilla-Krieges oder Strategie von Mao Tse-tung, S. 5 (33).

97 Rabehl, Das Kriegsgeschehen 1999. Daten und Tendenzen der Kriege und bewaffneten Konflikte; Rabehl/Schreiber, Das Kriegsgeschehen 2000, Daten und Tendenzen der Kriege und bewaffneten Konflikte.

98 Münkler, Die neuen Kriege, S. 13 f.

und ihre längste Dauer, wo bis ins frühe 20. Jahrhundert hinein die k. und k. Monarchie und das Osmanische Reich aneinander grenzten und ihre Machtbereiche immer wieder gewaltsam veränderten. Mit einem ähnlichen historischen Hintergrund sind die bewaffneten Konflikte und Kriege im südlichen Teil der ehemaligen Sowjetunion, im Kaukasus und den angrenzenden Regionen belastet. Hierbei handelt es sich um Gebiete, in denen seit dem 18. Jahrhundert das expandierende Zarenreich und das zurückgehende Reich der Osmanen um die Vorherrschaft stritten und es den Russen nur mühsam gelang, die verschiedenen ansässigen Völker unter ihre Herrschaft zu bringen.[99]

In diesen Kontext – den Kampf zweier Imperien – lässt sich auch der Konflikt in Afghanistan einordnen. Afghanistan bildete während des 19. Jahrhunderts ein Bollwerk zwischen dem auch hier vordringenden Zarenreich und den den indischen Subkontinent beherrschenden Briten. Hier wurde Ende der siebziger Jahre ein Krieg in Gang gesetzt, als die Sowjetunion innerstaatliche afghanische Auseinandersetzungen zu ihrem Vorteil auszunutzen versuchte.[100] Ziel war es, das Einflussgebiet am Hindukusch zu vergrößern und eine strategisch bessere Ausgangslage für die im Vorderen Orient gelagerten Weltenergiereserven auf der einen Seite und dem als möglichen Bündnispartner gegen China bedeutsamen Indien auf der anderen Seite zu erlangen. Dieser Konflikt sollte mehrere Jahrzehnte dauern und schließlich im Zerfall sämtlicher Staatsstrukturen in Afghanistan enden.[101]

Nahezu alle Kriege Südostasiens und Schwarzafrikas, von Indonesien über Somalia bis nach Guinea und Sierra Leone, finden in Regionen statt, die bis nach dem Zweiten Weltkrieg zu den Kolonialgebieten Europas zählten. Die dort aufbrechenden Konfliktformationen reichen in ihren Wurzeln weit in die Geschichte bis in die präkoloniale Zeit zurück. In der Kolonialzeit wurden sie konserviert und durch die Kolonialpolitik des divide and rule, der Aufteilung der Einflusssphären am Zeichenbrett ohne Rücksichtnahme auf regionale, gesellschaftliche und kulturelle Strukturen, verschärft, um schließlich nach der nationalen Unabhängigkeit neu zu entflammen.[102] Es sind daher weniger koloniale Grenzziehungen, die zu Streitigkeiten in diesen Regionen führen, als vielmehr innere Kämp-

99 Ebenda.

100 Baraki, in: Blätter für deutsche und internationale Politik 2001, S. 1342 (1345); Münkler, in: Aus Politik und Zeitgeschichte, Bd. 21, 1982, S. 32 (42 f.).

101 Münkler, Die neuen Kriege, S. 14.

102 Ferdowsi, in: Ferdowsi/Opitz (Hrsg.), Macht und Ohnmacht der Vereinten Nationen. Zur Rolle der Weltorganisation in Drittwelt-Konflikten, S. 13 (29 ff.).

fe um politische Macht und den jeweils einzuschlagenden sozioökonomischen Kurs: Denn meist stellte sich Kolonialpolitik so dar, dass eine bestimmte ethnische Gruppe bewusst bevorzugt und in politischen und wirtschaftlichen Machtpositionen installiert wurde. Die Beseitigung dieser Machtstrukturen birgt bis heute Konfliktpotenzial.[103]

Bei näherer Betrachtung der geografischen Verteilung der Konflikte zu Beginn des 20. Jahrhunderts stellt sich also heraus, dass sich vor allem in den Gebieten, in denen nach dem Ende des imperialistischen Zeitalters Machtvakuen entstanden sind, Kriege als örtlich begrenzte Konflikte herausgebildet haben. In Westeuropa und Nordamerika dagegen, wo eine historisch gewachsene Staatsbildung stattgefunden hat, ist lang anhaltender Friede eingetreten. Zwar haben sich auch in den Zerfallsgebieten der Imperien Staaten entwickelt. Diese sind aber im Vergleich zu den historisch gewachsenen Staaten schwach und wenig widerstandsfähig.[104]

b) Interner Kolonialismus

Neben ethnischen Konflikten spielen nicht selten auch religiös-kulturelle Differenzen eine erhebliche Rolle. In vielen Regionen der Welt werden Separations- bzw. Sezessionskriege von Minderheiten geführt, die ihre Identifikation von religiösen, kulturellen und sprachlichen Eigenschaften in Differenz zur Hauptbevölkerung ableiten. Sie fühlen sich als Minderheit in einem Land durch die Herrschaftseliten nicht hinreichend repräsentiert und empfinden diesen Umstand als Fremdbestimmung oder so genannten „internen Kolonialismus".[105] Konfliktträchtig wird eine solche Konstellation meist dann, wenn die beiden Gruppen hierarchisch über ein System von Diskriminierung und Privilegierung miteinander verbunden sind.[106] Da diese Konflikte meist über Jahrzehnte andauern, sind die ethnischen und religiös-kulturellen Differenzen im Verlauf der Jahre durch machtpolitische und wirtschaftliche Auseinandersetzungen so stark überlagert, dass sich nur selten ausmachen lässt, „was Ursache und was bloßer Anlass ist"[107]. Es entsteht eine schwer überschaubare Gemengelage aus persönlichem

---

103 Vgl. das Beispiel Sri Lankas: Kapitel 1 III.4.a).

104 Münkler, Die neuen Kriege, S. 16.

105 Ferdowsi, S. 13 (31).

106 Ferdowsi, S. 13 (31); Matthies, Kriegsschauplatz Dritte Welt, S. 63; Ziebura, in: Calließ (Hrsg.), Der West-Ost-Konflikt, , S. 129 (144).

107 Münkler, Die neuen Kriege, S. 15

Machtstreben, ideologischen Überzeugungen, ethnisch-kulturellen Gegensätzen sowie Habgier und Korruption.

c) *Faktor Armut*

Entgegen einer verbreiteten Vorstellung, die man in den Diskussionen der Konfliktforschung immer wieder findet, ist Armut allein kein Garant für die Eskalation von Gewalt. Allenfalls das „Nebeneinander von bitterem Elend und unermesslichem Reichtum"[108] kann von innergesellschaftlichen Konflikten zu offenen Bürgerkriegen führen. Beeinflusst wird die Dauer solcher Konflikte von der Aussicht, auf dem umkämpften Territorium Bodenschätze zu finden. Die Gefahr, dass solche Bürgerkriege daher nicht nach einem temporären Gewaltausbruch enden, sondern längerfristige Kämpfe entstehen, ist abhängig von der weltwirtschaftlichen Vermarktungsmöglichkeit der gefundenen Ressourcen und damit von den Gewinnen derjenigen, die sie gewaltsam unter ihre Kontrolle zu bringen vermögen. Der Ausblick auf potenziellen Reichtum ist daher eine sehr viel wichtigere Ursache für Kriege als Armut.[109]

Das Nebeneinander von Elend und Reichtum ist in den letzten Jahrzehnten im Zuge von Globalisierungs- und Fragmentierungsprozessen immer transparenter geworden. Gemeint ist damit nicht nur die mediale Verknüpfung der Ersten mit der Dritten Welt, in deren Prozess die Bewohner der letztgenannten einen Ausblick auf die Reichtümer und Lebensstandards des Nordens erhielten – obwohl dieser Faktor des Bewusstwerdens des eigenen Elends für die Mobilisierung der Massen zu Gewalttaten nicht zu unterschätzen ist.

Wichtiger noch ist die so genannte Internationalisierung der Weltwirtschaft[110], im Zuge derer einige wenige Regionen der Dritten Welt in den von den Industrienationen dominierten Weltmarkt integriert wurden und sich damit regionale Disparitäten verschärften. Unter Ausnutzung des Kostenvorteils billiger Arbeitskräfte wurden arbeitsintensive Teilfertigungen in diese Regionen verlagert. Dabei fand aber keine nachhaltige Entwicklungsförderung statt. Vielmehr installierten die Industrienationen nur „verlängerte Werkbänke" in besonders geschützten Exportproduktionszonen, ohne dass ein Austausch technologischen Know-hows und damit auch kein eigenständiger Aufbau geschlossener Produk-

---

108 Münkler, Die neuen Kriege, S. 17.

109 Ebenda.

110 Hübner, Der Globalisierungskomplex: Grenzenlose Ökonomie – grenzenlose Politik?, S. 151 ff.

tionsstrukturen stattfand.[111] Folge dieser Wirtschaftsenklaven war eine zunehmende innergesellschaftliche Spaltung, da dort in der Regel im Landesvergleich höhere Löhne gezahlt wurden und sich bescheidener Wohlstand entwickeln konnte.[112]

3. Entsprechung mit den Kriegen der Frühen Neuzeit?

Man könnte meinen, eine Sichtweise, die eine steigende Zahl der seit 1945 geführten Konflikte als Ursache oder Resultat eines Staatszerfalls einordnet, gehe von einem zu negativen Ansatz aus. Sie lasse die Möglichkeit außer Betracht, dass es sich bei diesen Kriegen längerfristig um Staatsbildungskriege handeln könnte, wie sie auch im Prozess der Staatsbildung in Europa wieder zu finden sind, den sie von Zeit zu Zeit unterbrochen, aber letztlich doch bestimmt haben.[113] Wäre dies der Fall, so würden sich die modernen Konflikte zwar in ihrer Strategie und in ihren soziologischen Ursachen von denen der Frühen Neuzeit unterscheiden, letztendlich aber wieder in einer Staatlichkeit einmünden.

Eine derartige Vergleichbarkeit ist grundsätzlich gegeben, zumal sich der Staatsbildungsprozess in Europa keineswegs stringent und alles andere als innerhalb weniger Jahrzehnte vollzogen hat. Der entscheidende Unterschied zwischen den Staatsbildungskriegen in Europa und Nordamerika und den Staatszerfallskriegen in der Dritten Welt oder an der Peripherie der Industrienationen ist aber, dass die frühneuzeitlichen Beispiele nicht durch größere Einflüsse von außen bestimmt waren, während das für die heutigen Konflikte gerade nicht gilt. Diese sind vielmehr ständigen politischen Einflussnahmen dritter Staaten ausgesetzt und in ein weltwirtschaftliches Netzwerk eingebunden, das eine national kontrollierte Entwicklung ihrer Wirtschaft unmöglich macht.[114] Nimmt man nur die in der Zeit des Kalten Krieges von beiden Seiten vollzogenen Einwirkungen mit den Versuchen sowohl des Westens als auch des damaligen Ostblocks, Staatsbildung durch die Entsendung von Militärberatern sowie die Lieferung von Waffen und Gerät zu forcieren. Diese Einflussnahme endete fast immer in einer Katastrophe. Der polnische Journalist Ryszard Kapuściński liefert dazu das Beispiel des von der Sowjetunion unterstützen äthiopischen Militärregimes des General Mengistu:

---

111 Fricke, Globalisierung und Bürgerkrieg, S. 38.

112 Fricke, S. 38.

113 Gantzel, in: Ethik und Sozialwissenschaften, Heft 3, 1997, S. 257 (264).

114 Münkler, Die neuen Kriege, S. 19.

„Mengistu hatte mit Hilfe Moskaus die größte Armee südlich der Sahara aufgebaut. Sie zählte 400.000 Mann und verfügte über Raketen und chemische Waffen. [...] Als bekannt wurde, dass ihr Führer geflohen war, zerfiel diese gigantische, bis an die Zähne bewaffnete Armee innerhalb weniger Stunden. [...] Die Soldaten Mengistus ließen Panzer, Raketenwerfer, Flugzeuge, Panzerwagen und Kanonen stehen und machten sich, jeder auf eigene Faust, zu Fuß, auf Mauleseln oder mit Autobussen, in ihre Dörfer auf, nach Hause. Wenn man durch Äthiopien fährt, kann man in vielen Dörfern und Städten junge, kräftige und gesunde Männer sehen, die untätig vor den Häusern oder in den armseligen Bars entlang der Straße lungern – das sind die Soldaten der großen Armee von General Mengistu, die im Sommer 1991 an einem einzigen Tag zerfiel.“[115]

Die Mutmaßung, dass es sich bei den modernen Konflikten tendenziell eher um Staatszerfalls- als um Staatsbildungskriege handelt, wird dadurch unterstützt, dass inzwischen selbst in den Industrienationen die staatliche Steuerungs- und Integrationsfähigkeit an der Grenze der Belastbarkeit angelangt ist.[116] Wenn selbst in den stabilen, seit den frühen fünfziger Jahren kontinuierlich prosperierenden Volkswirtschaften Westeuropas, Nordamerikas und Japans der Staatsapparat mit der Bewältigung seiner Aufgaben im Rahmen vertretbarer Kosten überfordert ist und seit der Mitte der siebziger Jahre Leistungen des Staates kontinuierlich abgebaut werden, wie haben dann die leistungsschwächeren und weniger widerstandsfähigen Staaten mit vergleichbaren Einflüssen zu kämpfen.

Hinzu kommt, dass ihre politischen Führungen meist noch nicht die Stufe archaischer Macht- und Loyalitätssicherung überwunden haben. Mit den zunehmenden Schwierigkeiten ist ihre Machtausübung zumeist von Korruption und Verschacherung nationaler Ressourcen an politisch Wohlgesonnene gekennzeichnet. Die Notwendigkeit, die eigenen Anhänger mit Geld bei Laune zu halten, führte in der Vergangenheit zum einen zum Verkauf von Rohstoffen und Handel mit illegalen Gütern, zum anderen aber auch zur Einrichtung von Konten in Westeuropa und den USA, abgezweigt für die eigene Versorgung im Krisenfall.[117] So wurden in vielen Ländern die Ansätze von Staatlichkeit im Keim erstickt, überfordert von den Einflüssen der Globalisierung und multiethnischen und religiös-kulturellen Anforderungen und Gegensätzen. Sie hatten, anders als im Europa der Frühen Neuzeit, keine Möglichkeit, sich zu robusten Staatsgebil-

---

115 Kapuściński, Afrikanisches Fieber, S. 220 f.

116 Van Creveld, Aufstieg und Untergang des Staates, S. 373 ff.; Reinhard, Geschichte der Staatsgewalt, S. 509 ff.

117 Münkler, Die neuen Kriege, S. 20 ff.

den zu entwickeln. Inzwischen gilt der Staatsbildungsprozess in der Dritten Welt sowie an der Peripherie der Ersten und Zweiten Welt als gescheitert.[118]

Besorgniserregend ist mittlerweile, dass die Globalisierungseffekte, in dem Maße wie sie die Staatsbildung verhindern, nicht nur das Entstehen von Bürgerkriegen fördern, sondern auch zu deren Dauerhaftigkeit beitragen. Während die Kriege im frühneuzeitlichen Europa spätestens dann ihr Ende fanden, wenn das Land zerstört, die Felder verwüstet und die Vorräte aufgebraucht waren,[119] ist dies heute nicht mehr der Fall. Über die Verbindungen der Schattenglobalisierung nehmen die aufständischen Banden an der Weltwirtschaft teil und beziehen aus ihr die für die Fortführung ihres Kampfes notwendigen Ressourcen.[120] Die vom Westen und der UNO für kurze Zeit durchgeführte Embargopolitik hatte in nahezu allen Fällen nicht den gewünschten Erfolg.[121] Meistens konnten Konfliktparteien auch weiterhin an die erforderlichen Mittel gelangen: Entweder durch die Unterstützung ihnen wohlgesonnener Regime und finanzstarker Diasporagruppen oder weil sie die neuen Formen der Schattenglobalisierung für sich zu nutzen wussten.[122] Inzwischen dauert fast ein Viertel dieser Konflikte länger als zehn Jahre.[123] In Angola tobt der Bürgerkrieg seit bald 30 Jahren, im Sudan wird seit mindestens 20 Jahren gekämpft, in Somalia seit über fünfzehn Jahren. Der jüngst zu Ende gegangene Krieg in Afghanistan hatte eine Dauer von fast 25 Jahren und auch die Kriege in Ostanatolien und Sri Lanka nähern sich einer Vorhaltezeit von 20 Jahren.

4. Beispiele für das Entstehen innerstaatlicher Konflikte

a) Sri Lanka – 20 Jahre Bürgerkrieg

1983 begann in Sri Lanka ein Bürgerkrieg, der seither in erster Linie zwischen den verschiedenen singhalesischen Regierungen bzw. der ausschließlich aus Singhalesen rekrutierten srilankanischen Armee und der militanten Tamilenor-

118 Schlichte/Wilke, in: Zeitschrift für Internationale Beziehungen 2000, S. 359 (359 f.).

119 Auch die klassischen Guerilla- und Widerstandsgruppen verfügten nur über örtlich begrenzte Ressourcen, vgl. Münkler, Die neuen Kriege, S. 165 f.; Rufin, in: Jean/Rufin (Hrsg.), Ökonomie der Bürgerkriege, S. 15 (16 f.).

120 Münkler, S. 21.

121 Zu den Folgen einer solchen Embargopolitik am Beispiel Bosniens: Rieff, Schlachthaus. Bosnien und das Versagen des Westens, S. 36 ff.

122 Rufin, S. 15 (19 ff.).

123 Rabehl/Schreiber, Das Kriegsgeschehen 2000, S. 16 f.

ganisation Liberation Tamil Tigers of Elam (LTTE) ausgetragen wird.[124] Die beiden Hauptparteien des Bürgerkrieges bilden zugleich die größten Bevölkerungsgruppen Sri Lankas, die Singhalesen mit ca. 74 % und die Tamilen mit ca. 18 % Bevölkerungsanteil.[125] Während das Ziel der verschiedenen srilankanischen Regierungen die Erhaltung eines singhalesischen Einheitsstaates in Sri Lanka ist, strebt die LTTE in den Hauptsiedlungsgebieten der Tamilen im Norden und Nordosten des Landes einen unabhängigen Tamilenstaat an. Die antitamilischen Ausschreitungen 1983, bei denen 80.000 Tamilen flohen und Hunderte starben, bildeten den Auftakt des Bürgerkrieges.[126]

In Sri Lanka existierten bei Eintreffen der ersten Kolonialmacht Portugal im Jahr 1505 drei unabhängige Königreiche: ein tamilisches, Jaffna, und zwei singhalesische, Kandy und Kotte. Während der späteren britischen Herrschaft wurden diese 1805 unter eine gemeinsame Verwaltung gestellt. Mit der Unterstützung der Briten stiegen die Tamilen zur privilegierten Schicht des Landes auf. Sie waren überproportional sowohl in der Wirtschaft und Wissenschaft als auch in der Verwaltung vertreten. Die Singhalesen versuchen nun seit der Unabhängigkeit Sri Lankas 1948 die Tamilen wieder aus diesen Positionen zu verdrängen.[127] Da sie als Mehrheit bislang ausschließlich die Regierung stellten, wird ihre Volksgruppe zu diesem Zweck auch von staatlicher Seite politisch bevorzugt.[128] An die Tamilen wurden in der Vergangenheit nur wenige Zugeständnisse gemacht, politische Maßnahmen wurden, wenn überhaupt, viel zu spät eingeleitet. Die Folge dieser Politik war ein Vertrauensverlust in die politischen Versprechungen der singhalesischen Regierungen und das Entstehen eines tamilischen Nationalbewusstseins.[129] Der Anlass für die Kämpfe kam jedoch von singhalesischer Seite.

Es war die singhalesische Mittelschicht, zusammengesetzt aus Lehrern, buddhistischen Mönchen, ayurvedischen Ärzten, in erster Linie damit ländliche Bevölkerungsgruppen, die sich zu Beginn der achtziger Jahre offen gegen die Minderheit im Land wandte.[130] Sie waren schon seit dem 19. Jahrhundert, insbesondere

---

124 Fricke, Globalisierung und Bürgerkrieg, S. 121.
125 Rösel, Der Bürgerkrieg auf Sri Lanka, S. 25.
126 Hellmann-Rajanayagam, in: Berkemer/ Frasch (Hrsg.), Sri Lanka. Fünfte Heidelberger Südasiengespräche, S. 21 (39).
127 Fricke, Globalisierung und Bürgerkrieg, S. 124; Sardeshpande, Assignment: Jaffna, S. 1.
128 Sardeshpande, S. 1.
129 Hellmann-Rajanayagam, S. 21 (38).
130 Fricke, S. 133; Hellmann-Rajayanagam, S. 21 (33).

seit der Unabhängigkeit Sri Lankas, die Träger eines antitamilischen, singhalesischen Nationalismus. Innergesellschaftlich strebten sie einen Aufstieg auch und gerade in Konkurrenz zu der englischsprachigen singhalesischen Elite des Landes an. Als aber Ende der siebziger Jahre des 20. Jahrhunderts ihr sozialer Abstieg begann, wurde nicht die eigene Volksgruppe, sondern die tamilische Bevölkerung als Hauptkonkurrent und Verhinderer des eigenen sozialen Aufstiegs verstanden.[131] Die dafür verantwortliche, 1977 einsetzende Umstrukturierung der gesamten Wirtschaft Sri Lankas gemäß dem exportorientierten Entwicklungsmodell kam aber weniger den Tamilen als den Singhalesen in den oberen Einkommensschichten überproportional zugute.

Exportorientierte Entwicklungsmodelle sehen zur Steigerung der Wirtschaftskraft vor, dass ein Land sich auf die Produkte spezialisieren sollte, für deren Herstellung die Bedingungen im Land ausreichend vorhanden sind. Für Länder wie Sri Lanka bedeutete das eine Spezialisierung auf arbeitsintensive Güter, die vornehmlich in die kapitalreichen Industrienationen ausgeführt wurden.[132] Das aus diesen Exporten resultierende Wirtschaftswachstum sollte wiederum eine Vergrößerung des Binnenmarktes zur Folge haben und damit die innere Nachfrage steigern.[133]

Zunächst schien dieses Modell Sri Lanka beachtliche Wachstumserfolge zu bringen.[134] Als sich aber 1978 die Einkommensdisparitäten verschärften[135] – etwa 90 % allen Wachstums kam der oberen Einkommensschicht zugute[136], die Inflationsrate des Landes stieg zeitweilig auf 45 % – rutschte die bereits angesprochene ländliche Mittelschicht auf der Einkommens- und sozialen Leiter

---

131 Fricke, S. 133.

132 Hermann, Auswirkungen industrieller Exportproduktion im Rahmen der internationalen Arbeitsteilung auf die Einkommensverteilung von Entwicklungsländern, S. 8 ff.

133 Junne, in: Landeszentrale für politische Bildung Nordrheinwestfalen (Hrsg.), Erziehung für den Frieden, S. 111 (119).

134 Das Bruttosozialprodukt wuchs 1978/79 im Durchschnitt um 7,3 % (Roth, in: Auslandsinformationen, Nr. 6, 1982, S. 8 [11]).

135 Eine genaue Verteilung der Einkommen lässt sich nicht darstellen, da die Central Bank of Ceylon diese in ihren Statistiken nicht aufweist (Keller, in: Sri-Lanka-Info, Südasienbüro Wuppertal, Heft 2, 1984, S. 16 [16]). Für die frühe Phase der UNP-Regierung sind jedoch in der Literatur Angaben zu finden, die einen Trend zur Konzentration der Einkommen in der obersten srilankanischen Gesellschaftsschicht bestätigen: die obersten 10 % der Gesellschaft bezogen demnach 1978 39 % des Gesamteinkommens (1973: 30 %), die untersten 40 % bezogen 1980 lediglich 12 % des Gesamteinkommens (1973: 15 %) (Nohlen, Lexikon Dritte Welt, S. 531).

136 Roth, in: Auslandsinformationen, Nr. 14, 1981, S. 1 (3).

dramatisch nach unten.[137] Dieser subjektiv empfundene und objektiv eingetretene sozialökonomische Abstieg verschärfte die Spannungen zwischen den Volksgruppen und die bereits vorhandene antitamilische Stimmung nahm zu.[138]

> *„In dem Maße, in dem nicht die Wirtschaftspolitik der UNP [die Regierungspartei United National Party], sondern der übermäßige Erfolg, den die Tamilen aus ihr ziehen, zum Gegenstand der Empörung wird, erscheint das Plündern und Zerstören tamilischer Läden und Unternehmen gerechtfertigt."*[139]

Es bedurfte also nur eines geringfügigen Anlasses, um einen Pogrom gegen die tamilische Bevölkerung auszulösen, der sich zu einem anhaltenden Bürgerkrieg verfestigte.[140]

b) Iran – Vom Staat zum Gottesstaat

Ökonomische Fehlentwicklungen brachten letztlich auch das iranische Schah-Regime (1963-1979) zu Fall. Hier waren es aber fundamentalistische Glaubensbrüder, die unter der Führung Ajatollah Chomainis einen vergleichsweise stabilen Gottesstaat errichteten und mit ihrer Revolution gegen die Ausbreitung westlicher Werte für den eigenen traditionellen Zusammenhalt stritten. Auf diese Weise propagierten zumindest die ulama in den Moscheen Teherans ihren Glauben:

> *„[A]ls eine politische Ideologie mit einer eigenen Politik, einem Rechtssystem und einem eigenen Ökonomie- und Verwaltungsmodell; einen Islam, der in der Lage war, die Klassenunterschiede zu eliminieren und eine egalitäre Gesellschaft zu schaffen."*[141]

Die rigide Verwestlichungs- und Modernisierungsstrategie inklusive exportorientierter Wirtschaftspolitik unter dem Schah hatte die Kluft zwischen Armen und Reichen in der iranischen Gesellschaft dramatisch vergrößert. Im Jahr 1969 entfielen etwa auf 80 % der Bevölkerung nur 32 % des Gesamteinkommens.[142] Dabei war die Ausgangslage für mehr Wirtschaftswachstum durch Industrialisierung gar nicht so schlecht gewesen. Der Schah hatte sein Land bereits innerhalb der nächsten zehn Jahre auf dem fünften Platz unter den westlichen Indus-

---

137 Roth, in: Auslandsinformationen, Nr. 6, 1982, S. 8 (11 f.).
138 Fricke, Globalisierung und Bürgerkrieg, S. 136.
139 Rösel, Der Bürgerkrieg auf Sri Lanka, S. 172.
140 Fricke, S. 136.
141 Amineh, in: Aus Politik und Zeitgeschichte, Bd. 19, 1999, S. 14 (26).
142 Amineh, S. 14 (19); Nohlen, Lexikon Dritte Welt, S. 299.

trienationen rangieren sehen.[143] Der Iran verfügte über Ölressourcen, eine relativ gute Infrastruktur, eine hervorragende geografische Lage im Nahen Osten und war damit für ausländische Geldgeber durchaus attraktiv.[144] Was dann aber eintrat, war ein Rückgang in der Produktivität der kleineren Betriebe und eine Verlagerung der Wirtschaftskraft auf ohnehin starke Großbetriebe, die nur etwa 10 % der iranischen Industrie ausmachten, aber fortan 65 % der Industriegüter erwirtschafteten.[145]

Diese Entwicklung blieb nicht ohne Folgen für die traditionelle Mittelschicht der Händler, die sich nun sozialen Abstiegsängsten ausgesetzt sahen. Die westliche Kultur, die mit der Globalisierung und Industrialisierung auch den Iran erreicht hatte, wurde von ihnen für die objektiv eingetretenen ökonomischen, aber auch für die von ihnen wahrgenommenen gesellschaftlichen Fehlentwicklungen verantwortlich gemacht. Fundamentalismus, ausgelöst durch soziale und ökonomische Faktoren[146], wurde damit zu einer kulturellen Bewegung, die als eine Defensivreaktion auf westliche Wertvorstellungen zu verstehen ist[147]. Diesen wird das Ideal einer vermeintlich „guten alten Ordnung" entgegengesetzt, wobei in der Wiederherstellung dieser Ordnung das Heilmittel für alle Probleme gesehen wird. Die ideale Ordnung im Weltbild des Fundamentalismus ist eine religiös integrierte Gesellschaft ohne Klassengegensätze, die auf dem Modell der Urgemeinde Mohammads aufbaut.[148] Die moderne Industriegesellschaft, die gerade auf Interessengegensätzen beruht, als Feindbild vor Augen, repräsentiert durch den Schah im eigenen Lande, fanden sich in den Moscheen Sammelbecken für die Revolution.

5. *Ende der Symmetrisierung*

a) *Abwesenheit von Regeln und Formen*

Im Gegensatz zu den gegenwärtigen, langandauernden innergesellschaftlichen Konflikten waren die Staatenkriege in Europa von der Mitte des 17. bis zum Beginn des 20. Jahrhunderts, von Ausnahmen abgesehen, eher von kurzer Dauer.

---

143 Naini, in: Die Revolution in Iran, Deutsches Orient-Institut (Hrsg.), Aktueller Informationsdienst Moderner Orient, Sondernummer Bd. 5, 1979, S. 128.

144 Massarat, Iran – Von der ökonomischen Krise zur sozialen Revolution, S. 14.

145 Nohlen, S. 298.

146 Fricke, Globalisierung und Bürgerkrieg, S. 167.

147 Amineh, S. 14 (20); Meyer, Aufstand gegen die Moderne, S. 83; Tibi, in: Aus Politik und Zeitgeschichte, Bd. 33, 1993, S. 3 (8).

148 Riesebrodt, in: Aus Politik und Zeitgeschichte, Bd. 33, 1993, S. 11 (14).

Die Kriegsparteien waren bemüht, den Streit in einer zentralen Schlacht zu entscheiden, deren Ausgang zugleich die Basis für die späteren Friedensverhandlungen bildete.[149] Insbesondere Napoleon und später auch Moltke stehen für diese Strategie der „Konzentration der Kräfte in Raum und Zeit“[150]. Der Krieg wurde nach den Regeln des Kriegsrechts erklärt und nach eben diesen Regeln ging er auch zu Ende.[151] Dass Krieg ausgehend von der Frühen Neuzeit festgelegten Formen folgte, hat nicht nur Konsequenzen für die Dauer des Krieges. Indem die europäischen Staaten die Regulierung der Kriegsführung akzeptierten, führten sie eine Symmetrisierung des Krieges herbei und damit ein Gleichgewichtssystem bestehend aus Kriegsregeln und Bündnissen, das bis zum Ersten Weltkrieg Europa zusammenhielt.[152]

Dieses System – so eine weitere These dieser Arbeit – ist für die heutigen Konflikte vollkommen obsolet geworden. Heute bestimmt nicht das Prinzip der Konzentration, sondern das der verstreuten Gewaltanwendung den Verlauf der Konflikte. Charakteristisch ist hierfür der Kampf nach den Grundsätzen der Guerilla. In der Guerilla wird die „Unterscheidung zwischen Front, Hinterland und Heimat“[153] aufgehoben, so dass die Kampfhandlungen nicht an einem bestimmten Ort, sondern überall stattfinden können. Dahinter steht der Versuch die eigene kräftemäßige Unterlegenheit auszugleichen, indem man der entscheidenden Auseinandersetzung mit dem Feind aus dem Weg geht. So zeichnet die heutigen Konflikte gerade das Fehlen eines für den Staatenkrieg noch so wichtigen Elements aus. Gemeint ist die Entscheidungsschlacht, die für von Clausewitz „der eigentliche Schwerpunkt des Krieges“ war:

> *„Die Hauptschlacht ist um ihrer selbst willen da, um des Sieges willen, den sie geben soll und der in ihr mit der höchsten Anstrengung gesucht wird. Hier an dieser Stelle, in dieser Stunde den Gegner zu überwinden, ist die Absicht, in welcher der ganze Kriegsplan mit allen seinen Fäden zusammenläuft [...].“*[154]

---

149 Münkler, Die neuen Kriege, S. 24.

150 Ebenda.

151 Ebenda.

152 Siehe Kapitel 1 I.2.b).

153 Münkler, S. 25.

154 Von Clausewitz, Vom Kriege, S. 359. Dass die Entscheidung des Krieges in der Hauptschlacht gesucht wurde, heißt nicht, dass sie dort auch immer gefunden wurde. Entweder wich der Gegner aus oder die Schlacht brachte keine Entscheidung, weil keiner als eindeutiger Sieger am Ende da stand. Die meisten europäischen Staatenkriege wurden jedoch in einer großen Schlacht entschieden; vgl. Förster, Schlachten der Weltgeschichte.

Heutige Kriege setzen dagegen auf eine Ungleichheit der Parteien nach den Grundsätzen Mao Tse-tungs und seines „lange durchzuhaltenden Krieges". Und selbst diese Taktik wird heute nicht mehr in der letzten Konsequenz verfolgt. Nach der Vorstellung Maos war die Taktik des Rückzugs und des Zerstreuens nach einem kurzen und schnellen Angriff ein bloßes Mittel den überlegenen Gegner in seiner Moral zu zermürben und seine Kräfte zu ermüden, um so schließlich ein strategisches Gleichgewicht herzustellen. Danach konnten die Guerillakämpfer allmählich in die strategische Offensive wechseln und die militärische Entscheidung des Krieges herbeiführen.[155] Die heutigen Akteure dagegen beschränken sich meist auf das, was Mao die „strategische Defensive" nannte, d. h. militärische Gewalt wird nur in solchem Maß angewandt, als sie der Selbsterhaltung dient. Wird ein Krieg mit dieser Strategie geführt und verfügen seine Beteiligten über hinreichende Ressourcen, ihn aufrechtzuerhalten, so steht fest, dass er endlos dauern kann.

In der Zeit der klassischen Staatenkriege existierte mit den Rechtsakten der Kriegserklärung und des Friedensschlusses eine klare Abgrenzung der beiden Zustände Krieg und Frieden.[156] Hugo Grotius stellte daher auch in seinem Buch „De iure belli ac pacis" fest, dass es kein Drittes zwischen Krieg und Frieden gebe.[157] Bei den gegenwärtigen Konflikten ist es dagegen schwierig, einen klaren Anfang und einen identifizierbaren Schluss der Kampfhandlungen auszumachen.[158] Für die in den Konfliktregionen lebenden Menschen besteht so eine fortwährende Unsicherheit, wann sie ihr soziales und wirtschaftliches Leben wieder auf Friedenszeit einstellen können. Heute können Konflikte nach einer Periode der Waffenruhe jederzeit wieder aufflackern. Bürgerkriege und Konflikte sind zu Ende, „wenn die überwiegende Mehrheit der Menschen sich so verhält, als sei Frieden"[159]. Dabei müssen sie zugleich die Durchsetzungsfähigkeit besitzen, die verbliebene Minderheit auf Dauer zu bewegen, sich ebenso zu verhalten. Dies ist ein schwieriges Unterfangen, da in diesen Fällen die Definitionsmacht über Krieg oder Frieden bei der Minderheit liegt. Wo keine Staatsmacht existiert, die mit Hilfe der Exekutive den Mehrheitswillen durchzusetzen

---

155 Kuhfus, in: Schulz (Hrsg.), Partisanen und Volkskrieg. Zur Revolutionierung des Krieges im 20. Jahrhundert, S. 57 (64 ff.).

156 Brooks, in: University of Pennsylvania Law Review, vol. 153, 2004, S. 675 (725).

157 Grotius, De iure belli ac pacis, S. 47.

158 Brooks will für den „Krieg gegen den Terror" überhaupt kein Ende ausmachen können (Brooks, S. 675 [726]).

159 Münkler, Die neuen Kriege, S. 27.

vermag, bestimmen diejenigen über die Dauer eines Konflikts, die die größte Gewaltbereitschaft besitzen.[160]

Die offiziellen Friedensschlüsse, mit denen zwischenstaatliche Kriege beendet wurden, sind nun durch Friedensprozesse abgelöst worden. Diese Prozesse folgen nicht den Regeln des Rechts, wie sie das frühneuzeitliche Europa hervorgebracht hat, sondern dem Ruf des Geldes. Friedensverhandlungen sind in der Regel nur dort durchführbar, wo sie unter der Leitung eines Dritten stattfinden. Dieser muss, falls notwendig, in der Lage sein, erneute Gewaltausbrüche zwischen den Konfliktparteien ebenfalls gewaltsam zu unterbinden und zur gleichen Zeit bereit sein, erhebliche Geldsummen für den Friedensprozess aufzuwenden.[161]

b) Diffusion von Gewalt

Oftmals liegt der Fall auch so, dass trotz offizieller Beendigung des Konflikts die Gewaltraten und Todeszahlen in den betroffenen Gebieten nicht zurückgehen. Fragt man, ob sich die als konflikttypisch eingestuften Merkmale[162] auch dort finden lassen, wo kein bewaffneter Konflikt mehr stattfindet, so ist eine Reihe von Ländern auszumachen, die diese Merkmale aufweisen. Dazu gehören Länder wie Nigeria, Pakistan, Indonesien und Kenia. Die Erhebungen der Weltgesundheitsorganisation[163] über die Zahlen gewaltbedingter Todesfälle zeigen auf, dass in diesen Ländern die aus Gewalt resultierenden Todesraten ähnlich hoch oder sogar höher sind als in Konfliktgebieten. In Kolumbien beispielsweise ist nur ein geringer Teil gewaltbedingter Todesfälle dem bewaffneten Konflikt zwischen Regierung, ihren Paramilitärs und zwei Guerillagruppen zuzuschreiben.[164] Es drängt sich daher die Frage auf, ob die Dichotomie zwischen Krieg bzw. bewaffnetem Konflikt und der Abwesenheit eines bewaffneten Konflikts nach wie vor eine sinnvolle Unterscheidung bildet. Aus Zentralamerika wie

---

160 Ebenda.

161 Münkler, S. 28.

162 Auseinandersetzung um ein Territorium oder die Regierungsgewalt zwischen bewaffneten Formationen, von denen eine Seite den Staat repräsentiert und bedingt durch Kampfhandlungen 1000 Personen in einem Jahr umgekommen sind. Siehe Stockholm International Peace Research Institut, in: SIPRI Yearbook 2004, S. 144.

163 World Health Organization, World Report on Violence and Health, Geneva, 2002.

164 Lock, in: Der Bürger im Staat, Heft 4, 2004, S. 191 (195).

auch jüngst aus dem Irak[165] wird gemeldet, dass die gewaltbedingten Todesraten nach Beendigung der bewaffneten Konflikte gleich geblieben oder sogar angestiegen sind. Die entsprechenden Raten um und in den Megastädten wie Rio de Janeiro, Sao Paulo, Mexiko City, Johannesburg, Durban und Mumbai sind mit bewaffneten Konflikten vergleichbar.[166]

---

165 Bösch, Asymmetric warfare im Irakkonflikt 2003, Kölner Arbeitspapiere zur internationalen Politik, Nr. 9, 2004, abrufbar unter: www.politik.uni-koeln.de/jaeger/downloads/boesch.pdf, S. 1 (65); Angaben zu den Opfern sind abrufbar unter: www.antiwar.com/casualties/list.php.

166 Lock, in: Der Bürger im Staat, Heft 4, 2004, S. 191 (195).

KAPITEL 2

Bürgerkriege und die Dichotomie des Rechts

I. Eine Epoche geht zu Ende

1. Kriege werden unrentabel

Zu Beginn des 20. Jahrhunderts waren es erneut[167] technologische Neuentwicklungen, die die bislang praktizierte Kriegsführung grundlegend veränderten. Die Industrialisierung ermöglichte die Massenproduktion von Waffen, deren Vernichtungskraft bis dahin ungeahnte Ausmaße erreichte.[168] Zwar war noch für den Ersten Weltkrieg der Graben- und Stellungskrieg kennzeichnend, in dem eine immer stärkere und wirkungsvollere Artillerie neue Granaten abschoss und in dem die Infanterie in deren Feuer und beim Ansturm gegen die neuen Maschinengewehre starb. Kriegsentscheidend waren die traditionellen Waffengattungen Artillerie und Infanterie jedoch nicht mehr. Im Sommer 1918 setzten die Alliierten für ihren Sieg stattdessen auf Panzer- und Flugzeugverbände. Die im Ersten Weltkrieg entwickelten Giftgase stellten daneben eine neuartige, die Menschheit bedrohende Massenvernichtungswaffe dar, so dass nach dem Ende des Krieges bis zum Ausgang des 20. Jahrhunderts die Staaten sich scheuten, sie erneut einzusetzen.[169]

Wechselwirkungen zwischen Krieg und Industrialisierung existieren dabei in zwei Richtungen. Einerseits führte die Industrialisierung zu Massenproduktionen und die ihr eigene Expansionsdynamik zur quantitativen Zunahme der Rüstungsproduktion, wodurch die Rahmenbedingungen für Rüstungswettläufe geschaffen wurden. Auf der anderen Seite stieg die Verletzlichkeit der neu entstandenen Industrie- und Dienstleistungsgesellschaft dramatisch an. Ein Angriff auf das industrielle System hatte verheerende Folgen für das komplizierte Zusammenspiel der hochspezialisierten Einheiten und Vorgänge.[170] Am Ende des Ersten Weltkriegs stand die Einsicht, dass zwischenstaatliche Kriege in jedem Fall mehr kosteten als einbrachten und damit ihre Anziehung zur Lösung politi-

---

167 Siehe Kapitel 1 I.1.

168 Howard, Der Krieg in der europäischen Geschichte, S. 160.

169 Wollstein, in: DIE ZEIT (Hrsg.), Welt- und Kulturgeschichte, Bd. 13, S. 43 (43 f.).

170 Kimminich/Hobe, Einführung in das Völkerrecht, 2.5.1.

scher Probleme und zur Durchführung einer Expansions- und Bereicherungspolitik der Staaten verloren hatten.[171]

Bereits im ausgehenden 19. Jahrhundert hatten so unterschiedliche Beobachter wie der preußische Generalstabschef Helmuth von Moltke, der polnische Bankier und Publizist Johann von Bloch und der Theoretiker Friedrich Engels erklärt, dass ein Krieg Europa an den Rande eines Abgrunds führen würde[172] und tatsächlich ist man sich heute einig, dass der Erste Weltkrieg die „Urkatastrophe" des 20. Jahrhunderts darstellt, der die soziale und politische Ordnung des Kontinents tiefgreifend verändert hat.[173]

Die Vorstellung, nationale Ökonomien könnten durch Rüstungsproduktion belebt und angetrieben werden, ist mittlerweile unhaltbar geworden. Ebenso widerlegt sind Argumentationsmuster, mit denen angebliche ökonomische Vorteile des Krieges nachgewiesen werden sollten, insbesondere dass Krieg und Kriegsvorbereitung wesentliche Impulse auch für nicht militärische Wirtschaftszweige brächten oder dass der Wiederaufbau nach einem verlorenen Krieg positive Auswirkungen auf die Wirtschaft des betroffenen Landes habe, da sie die Industrie zur Modernisierung zwinge.[174] Es steht fest, dass ein mit modernen Waffen und Mitteln geführter Krieg so große materielle und immaterielle Verluste mit sich bringt, dass die These von der Zweckdienlichkeit des Krieges abgelehnt werden muss.[175]

Der Krieg ist zu Beginn des 20. Jahrhunderts unrentabel geworden. Bereits der Erste Weltkrieg hatte der Welt vor Augen geführt, dass ein Staatenkrieg undurchführbar war. Diese Einsicht hat sich auch im Völkerrecht niedergeschlagen. Zugleich blieb der Erste Weltkrieg aber politisch ein „Katalysator" für totalitäres Denken,[176] ungeachtet ökonomischer Katastrophen, der mitursächlich wurde für den nächsten Weltkrieg, der 1939 begann.

---

171 Ebenda.

172 Münkler, in: Der Bürger im Staat, Heft 4, 2004, S. 179 (179).

173 Bracher, Zeit der Ideologien. Eine Geschichte des politischen Denkens im 20. Jahrhundert, S. 130 f.

174 Kimminich, Rüstung und politische Spannung, S. 97 ff.

175 Kimminich/Hobe, Einführung in das Völkerrecht, 2.5.1.

176 Furet, Das Ende der Illusion. Der Kommunismus im 20. Jahrhundert, S. 33 ff.; Wirsching, in: Voigt (Hrsg.), Krieg – Instrument der Politik?, S. 37 (37).

2. *Kriegsverhütungsrecht der Völkerbundsatzung*

Unter dem Eindruck des Ersten Weltkriegs wurde 1919 als Institution zur Friedenssicherung der Völkerbund geschaffen. Er geht zurück auf eine Initiative des US-amerikanischen Präsidenten Woodrow Wilson, der schon während des Krieges eine solche Einrichtung gefordert hatte, mit der Idee auf diesem Weg Krieg als Instrument nationaler Politik abzuschaffen und die politische Unabhängigkeit und territoriale Unverletzlichkeit der Staaten unabhängig vom Kalkül der Großmächte zu sichern. Jedoch war der Völkerbund zum Zeitpunkt seiner Entstehung Teil des Versailler Friedensplans und damit gerade ein Instrument der Siegermächte. Wilson hatte dagegen eine weltumspannende Organisation gleichberechtigter Staaten vorgesehen.[177]

Die Völkerbundsatzung verpflichtet zu Abrüstung und Friedenssicherung. So versprachen die unterzeichnenden Staaten mit der Präambel, „bestimmte Verpflichtungen zu übernehmen, nicht zum Kriege zu schreiten“. Damit wurde erstmals ein Bereich durch das Völkerrecht geregelt, der jenseits des klassischen Kriegsrechts mit seinem Recht der Kriegsführung und den Formalitäten von Kriegsbeginn und Kriegsende lag. Hier nahm das so genannte Kriegsverhütungsrecht seinen Anfang, das später das Völkerrecht des 20. Jahrhunderts bestimmen sollte.

Das Kriegsverhütungsrecht der Völkerbundsatzung bestand aus den Bereichen Abrüstung (Art. 8, 9), Sicherheit (Art. 10, 16) und Schiedssprechung (Art. 11-15), wobei die ersten beiden schnell das öffentliche Interesse[178] auf sich zogen. Wenig Beachtung fand dagegen zunächst ein Artikel, der bei näherer Betrachtung das Ende des klassischen Völkerrechts bedeutete:

> *„Ausdrücklich wird hiermit festgestellt, dass jeder Krieg und jede Bedrohung mit Krieg, mag davon unmittelbar ein Bundesmitglied betroffen werden oder nicht, eine Angelegenheit des ganzen Bundes ist, und dass dieser die zum wirksamen Schutz des Völkerfriedens geeigneten Maßnahmen zu ergreifen hat. Tritt ein solcher Fall ein, so beruft der Generalssekretär unverzüglich auf Antrag irgendeines Bundesmitglieds den Rat.“*[179]

---

177 Niedhart, in: DIE ZEIT (Hrsg.), Welt- und Kulturgeschichte, Bd. 13, S. 206 (210 f.).

178 Bruns, Deutschlands Gleichberechtigung als Rechtsproblem; Perels, Hat Deutschland einen Rechtsanspruch auf Abrüstung der Anderen? Mitteilungen der Deutschen Gesellschaft für Völkerrecht; Regendanz/Werth-Regendanz, Deutschland militärische Gleichberechtigung; Schmidt/Grabowsky, Deutschlands Kampf um Gleichberechtigung.

179 Art. 11 Abs. 1 der Völkerbundsatzung, abrufbar unter: www.versailler-vertrag.de/vv1.htm.

Damit war der Krieg als Instrument nationaler Politik nicht vollständig geächtet. Die Staaten unterwarfen sich jedoch insoweit einem partiellen Kriegsverbot[180], als sie die Einschaltung des Völkerbundes anerkannten, bevor ein Krieg erklärt werden durfte.[181]

In ihrer Herausstellung der Friedenspflicht und der Delegitimierung des Krieges liegt das Scheitern der Völkerbundsatzung,[182] insbesondere im US-amerikanischen Ratifizierungsverfahren konnte Woodrow Wilson sie nicht durchsetzen. Indem die Vertragsstaaten erklärten, „die Unversehrtheit des Gebietes und die bestehende politische Unabhängigkeit aller Bundesmitglieder zu achten und gegen jeden äußeren Angriff zu wahren“[183], stellten sie nationale Sicherheitsinteressen hinter die kollektive Friedenssicherung im Völkerbund. Eine Bedrohung oder Verletzung des Friedens sollte eine „Angelegenheit des ganzen Bundes“ sein. Damit wurde nicht nur die nationale Handlungsfreiheit in außenpolitischen Entscheidungen eingeschränkt, sondern Krieg wurde wie vor 1648 und dem Frieden von Münster und Osnabrück zu einer von einer höheren Instanz nachprüfbaren Entscheidung. Das bedeutete einen Bruch mit der herkömmlichen Auffassung von staatlicher Souveränität und dem aus ihr abgeleiteten Recht der souveränen Staaten zum Krieg.[184]

3. Generelles Kriegsverbot, generelles Gewaltverbot

Die entscheidende Wende in der Entwicklung von der Freiheit, Krieg zu führen, hin zu einem universalen und allgemeinen Kriegsverbot brachte der am 27. August 1928 in Paris unterzeichnete Briand-Kellogg-Pakt. Art. 1 des Paktes lautet:

> *„Die Hohen Vertragsschließenden Parteien erklären feierlich im Namen ihrer Völker, daß sie den Krieg als Mittel für die Lösung internationaler Streitfälle verurteilen und auf ihn als Werkzeug nationaler Politik in ihren gegenseitigen Beziehungen verzichten.“*

Es war das erste Mal, dass ein allgemeines Kriegsverbot formuliert wurde, das nur unter den Voraussetzungen der Selbstverteidigung und der Pflicht der Völ-

---

180 Bruha, in: Wolfrum (Hrsg.), Handbuch Vereinte Nationen, S. 235.

181 Bothe, in: Schaumann (Hrsg.), Völkerrechtliches Gewaltverbot und Friedenssicherung, S. 11 (13); Randelzhofer, in: Simma (Hrsg.), Charta der Vereinten Nationen, Art. 2 Ziff. 4 Rn. 7.

182 Vitzthum, Völkerrecht, Rn. 105.

183 Niedhart, in: DIE ZEIT (Hrsg.), Welt- und Kulturgeschichte, Bd. 13, S. 206 (211).

184 Kimminich/Hobe, Einführung in das Völkerrecht, 2.5.2.

kerbundsatzung zur Beteiligung an Sanktionen gegen einen Aggressor eingeschränkt werden konnte. Diese beiden Möglichkeiten zum Krieg stehen dabei nicht im Widerspruch zum generellen Kriegsverbot. Vielmehr entspricht das Selbstverteidigungsrecht hier der strafrechtlichen Notwehr und die Teilnahme an einer Sanktion des Völkerbundes der strafrechtlichen Nothilfe. Ebenso wie diese beiden Rechtsinstitute im Strafrecht einen objektiv verwirklichten Tatbestand rechtfertigen, können kollektive und individuelle Selbstverteidigung im Völkerrecht den Krieg als solchen nicht legitimieren. Zwar blieb Krieg so unter bestimmten Voraussetzungen zulässig, letzten Endes war nur der Angriffskrieg verboten, jedoch war dieser ohnehin alleinige Rechtsfrage des *ius ad bellum* des klassischen Völkerrechts. Zur Abwehr eines Angriffs mussten sich die Staaten nie auf das Recht zum Krieg berufen.[185] Mit dem Briand-Kellogg-Pakt war damit erstmals der Krieg als solcher geächtet.[186]

Der Pakt war jedoch nicht ohne rechtliche Schwächen. So war das Kriegsverbot weder mit einem Sanktionssystem verbunden noch konnte er den Kriegsvorhaben der Staaten tatsächlich Einhalt gebieten.[187] Denn er bezog sich nur auf Kriege nicht jedoch allgemein auf die Anwendung von Gewalt, mit der Folge dass einige Staaten ihre Militäroperationen nicht als Krieg erklärten, sondern als bloße Gewaltanwendung verschleierten. China und Japan beispielsweise führten in den Jahren 1931 und 1937 ausgedehnte militärische Kämpfe gegeneinander,[188] beriefen sich jedoch auf die Fortsetzung ihrer diplomatischen Beziehungen, so dass ein Kriegszustand zwischen ihnen nicht bestünde.[189]

Mit der Unterzeichnung der UN-Charta am 26. Juni 1945 in San Francisco sollte diese Schwäche beseitigt werden. In ihr wurde das generelle Kriegsverbot zum allgemeinen Gewaltverbot ausgeweitet. Art. 1 Ziff. 4 UN-Charta sieht vor:

> *„Alle Mitglieder unterlassen in ihren internationalen Beziehungen jede gegen die territoriale Unversehrtheit oder die politische Unabhängigkeit eines Staates gerichtete oder sonst mit den Zielen der Vereinten Nationen unvereinbare Androhung oder Anwendung von Gewalt.“*[190]

---

185 Kimminich/Hobe, 2.5.3.

186 Bruha, in: Wolfrum (Hrsg.), Handbuch Vereinte Nationen, S. 235.

187 Randelzhofer, in: Simma (Hrsg.), Charta der Vereinten Nationen, Art. 2 Ziff. 4 Rn. 10.

188 Zur Entwicklung des Mandschureikonflikts siehe Langer, Seizure of Territory, S. 50-66, S. 123-131.

189 Randelzhofer, in: Simma (Hrgs.), Charta der Vereinten Nationen, Art. 2 Ziff. 4 Rn. 10.

190 BGBl. 1973 II, S. 431 ff.

Bis heute bildet Art. 2 Ziff. 4 UN-Charta die Grundlage für jede rechtliche Beurteilung von Gewaltanwendung.[191] Die Ausnahmen vom Gewaltverbot normiert die Charta der Vereinten Nationen selbst. Dies sind ähnlich der Völkerbundsatzung Sanktionsmaßnahmen, die die UNO auf Grund und im Rahmen der Art. 39 ff. UN-Charta durchführt bzw. durchführen lässt, sowie die individuelle und kollektive Selbstverteidigung gegen einen bewaffneten Angriff gemäß Art. 51 UN-Charta.

II. Modernes Völkerrecht und bewaffnete Konflikte

1. Völkerrechtliche Konfliktkonstellationen

a) Internationaler bewaffneter Konflikt

Das neue Kriegsverhütungsrecht blieb nicht ohne Auswirkungen auf das klassische Kriegsvölkerrecht. Dieses hatte bis dato streng zwischen den Rechtszuständen Krieg und Frieden unterschieden und die Geltung des Kriegsvölkerrechts auf den Rechtszustand Krieg beschränkt. Krieg begann erst mit der Kriegserklärung. Als nun die Staaten unter dem Eindruck der Kriegsächtung durch den Briand-Kellogg-Pakt zu taktieren begannen – keiner wollte durch eine Kriegserklärung in die Rolle eines Aggressors geraten, so dass seit dem Ersten Weltkrieg immer häufiger Kampfhandlungen ohne vorherige Kriegserklärung stattfanden[192] – ‚wurden die meisten der bewaffneten zwischenstaatlichen Konflikte nicht länger vom Regelungsbereich des klassischen humanitären Völkerrechts erfasst. Um das humanitäre Recht dennoch zur Anwendung zur bringen, mussten neue Kriterien gefunden werden, die unabhängig vom Willen der Staaten funktionierten und auf objektiv feststellbaren Faktoren aufbauten.[193]

Mit der Einführung des gemeinsamen Art. 2 der vier Genfer Abkommen von 1949 wurde dieser Schritt vollzogen. Art. 2 legt den Anwendungsbereich der Abkommen wie folgt fest:

---

191 Randelzhofer, Art. 2 Ziff. 4 Rn. 11.

192 Schindler, in: SJIR 1965, S. 75 (77); ders., in: Kipp/Heydte/Steinkamm/Mayer (Hrsg.), Um Recht und Freiheit, S. 555 (555).

193 Lombardi, Bürgerkrieg und Völkerrecht, S. 42 ff.; Rajower, Das Recht des bewaffneten nicht-internationalen Konflikts seit 1949, S. 6 f.; Schindler, in: Kipp/Heydte/Steinkamm/Mayer (Hrsg.), Um Recht und Freiheit, S. 555 (555 f.).

„Alle Fälle eines erklärten Krieges oder eines anderen bewaffneten Konflikts, der zwischen zwei oder mehreren der Hohen Vertragsparteien entsteht, auch wenn der Kriegszustand von einer dieser Parteien nicht anerkannt wird."

Damit wurde der Begriff des Krieges als Anwendungskriterium des humanitären Völkerrechts beibehalten. Um fortan juristischen Spitzfindigkeiten der Staaten entgegenzuwirken,[194] wurde er ergänzt durch den Begriff des bewaffneten Konflikts. Eine Definition des bewaffneten Konflikts ist im IKRK-Kommentar zu den Genfer Abkommen enthalten:

„Jeder zwischen zwei Staaten auftretende Streit, der zur Intervention von Angehörigen der Streitkräfte führt, ist ein bewaffneter Konflikt im Sinne des Art. 2, auch wenn eine der beteiligten Parteien das Bestehen eines Kriegszustandes bestreitet. Dabei sind die Dauer des Konflikts und das Ausmaß des Gemetzels ohne Bedeutung."[195]

Trotz dieser weiten Definition stuft die Praxis einzelne Grenzzwischenfälle und Zwischenfälle auf See nicht als bewaffnete Konflikte ein. Kriegshandlungen werden meist erst dann als bewaffneter Konflikt betrachtet, wenn sie eine über isolierte Zusammenstöße hinausgehende Intensität erreicht haben.[196] So ist auch der Fall eines Piloten des US-Militärs, der in den achtziger Jahren über dem Libanon von syrischen Streitkräften abgeschossen und gefangen genommen wurde und für den die US-Regierung einen Anspruch auf Behandlung als Kriegsgefangener gemäß dem III. Genfer Abkommen geltend machte,[197] als absolute Ausnahme eines bewaffneten Konflikts einzuordnen.

b) Nicht-internationaler bewaffneter Konflikt

aa) Entstehungsgeschichte – Ablösung der Anerkennung als Kriegführende

Riedel betont, dass in der Staatenpraxis des beginnenden 20. Jahrhunderts Kriegsvölkerrecht niemals allein aufgrund der Anerkennung der Aufständischen als Kriegführende herangezogen wurde, vielmehr sei seine Anwendung immer auf Zeckmäßigkeitserwägungen im Einzelfall zurückzuführen gewesen.[198] Im spanischen Bürgerkrieg (1936–39) zeigte sich dieses Taktieren der Staaten, als

---

194 Rajower, S. 6 f.

195 Commentaire IV, Pictet (Hrsg.), S. 26.

196 Greenwood, in: Fleck (Hrsg.), Handbuch des humanitären Völkerrechts in bewaffneten Konflikten, S. 36; Safferling, in: JA 2000, S. 164 (166).

197 Levie, in: ASIL Proc. 82 (1988), S. 597 (598).

198 Riedel, in: EPIL, vol. IV, 1982, S. 167 (170 f.).

die Regierung in Madrid am 9. August 1936 erklärte, die gefangenen Nationalisten gemäß ihren Militärgesetzen als Kriegsgefangene zu behandeln,[199] im weiteren Verlauf des Bürgerkriegs ihrer Erklärung aber mehrfach zuwiderhandelte.[200] So führten republikanische Milizionäre Massenerschießungen gefangener Nationalisten durch. Andererseits bewirkte das Zurückstellen dieser Massenexekutionen im Jahr 1938, das auf einem Regierungsvorschlag beruhte, aber zu keiner Vereinbarung mit den Nationalisten führte, dennoch einen Rückgang der Zahl der Erschießungen auf beiden Seiten.[201] Das Zugeständnis von einzelnen Rechten war damit immer verknüpft mit der Bedingung der militärischen Zweckmäßigkeit und der Gegenseitigkeit ihrer Anwendung.[202]

Seit Beginn des 20. Jahrhunderts hatte es daher immer wieder von Seiten des IKRK Bemühungen gegeben, für Bürgerkriege Völkerrechtsregelungen zu schaffen, die von der Anerkennung als kriegführende Partei unabhängig waren. Der fehlende Wille der von Bürgerkriegen betroffenen Regierungen, eine Anerkennung auszusprechen, und die Unmöglichkeit für dritte Staaten wegen der relativen Natur der Anerkennung Kriegsvölkerrecht zur Anwendung zu bringen,[203] machten eine Ablösung des subjektiven Anerkennungsaktes durch objektive Kriterien aus humanitärer Sicht unumgänglich. Die Diplomatische Konferenz von 1949 hat daher auch das alte Konzept durch die objektiven Anwendungskriterien des gemeinsamen Art. 3 der Genfer Abkommen von 1949 für nicht-internationale bewaffnete Konflikte ersetzt. Der Vorschlag Frankreichs, das alte System der ermessensabhängigen Anerkennung auch in die Genfer Abkommen aufzunehmen, wurde abgelehnt und stattdessen der gemeinsame Art. 2 GAbk. für internationale Konflikte und der gemeinsame Art. 3 GAbk. für nicht-internationale Konflikte eingeführt. Damit wurden Bürgerkriege erstmals als Rechtszustand im Sinne des Völkerrechts eingeordnet;[204] Krieg und Bürgerkrieg wurden nun als zwei besondere Formen des grundsätzlich selben Phänomens eingestuft[205].

---

199 Padelford, in: AJIL, vol. 31, 1937, S. 226 (226).

200 Thomas/Thomas, in: Falk (Hrsg.), The International Law of Civil War, S. 111 (122).

201 Thomas/Thomas, S. 125.

202 Koenig, Der nationale Befreiungskrieg im modernen humanitären Völkerrecht, S. 14.

203 Siehe Kapitel 1 II.2.

204 Kimminich, Schutz der Menschen in bewaffneten Konflikten, S. 46.

205 Dupuy/Leonetti, in: Cassese (Hrsg.), The New Humanitarian Law of Armed Conflict, S. 258 (258).

bb) *Abgrenzung zum internationalen bewaffneten Konflikt*

Die Abgrenzung von internationalen und nicht-internationalen bewaffneten Konflikten folgt insoweit den Vorgaben des klassischen Völkerrechts, als internationale Konflikte weiterhin nur solche sind, bei denen sich Staaten oder allenfalls andere Völkerrechtssubjekte gegenüberstehen. Das entspricht dem Wortlaut des gemeinsamen Art. 2 GAbk. von 1949, der auf die „Hohen Vertragsparteien" verweist.[206]

Seit 1977 existiert mit Art. 1 Abs. 4 des Zusatzprotokolls zu den Genfer Abkommen vom 12. August 1949 über den Schutz der Opfer internationaler bewaffneter Konflikte (Protokoll I) eine zusätzliche Abgrenzung. Nach dieser Bestimmung werden auch solche bewaffneten Auseinandersetzungen als internationale bewaffnete Konflikte eingeordnet, „in denen Völker gegen Kolonialherrschaft und Besetzung sowie gegen rassistische Regimes in Ausübung ihres Rechts auf Selbstbestimmung kämpfen". Die Aufnahme der so genannten nationalen Befreiungskriege in den Regelungsbereich des gesamten humanitären Völkerrechts führte dazu, dass ein völlig neues, nämlich normatives Element für die Definition internationaler bewaffneter Konflikte entscheidend wurde. Das klassische Kriegsvölkerrecht hatte das *ius in bello* unabhängig von der Frage einer gerechten Sache zur Anwendung gebracht, nunmehr war ein „normatives Urteil"[207] über die Ursachen des Kampfes erforderlich.[208] Viele westliche Staaten übten daher auch Kritik an dem neuen Art. 1 Abs. 4 ZP I.[209] Forsythe fasst sie mit folgenden Worten zusammen:

> *„Das herkömmliche Völkerrecht unterscheidet zwischen internationalen und nichtinternationalen bewaffneten Konflikten sozusagen mit Hilfe eines geomilitärischen Maßstabs. Nur wenn der Konflikt eine bestimmte Schwelle der militärischen Intensität übersteigt oder wenn eine geographische Grenze überschritten wird, erhält der Konflikt einen internationalen Charakter. Ein gewisses Gewaltniveau muß vorhanden sein – ein Niveau, das nur Staaten erreichen können – […] damit ein Konflikt ein internationaler bewaffneter Konflikt im Rechtssinne wird."*[210]

---

[206] Bindschedler, in: Kipp/Heydte/Steinkamm/Mayer (Hrsg.), Um Recht und Freiheit, S. 21 (25).

[207] Kimminich, S. 87.

[208] Ebenda.

[209] Freeland (Großbritannien), CDDH/SR 36, § 16; Australien, § 2; Bothe/Ipsen/Partsch, in: ZaöRV, Bd. 38, 1978, S. 1 (9).

[210] Forsythe, in : AJIL, vol. 69, 1975, S. 77 (80).

Dieser geomilitärische Maßstab sollte auch für die übrigen innerstaatlichen Konflikte zum Streitpunkt werden, die nicht das Selbstbestimmungsrecht der Völker betrafen. Die Frage lautete, ob ein nicht-internationaler bewaffneter Konflikt dann einem zwischenstaatlichen Konflikt gleichzusetzen sei, wenn die innerstaatliche Auseinandersetzung eine bestimmte Intensität erreichte.[211] Einen solchen Vorschlag machte das IKRK den beiden Regierungsexpertenkonferenzen zur Ausarbeitung des II. Zusatzprotokolls zu den Genfer Abkommen in den Jahren 1971 und 1972.[212] Danach sollte ein Konflikt als international zu qualifizieren sein, sobald eine Rebellengruppe charakteristische staatliche Merkmale aufwies, insbesondere effektiv die Herrschaft über einen Teil des Staatsgebietes ausübte.[213] Ein Konflikt konnte so einmal aufgrund rechtlicher Kriterien als international gelten, weil die beteiligten Parteien ausschließlich Staaten oder Befreiungsbewegungen waren oder die Unterscheidung beruhte auf rein tatsächlichen Kriterien, wenn die Feindseligkeiten materiell ein gewisses Ausmaß erreicht hatten.[214] Diese Differenzierung fand aber bereits auf der Zweiten Regierungsexpertenkonferenz kaum Befürworter.[215] Auf der Diplomatischen Konferenz über die Neubestätigung und Weiterentwicklung des in bewaffneten Konflikten anwendbaren humanitären Völkerrechts (CDDH) schließlich standen die materiellen Abgrenzungskriterien gar nicht mehr zur Diskussion. Die Einordnung bewaffneter Konflikte in die Kategorien international und nicht-international erfolgt bis heute auf der Grundlage der Rechtsstellung der Parteien.[216]

---

211 Blix, in: Revue Egyptienne de Droit International, Bd. 32, 1976, S. 125 (137 f.).

212 CICR, Documentation 1971/V, p. 14 ff.; CICR, Rapport 1971, p. 55 ff.; CICR, Documentation 1972/II, seconde partie, p. 83 ff.; Lombardi, Bürgerkrieg und Völkerrecht, S. 100.

213 Art. 1 des Projektes für ein Règlement concernant des cas particuliers de conflits armés ne présentant pas un caractère international: «Organisation effective de la partie qui s'oppose aux autorités au pouvoir Lorsque, en cas de conflit armé ne présentant pas un caractère international surgissant sur le territoire d'une Hautes Parties contractantes, la Partie qui s'oppose aux autorités au pouvoir dispose d'un gouvernement qui, par une administration et des forces armées organisées, exerce effectivement le pouvoir sur une parties du territoire, les Parties au conflit appliqueront l'ensemble des dispositions des quatre Conventions de Genève du 12 août 1949 et du Protocole additionnel auxdites Conventions. » CICR, Rapport 1972/II, p. 22.

214 Bothe, Streitkräfte internationaler Organisationen, S. 103; Veuthey, in: Cassese (Hrsg.), Current Problems of International Law, S. 179 (188 f.).

215 CICR, Rapport 1972/I, p. 99 f.; Lombardi, S. 100 f.

216 Abi-Saab, in: RdC, Bd. 165, 1979/IV, S. 353 (413 f.).

2. *Internationaler Schwerpunkt des modernen humanitären Völkerrechts*

Das Kriegsrecht unterscheidet bei der Anwendung seiner Bestimmungen zwischen internationalen und nicht-internationalen bewaffneten Konflikten. Weite Teile des im 19. und 20. Jahrhundert kodifizierten Kriegsrechts sind für den zwischenstaatlichen, internationalen Konflikt geschaffen worden. Für den nicht-internationalen Konflikt existiert dagegen nur ein Mindestbestand an Schutzbestimmungen.

Nach dem Zweiten Weltkrieg wurde für den gesamten Regelungskomplex der Begriff des humanitären Völkerrechts in den Sprachgebrauch aufgenommen.[217]

a) *Quellen des humanitären Völkerrechts*

Im Kern besteht das humanitäre Völkerrecht aus solchen Bestimmungen, die die Handlungsfreiheit der Konfliktparteien bei der Wahl der Mittel und Methoden der Kampfführung einschränken und die Unterscheidung zwischen Kombattanten und Zivilbevölkerung wie den Schutz bestimmter Kategorien von Personen und Objekten regeln.[218] Laut der Resolution XXIII der Teheraner UN-Menschenrechtskonferenz von 1968 über Menschenrechte in bewaffneten Konflikten[219] zählen dazu die Haager Konventionen von 1899 und 1907, das Genfer Protokoll von 1925 über chemische und bakteriologische Kriegführung und die Genfer Abkommen von 1949. Im Jahr 1977 wurden diesen Regelungen die Zusatzprotokolle zu den Genfer Abkommen von 1949 hinzugefügt. 1980 verabschiedeten die Vereinten Nationen das Übereinkommen über Verbote und Beschränkungen des Einsatzes bestimmter konventioneller Waffen, die als übermäßig verletzend gelten und unterschiedslos wirken. Dem Übereinkommen sind drei Protokolle beigefügt, die seine Bestimmungen im Hinblick auf nichtauffindbare Teilchen, Minen, Tölpelfallen und Brandwaffen konkretisieren. Im weiteren Sinne zählt daneben auch das Haager Übereinkommen zum Schutz von Kulturgütern zum humanitären Völkerrecht.

---

217 Risse, Wolfrum (Hrsg.), Handbuch Vereinte Nationen, Nr. 36 II.

218 Risse, Nr. 36 III.

219 Resolution XXIII der internationalen Konferenz über Menschenrechte in Teheran vom 12. Mai 1968, Doc. A/CONF. 32/41, p. 18.

b) Entwicklung

Erste Bemühungen um eine systematische Ausarbeitung des Kriegsvölkerrechts gab es erst seit der Mitte des 19. Jahrhunderts, nachdem zuvor das Kriegsrecht nur in gewohnheitsrechtlicher Form existierte.[220] 1864 entstand das erste Genfer Abkommen über die Verbesserung des Loses der Verwundeten der Heere im Felde.[221] In den Jahren 1899 und 1907 erarbeiteten zwei Friedenskonferenzen in Den Haag Bestimmungen, die in erster Linie die Mittel und Methoden der Kriegsführung humanisieren sollten. Das Haager Kodifikationswerk setzt sich aus vierzehn Abkommen zusammen. Das bedeutendste ist das IV. Abkommen betreffend die Gesetze und Gebräuche des Landkrieges, dem als Annex die Ordnung der Gesetze und Gebräuche des Landkrieges, die Haager Landkriegsordnung (HLKO), beigefügt ist.[222]

Im Jahr 1906 fand eine Überarbeitung des Genfer Übereinkommens statt, um den Schutz der Kriegsopfer zu verbessern.[223] Das schließlich 1929 verabschiedete Genfer Abkommen stellte nicht nur eine Überarbeitung der Vorgängerkonventionen dar, mit ihm verlor auch die Unterscheidung in Haager und Genfer Recht an Bedeutung, da nun auch hier das zuvor von der HLKO geregelte Kriegsgefangenenrecht Aufnahme fand.[224]

In den folgenden Jahren gingen die Bemühungen um die Überarbeitung des geltenden humanitären Völkerrechts weiter. 1930 veröffentlichte das IKRK acht Sachverständigengutachten über den Schutz der Zivilbevölkerung gegen Luftangriffe, 1934 wurde auf der Internationalen Konferenz vom Roten Kreuz in Tokio ein vollständiger Entwurf eines Abkommens über den Schutz der Zivilbevölkerung beraten. Der Zweite Weltkrieg stellte zwar zunächst all diese Pläne zurück. Am 12. August 1949 wurden dann aber die vier Genfer Abkommen als Ergebnis früherer Erneuerungsbestrebungen und aus den Erfahrungen des Zweiten Weltkriegs unterzeichnet.[225] Das Genfer Recht von 1949 umfasst das Abkommen zur Verbesserung des Loses der Verwundeten und Kranken der Streitkräfte im Felde (I. Abkommen)[226], das Abkommen zur Verbesserung des Loses

220 Hess, Die Anwendbarkeit des humanitären Völkerrechts, insb. in gemischten Konflikten, S. 2.

221 Die Geschichte der Genfer Abkommen ist abrufbar unter: www.roteskreuz.at/80.html.

222 Deutscher Text in: RGBl. 1910, S. 107 ff.

223 Kimminich, Schutz der Menschen in bewaffneten Konflikten, S. 43.

224 Kimminich, S. 44.

225 Ebenda.

226 Deutscher Text in: BGBl. 1954 II, S. 783.

der Verwundeten, Kranken und Schiffbrüchigen der Streitkräfte zur See (II. Abkommen)[227], das Abkommen über die Behandlung der Kriegsgefangenen (III. Abkommen)[228] und das Abkommen zum Schutz von Zivilpersonen in Kriegszeiten (IV. Abkommen)[229].

Eine wesentliche Weiterentwicklung des humanitären Völkerrechts fand schließlich auf der zwischen 1974 und 1977 zusammengekommenen, vom Schweizer Bundesrat einberufenen Diplomatischen Konferenz statt. Hier wurden die beiden Zusatzprotokolle zu den Genfer Abkommen verabschiedet, wobei sich nur Protokoll I auf internationale Konflikte bezieht. Beide verbinden nun das Genfer und Haager Recht zu einem Regelungskomplex.[230]

c) Grundprinzipien des humanitären Völkerrechts

Das Regelungswerk des humanitären Völkerrechts im Detail zu erläutern, ist aufgrund der Regelungsdichte der Verträge nahezu unmöglich. Deshalb sollen hier die grundlegenden Prinzipien des humanitären Völkerrechts zur Verschaffung eines Überblicks erläutert werden. Als Leitfaden kann eine vom IKRK 1979 verfasste Liste[231] herangezogen werden, die sich in sieben Grundregeln unterteilt:

Regel 1 sieht vor, dass das Leben aller Personen, die nicht oder nicht mehr an den Feindseligkeiten teilnehmen, unterschiedslos zu schützen ist, und ihre körperliche und seelische Integrität unangetastet bleibt.

Regel 2, abgeleitet aus Art. 23 Buchst. c HLKO und Art. 40, 41 ZP I, verlangt, dass gegenüber einem Feind, der sich ergeben hat, Pardon zu gewähren ist, d. h. er darf weder getötet noch verwundet werden.

Regel 3 behandelt den Schutz der Verwundeten und Kranken. Diese sind gemäß dem gemeinsamen Art. 3 Abs. 2 GAbk. zu bergen und zu pflegen. Einzelheiten zu diesem Prinzip finden sich sowohl in Teil II von ZP I als auch in Teil III von ZP II. Zu seiner Durchsetzung sind zusätzlich die Schutzzeichen, das Rote Kreuz, der Rote Halbmond und der Rote Löwe mit Roter Sonne, zu beachten.

---

227 Deutscher Text in: BGBl. 1954 II, S. 813.
228 Deutscher Text in: BGBl. 1954 II, S. 838.
229 Deutscher Text in: BGBl. 1954 II, S. 917; ber. BGBl. 1956 II, S. 1586.
230 Kimminich/Hobe, Einführung in das Völkerrecht, 18.2.3.
231 Risse, in: Wolfrum (Hrsg.), Handbuch Vereinte Nationen, Nr. 36 V.

Regel 4 unterstellt gefangene Kombattanten und Zivilsten, die sich im Machtbereich einer Konfliktpartei aufhalten, allgemeinen Schutzbestimmungen, die die Achtung ihres Lebens, ihrer Würde, ihrer persönlichen Rechte und Überzeugungen betreffen. Sie dürfen nicht zum Ziel von Gewaltakten und Repressalien gemacht werden. Dazu zählt auch das Recht auf angemessene Ernährung, Trinkwasser, medizinische Versorgung und Kleidung (Art. 26, 27, 30 des III. GAbk., Art. 89-91 des IV. GAbk., Art. 5 Abs. 1 Buchst. b ZP II) sowie die Verbringung an einen sicheren Internierungsort (Art. 23 II. GAbk., Art. 83 IV. GAbk., Art. 5 Abs. 2 Buchst. c ZP II).

Regel 5 umfasst judizielle Rechte wie den Grundsatz eines fairen Verfahrens, dessen Voraussetzungen in Art. 75 Abs. 4 ZP I normiert sind. Ausdrücklich verweist das IKRK auf das Folterverbot, das Verbot einer entwürdigenden Behandlung und das Grundprinzip, dass niemand für eine Handlung zur Verantwortung gezogen werden darf, die er nicht begangen hat.

In Regel 6 greift das IKRK den Grundsatz auf, dass den Kampfparteien keine uneingeschränkte Freiheit in der Wahl ihrer Methoden und Mittel der Kriegsführung zusteht. Es gilt das Verbot von Waffen und Methoden, die überflüssige Verluste und Leiden verursachen. Kampfhandlungen sind unter Beachtung des Verhältnismäßigkeitsgrundsatzes durchzuführen, wobei das für das humanitäre Völkerrecht charakteristische Verhältnis von Menschlichkeit und militärischer Notwendigkeit zu berücksichtigen ist (Art. 22, 23 Buchst. a, e HLKO, Art. 35 Abs. 1 ZP I).

Mit der letzten Regel weist das IKRK auf das Unterscheidungsprinzip zwischen Zivilsten und Kombattanten hin. Ein Zivilist darf nicht zum Ziel von Angriffen werden. Angriffe dürfen nur gegen militärische Objekte gerichtet sein (Art. 48 ff. ZP I).

3. *Humanitärer Mindeststandard für nicht-internationale bewaffnete Konflikte*

a) *Art. 3 Genfer Abkommen von 1949*

Erstmals ist im Kriegsrecht 1949 in den gleichlautenden Art. 3 der vier Genfer Abkommen eine Regelung für nicht-internationale bewaffnete Konflikte mit grundlegenden völkerrechtlich geltenden Schutzvorschriften verankert worden. Im Verlauf des Spanischen Bürgerkriegs war die Erkenntnis bestimmend geworden, dass eine Ausgrenzung innerstaatlicher Gewalt aus dem Regelungsbereich des humanitären Völkerrechts dem Humanitätsgedanken zuwiderläuft. Denn aus humanitärer Sicht sollte der Schutz, der den Opfern von Gewalt gewährt wird, immer gleich sein, unabhängig von der Konfliktform.[232] Das IKRK legte daher auch der Stockholmer XVII. Internationalen Rotkreuzkonferenz 1948 einen Entwurf für die vier Genfer Abkommen vor, der für eine unterschiedslose Anwendung aller Bestimmungen eintrat.[233] Dieser Entwurf bezog „alle Fälle bewaffneter Konflikte nicht-internationalen Charakters, insbesondere Bürgerkriege, Kolonialkonflikte sowie Religionskriege"[234] in ein neues Konzept ein, dessen Ziel es war, ein integrales humanitäres Völkerrechtsregime für alle Arten bewaffneter Konflikte zu schaffen. Diesem Vorschlag ist die Diplomatische Konferenz 1949 in keiner Weise gefolgt. Zwar verzichteten die Staaten mit der Annahme des gemeinsamen Art. 3 GAbk. auf eine völlige Handlungsfreiheit bei der Bekämpfung innerer gewaltsamer Auseinandersetzungen und damit auf eine absolute Souveränität. Den meisten Staaten – manche hatten schon die Unabhängigkeitsbestrebungen ihrer Kolonien vor Augen – erschienen jedoch weitergehende Souveränitätsverluste zugunsten eines integralen Völkerrechtssystems zu gefährlich. So ist von dem Vorschlag des IKRK nur ein Mindestmaß an humanitären Rechten zurückgeblieben:

> *„Im Falle eines bewaffneten Konflikts, der keinen internationalen Charakter hat und auf dem Gebiet einer der Hohen Vertragsparteien entsteht, ist jede der am Konflikt beteiligten Parteien gehalten, mindestens die folgenden Bestimmungen anzuwenden:*
>
> *1. Personen, die nicht unmittelbar an den Feindseligkeiten teilnehmen, einschließlich der Mitglieder der Streitkräfte, welche die Waffen gestreckt haben, und der Personen, die durch Krankheit, Verwundung, Gefangennahme oder irgendeine andere Ursache außer Kampf gesetzt sind, werden unter allen Umständen mit Menschlichkeit behandelt, ohne jede auf Rasse, Farbe, Religion oder Glauben, Geschlecht, Geburt oder Vermögen oder auf irgendeinem anderen ähnlichen Unterscheidungsmerkmal beruhende Benachteiligung. Zu diesem Zweck sind und bleiben in bezug auf die erwähnten Personen jederzeit und überall verboten*

---

232 Abi-Saab auf der Diplomatischen Konferenz von 1974-1977; CDDH/I/SR. 24, § 26; Hess, Die Anwendbarkeit des humanitären Völkerrechts, insb. in gemischten Konflikten, S. 85.

233 Koenig, Der nationale Befreiungskrieg im modernen humanitären Völkerrecht, S. 41.

234 Commentaire III, Pictet (Hrsg.), S. 37.

a) Angriffe auf das Leben und die Person, namentlich Tötung jeder Art, Verstümmelung, grausame Behandlung und Folterung,

b) das Festnehmen von Geiseln,

c) Beeinträchtigung der persönlichen Würde, namentlich erniedrigende und entwürdigende Behandlung,

d) Verurteilungen und Hinrichtungen ohne vorhergehendes Urteil eines ordentlich bestellten Gerichts, das die von den zivilisierten Völkern als unerlässlich anerkannten Rechtsgarantien bietet.

2. Die Verwundeten und Kranken werden geborgen und gepflegt."

b) II. Zusatzprotokoll von 1977

Der gleiche Streit zwischen staatlicher Souveränität und humanitärem Schutz trat fast 30 Jahre später bei den Vorbereitungsarbeiten zum II. Zusatzprotokoll erneut auf. Mit dem Protokoll sollte eine Ausweitung des für nicht-internationale bewaffnete Konflikte geltenden humanitären Völkerrechts über Art. 3 der vier Genfer Abkommen von 1949 hinaus erzielt werden. Der ursprüngliche Entwurf des IKRK, der noch 47 Artikel umfasste, musste aber zugunsten eines allgemeinen Konsenses auf 28 Artikel gekürzt werden.

Zwar wurde auf der Diplomatischen Konferenz von 1974-1977 die Trennung in internationale und nicht-internationale bewaffnete Konflikte von verschiedenen Delegationen als „unlogisch"[235] kritisiert. Es waren jetzt aber die neuen unabhängigen Staaten der ehemaligen Kolonien, die ihre noch instabile Macht nicht durch humanitäre Einschränkungen bei der Wahl ihrer Mittel gegen innere Unruhen gefährdet sehen wollten.[236] Insgesamt war die Stimmung auf der Diplomatischen Konferenz auch von westlicher Seite nicht nennenswert fortschrittlich. Laut dem Berichterstatter Kalshoven ließ sich eine Skala erstellen, an deren einem Ende er die norwegische Position einordnete, die keinen wesensmäßigen Unterschied zwischen internationalen und nicht-internationalen Konflikten ausmachen wollte[237], an deren anderem Ende die Kanadier das genaue Gegenteil vertraten, die übrigen Staaten dagegen das restliche Meinungsspektrum ausfüll-

---

235 Nigeria, CDDH/I/SR 24, § 17; Neuseeland, CDDH/I/SR 23, § 17; Österreich, CDDH/I/SR 23, § 7; USA, CDDH/I/SR 4, § 7.

236 Bindschedler, in: Kipp/Heydte/Steinkamm/Mayer (Hrsg.), Um Recht und Freiheit, S. 21 (23 f.); Hess, Die Anwendbarkeit des humanitären Völkerrechts, insb. in gemischten Konflikten, S. 88.

237 Norwegen, CDDH/I/SR 23, § 12.

ten.[238] Letztendlich belegt die bloße Existenz des Zusatzprotokolls II, dass die Diplomatische Konferenz zu keinem Zeitpunkt beabsichtigte, die Unterschiede zwischen internationalen und nicht-internationalen bewaffneten Konflikten zu beseitigen. Kalshoven fasst diese Unterschiede wie folgt zusammen:

> *„Während internationale bewaffnete Konflikte sowohl traditionell als auch ihrem Wesen nach als Angelegenheit der internationalen Gemeinschaft und daher des humanitären Völkerrechts betrachtet werden, haben die innerstaatlichen bewaffneten Konflikte, die das II. Zusatzprotokoll im Auge hat, in erster Linie als Angelegenheit desjenigen Staates zu gelten, auf dessen Staatsgebiet der Konflikt ausgetragen wird.“*[239]

Auch auf der Diplomatischen Konferenz sei „diese Spannung zwischen der Staatssouveränität und der internationalen Zuständigkeit sehr deutlich“ gewesen und habe „alle Diskussionen über das II. Zusatzprotokoll überschattet“.[240]

Die Schwierigkeiten an der Diplomatischen Konferenz machen deutlich, dass das humanitäre Völkerrecht auch nach der Verabschiedung des II. Zusatzprotokolls noch weit von einer einheitlichen Regelung entfernt ist. Verschiedene der oben genannten Grundprinzipien werden zwar auch in nicht-internationalen Konflikten garantiert. So existiert mit Art. 6 Abs. 2 ZP II ein Anspruch auf ein faires Verfahren. Daneben enthält ZP II in Teil III besondere Schutzvorschriften für Verwundete, Kranke und Schiffbrüchige, die nicht nur diese Personengruppen schützen, sondern auch das Sanitätspersonal, die Sanitätseinheiten und ihre Transportmittel. In Art. 12 wird die Achtung des Schutzzeichens des Roten Kreuzes und des Roten Halbmondes festgelegt. Der Schutz der Zivilbevölkerung muss aber auch weiterhin unter Berücksichtigung des in Teil IV enthaltenen Verbots des Aushungerns, des Schutzes von Anlagen und Einrichtungen, die gefährliche Kräfte enthalten, und des Schutzes von Kulturgut und Kulturstätten als fragmentarisch bezeichnet werden. Während ZP I zu diesem Bereich 31 Regelungen trifft, umfasst Teil IV ZP II gerade einmal sechs Bestimmungen. Allein die Genfer Abkommen sehen für internationale bewaffnete Konflikte mehrere hundert Normen vor, für nicht-internationale bewaffnete Konflikte existieren im Gegenzug nur 29 Artikel.

---

238 Kimminich, Schutz der Menschen in bewaffneten Konflikten, S. 97

239 Kalshoven, in: NYIL 1977, S. 107 (109).

240 Kalshoven, S. 107 (110).

III. Das Internationale in Konflikten der Gegenwart

Das Konzept des humanitären Völkerrechts für nicht-internationale bewaffnete Konflikte ist offensichtlich restriktiven Umfangs. Es bleibt durch das traditionelle Verständnis von Souveränität und internationalem Rechtsbereich beschränkt, aus dem sich humanitäre Regelungen für internationale bewaffnete Konflikte mit enormer Regelungsdichte herausbilden konnten.

Anhand der Fragestellung, welche Rolle Staaten in den Konflikten der Gegenwart spielen, ist die Ausrichtung des humanitären Völkerrechts kritisch zu überprüfen. Nur soweit die Konfliktursachenforschung für die Tatbestandsmerkmale international und nicht-international relevant ist, soll sie hier herangezogen werden. Denn das von ihr meist gefundene Ergebnis der verwirrenden Vielschichtigkeit gegenwärtiger Konflikte – es existierten Konfliktformationen, die über die traditionelle Unterscheidung Krieg und Bürgerkrieg hinausgingen[241] – kann für die Dichotomie des humanitären Völkerrechts nur im Hinblick auf die Konfliktbeteiligten von Interesse sein. So bleiben die von Matthies gefundenen vier Grundtypen des Krieges, der zwischenstaatliche Krieg, der Dekolonialisierungskrieg, innerstaatliche Anti-Regime-Kriege und sonstige innerstaatliche Konflikte ethnisch-kultureller Volksgruppen,[242] im Völkerrecht zwei Konflikttypen. Ihre Auswahl nach Motivationsmustern muss insoweit auch für die Rechtsentwicklung eine Rolle spielen, als sie den Rückgang zwischenstaatlicher Konflikte und die wachsende Dominanz innerstaatlicher Gewalt erklären.

Es stellt sich insbesondere die Frage, ob es den klassischen zwischenstaatlichen Konflikt noch gibt. Einzelne Aspekte wie der Zusammenbruch des sozialistischen Systems des Ostblocks, die Hegemonialstellung der USA und die Auswirkungen beider Entwicklungen auf die Kriegsführung sollen Antwort auf diese Frage geben und zugleich klarstellen, wer die neuen Kriegsakteure sind.

1. Rückgang internationaler Konflikte

a) Europäischer Frieden

Aus europäischer Sicht endeten die großen zwischenstaatlichen Kriege – zumindest auf dem eigenen Kontinent – bereits mit dem Zweiten Weltkrieg. Von der Schaffung der Montanunion und der Europäischen Wirtschaftsgemeinschaft

---

241 Matthies, Immer wieder Krieg?, S. 19.

242 Ebenda.

(EWG), also mit der Überwindung politischer Differenzen mittels wirtschaftlicher Verflechtungen, bis zur Konferenz für Sicherheit und Zusammenarbeit in Europa (KSZE) trafen die europäischen Staaten eine Reihe von Vorkehrungen, um zu verhindern, dass ein Krieg ihren Kontinent erneut an den Abgrund führen konnte. Mit der Weiterentwicklung der Europäischen Gemeinschaften zur Europäischen Union (EU), deren Osterweiterung und der Umwandlung der KSZE in die OSZE (Organisation für Sicherheit und Zusammenarbeit in Europa) wurden diese Sicherungssysteme ausgebaut, so dass man heute sagen kann, dass der Krieg kein politisches Instrument europäischer Politik mehr sein wird, zumindest im Verhältnis der EU-Staaten untereinander.[243]

Insgesamt kann für die westlichen, demokratischen Staaten festgestellt werden, dass verschiedene konfliktmäßigende Faktoren zu einer „neuen Konfliktkultur" geführt haben, in der anstatt auf die machtpolitische Durchsetzung von Interessen auf Kooperation und Verhandlungen gesetzt wird.[244] Zwar hat sich die Zahl der Staaten seit 1945 vervierfacht, was zunächst aufgrund des vermehrten Aufeinandertreffens staatlicher Eigeninteressen ein erhöhtes Konfliktpotenzial bedeutet, zur gleichen Zeit hat aber die Zunahme an Mitgliedern und Politikbereichen in internationalen sowie in transnationalen Organisationen einen gegenteiligen Einfluss ausgeübt. Da viele dieser Organisationen Institutionen zur Friedenssicherung geschaffen haben, ist ihnen eine pazifizierende Wirkung zuzusprechen.[245]

Auch das Ende des Ost-West-Konflikts ist im Rahmen konfliktmäßigender Faktoren aufzuführen, obwohl damit zunächst das Abschreckungssystem des Kalten Krieges beseitigt wurde. Jedoch begann zugleich mit dem Wegfall alter Feindbilder ein Abrüstungsprozess: In den neunziger Jahren liegen die Militärausgaben weltweit etwa zwei Drittel niedriger als noch in den achtziger Jahren. Personell wurden die Armeen ca. um die Hälfte reduziert.[246]

Neue Kommunikationstechnologien und die zunehmende Vernetzung des Handels haben zudem „zivilgesellschaftliche Kräfte"[247] gestärkt und zu einer so genannten Weltinnenpolitik geführt, in deren Rahmen wirtschaftlich motiviert gemeinsame Identifikationsmuster geschaffen wurden.

---

243 Zur Geschichte der Europäischen Union: Oppermann, Europarecht, § 1 II.

244 Pfetsch, in: Voigt (Hrsg.), Krieg – Instrument der Politik?, S. 223 (230, 233); Pfetsch/ Rohloff, National and International Conflicts, S. 2 ff.

245 Pfetsch, S. 223 (230 f.).

246 Ebenda.

247 Pfetsch, S. 223 (232 f.).

Diese Faktoren haben sich auf innerstaatliche Konflikte tendenziell konfliktverstärkend ausgewirkt. So setzte zwar mit Beendigung des Ost-West-Konflikts die Hoffnung ein, die Kriegsgefahren und Ängste der letzten Jahrzehnte würden ein Ende finden. Diesen Optimismus reflektiert die Agenda for Peace, in der der damalige UN-Generalsekretär Boutros Boutros-Ghali im Fall des Eisernen Vorhangs eine „zweite Chance“[248] der UNO bei der Eindämmung von Kriegen erblickte. Obwohl auch zu dieser Zeit zahlreiche kleinere Konflikte stattfanden, wurden sie mit der Anfang der neunziger Jahre in den Ostblockstaaten vorherrschenden Umbruchstimmung und als temporäre Übergangskrisen auf dem Weg zu einer Demokratisierung multiethnischer kommunistischer Diktaturen erklärt.[249] In Wahrheit – so musste spätestens mit dem Jugoslawienkonflikt erkannt werden – ging nur die Ära der Kriege im klassischen militärischen Sinne zu Ende.[250] In Zahlen ausgedrückt waren bis 1992 nur noch 17 % des Kriegsgeschehens zwischenstaatliche Konflikte.[251]

b) *Weltpolitische Asymmetrien*

aa) *Hegemonie der USA*

Tatsächlich ausschlaggebend für den Rückgang zwischenstaatlicher Konflikte wurde aber ein anderer Prozess, der es den meisten Staaten unabhängig von etwaigen politischen Interessen faktisch unmöglich machte, als Kriegsgegner aufzutreten. Die Revolution in Military Affairs, d. h. die Einführung so genannter intelligenter Waffen am Ausgang des 20. Jahrhunderts, führte zu einer immensen Verteuerung des Kriegsgeräts und verkleinerte dadurch die Gruppe der kriegsführungsfähigen Akteure.[252] Tatsache ist, dass die Vereinigten Staaten die einzige verbleibende Supermacht sind, die im globalen Rahmen noch in der Lage ist, Kriege zu führen.[253]

---

248 Boutros-Ghali, An Agenda for Peace, S. 45.

249 Ettrich, in: Berliner Journal für Soziologie Bd. 10 (3), 2001, S. 391 (392).

250 Voigt, in: Voigt (Hrsg.), Krieg – Instrument der Politik?, S. 293 (321).

251 Gantzel/Schwinghammer, Die Kriege nach dem Zweiten Weltkrieg 1945 bis 1992, S. 118.

252 Münkler, in: Der Bürger im Staat, Heft 4, 2004, S. 179 (181).

253 Selbst chinesische Militärs versuchen "to propose tactics for developing countries, in particular China, to compensate for their military inferiority vis-à-vis the United States during a high-tech war". Qiao/Liang/Wang Xiangsui, Unristricted Warfare, 1999 (zitiert nach Münkler, Die neuen Kriege, S. 276, Fn 21); siehe dazu auch Bruzzone, Asymmetrical Warfare Cuts both Ways, in: American Daily, 3 January 2004, abrufbar unter: http://americandialy.com/article/1837.

Bis zu Beginn der neunziger Jahre des letzten Jahrhunderts konnte noch die Sowjetunion zu diesem Kreis gezählt werden. Zum Zeichen ihres Ausscheidens wurde jedoch der Verlauf des Golfkrieges 1991, als die US-amerikanischen Truppen binnen 48 Stunden die mit sowjetischem Gerät ausgerüstete und nach sowjetischer Strategie geführte irakische Armee überrannten. Ab diesem Zeitpunkt musste die Regierung in Moskau einsehen, dass man den USA militärisch nicht länger gewachsen war.[254]

Allein die Westeuropäer kommen heute noch mit ihren technologischen und wirtschaftlichen Möglichkeiten als ebenbürtige Gegner der USA in Frage. Allerdings haben sie politisch kein Interesse daran, mit den USA gleichzuziehen bzw. in einen Rüstungswettlauf einzutreten. Solange die Amerikaner aber mit keinem gleichstarken, symmetrischen Gegner rechnen müssen, können sie ihre Hegemonialpolitik von der Karibik über den Balkan bis nach Zentralasien ungebremst fortführen. Einzig die Bedrohungsbilder, wie sie von Atommächten wie Indien und Pakistan bzw. von Staaten wie dem Iran und Nordkorea, die den Bau einer Atombombe in Aussicht stellen, erinnern daran, dass auf strategischer Ebene weiterhin ein symmetrisches Zerstörungspotenzial existiert.[255]

bb) Asymmetrische Strategien als amerikanischer Schwachpunkt

Es sind ganz andere Gegner, auf die sich die militärische Übermacht USA in ihren Konflikten einstellen muss. Wenig Wirkung zeigt ihre technologische Überlegenheit, wenn sie nicht auf symmetrische Strategien nach dem Modell zwischenstaatlicher Kriege trifft, sondern ihrerseits mit dem Prinzip der Ungleichheit konfrontiert wird. Ihre Machtlosigkeit gegen asymmetrische Strategien mussten die Amerikaner erstmals während des Vietnamkrieges einräumen, als es ihnen trotz waffentechnischer Überlegenheit nicht gelang, einen nach Guerillataktik vorgehenden Gegner zu bezwingen. Zur Gewissheit wurde ihre Unterlegenheit und Verletzlichkeit dann im Libanon und in Somalia. In Beirut erschütterte ein Bombenanschlag auf die Kaserne der US-Marines, in Mogadischu der durch die Straßen geschleifte, verstümmelte US-amerikanische Soldat das Bewusstsein der US-amerikanischen Nation. Die Amerikaner zogen ihre Truppen überhastet ab und waren für die ganze Welt erkennbar moralisch in die Knie gezwungen.[256] „Sie glauben“, so zitiert David Rieff die höhnischen Be-

---

254 Münkler, in: Der Bürger im Staat, Heft 4, 2004, S. 179 (181).

255 Pfanner, in: HuV 2005, S. 165 (166).

256 Münkler, Die neuen Kriege, S. 49 f.

merkungen eines bosnischen Soldaten, „es habe die amerikanische Öffentlichkeit aus der Fassung gebracht, als achtzehn eurer Soldaten in Afrika umgebracht wurden? Wartet ab, bis die Särge aus Bosnien zurückkommen. Ihr seid keine starke Nation mehr. Ihr könnt die Vorstellung nicht ertragen, dass eure Kinder getötet werden. Aber wir Serben können dem Tod ins Auge sehen. Wir haben keine Angst. Und deshalb werden wir euch schlagen, wenn ihr den Türken [die bosnischen Muslime], die ihr ja so liebt, zu Hilfe kommt."[257]

Es war also nicht nur die Guerillataktik, die den Amerikanern in diesem ungleichen Kampf zu schaffen machte, sondern auch terroristische Taktiken, die zunehmend in die Kampfstrategie der Guerilleros einbezogen wurden. Mittlerweile ist mit dem Terrorismus eine eigene militärische Strategie entstanden, in der Terroranschläge nicht mehr bloß den Guerillakampf unterstützen. Stattdessen dienen sie unmittelbar dazu, den Gegner durch ein Hervorrufen von extremer Angst und Verunsicherung unter der Bevölkerung moralisch zu vernichten.[258] Die Tendenz zu mehr Terror zeichnete sich bereits Ende der sechziger Jahre mit den ersten Flugzeugentführungen ab und gipfelte bislang in dem Doppelanschlag auf das Pentagon und das World Trade Center am 11. September 2001. Seither verdeutlichten die Anschläge von Madrid und London, dass ein offensiver Terrorismus entstanden ist, der längst die Regionen, aus denen er ursprünglich stammt, verlassen hat und nunmehr global operiert, aber auch global vernetzt ist.

Bereits die Ereignisse in Mogadischu ließen so prominente Gegner der Amerikaner wie Osama bin Laden zu der Überzeugung gelangen, dass diese trotz ihrer technologischen Übermacht durch ein entschlossenes Vorgehen mit Gewalt zu besiegen seien.[259] Er soll gegenüber einem Nahostkorrespondenten des Londoner Independent 1997 erklärt haben, man sei erstaunt gewesen, wie schnell die Amerikaner sich in Somalia zurückgezogen hätten.

> *„Die Mudschaheddin waren erstaunt über den Zusammenbruch der amerikanischen Moral. Das hat uns überzeugt davon, dass Amerika ein Papiertiger ist."*[260]

Auch die Amerikaner können besiegt werden, heißt die Nachricht aus Beirut und Mogadischu, die seither von den Gegnern und Feinden der USA verinnerlicht

---

257 Rieff, Schlachthaus. Bosnien und das Versagen des Westens, S. 232 f.

258 Hirschmann, in: Aus Politik und Zeitgeschichte, Bd. 51, 2001, S. 7 (7); Münkler, Die neuen Kriege, S. 53.

259 Münkler, S. 51 f.

260 Zitiert aus Birnbaum, Krisenherd Somalia, S. 15.

wurde, und ein Sieg ist insbesondere dann zu erringen, wenn man den Konflikt nicht auf den großen Schlachtfeldern der symmetrischen Kriegsführung austrägt und mit anderen Mitteln als denen, die den klassischen Krieg ausmachten.[261]

Die Antworten der USA in Afghanistan und im Irak auf diese globale Bedrohung verdeutlichen letztendlich ihre Schwäche, ihr Versuch als letzte Hegemonialmacht einen klassischen Staatenkrieg führen zu wollen gegen einen Gegner, der sich allen Grundsätzen der Symmetrie entzieht. Aussichtslos geworden ist damit nicht nur der klassische Staatenkrieg, sondern auch das Auftreten eines Staates als Inhaber des klassischen Gewaltmonopols.

2. *Gewaltmonopol*

a) *Entstaatlichung der Gewalt*

Politische Entwicklungen der letzten Jahrzehnte haben nicht nur dazu geführt, dass Staaten die zwischenstaatliche Kriegsführung aufgegeben haben, sondern auch innerstaatlich hat die Staatsmacht ihr Gewaltmonopol verloren. Hier sind Machtvakuen entstanden, in denen sich private Gruppen, Banden und Warlords gebildet haben, die nun untereinander Privatkriege ausfechten. Das heißt, neben die bekannten Formen – zwischenstaatlicher Krieg und Bürgerkrieg im Sinne gewaltsamer Auseinandersetzungen zwischen der Staatsmacht und Rebellenbewegungen – ist eine neue Form der „molekulare Krieg" getreten. An ihm nimmt die Staatsgewalt allenfalls mittelbar über angeheuerte private Kriegsunternehmer teil oder sie ist im Zuge eines Staatszerfalls in bestimmten Konfliktregionen überhaupt nicht mehr präsent[262], so dass ein rein privater Krieg ausgetragen wird. Für das humanitäre Völkerrecht und seine Konflikteinteilung bedeutet das, dass nicht nur zwischenstaatliche, internationale bewaffnete Konflikte stark rückläufig sind, sondern auch ein neuer Konflikttypus entstanden ist, den das Recht bislang in keiner Form erfasst.[263]

Das Akteursspektrum hat sich also in vielen heutigen Konflikten erheblich erweitert und ausdifferenziert. Rein quantitativ hat sich an Orten begrenzter Staatlichkeit, insbesondere im subsaharischen Afrika und in Zentralasien, die Zahl der gewaltbereiten Konfliktteilnehmer erhöht. Ihre Zunahme resultiert vor allem

---

261 Münkler, S. 52.

262 Holsti, The State, War, and the State of War, S. 104 ff.; Zartmann, in: Zartmann (Hrsg.), Collapsed States, S. 1 (5).

263 Siehe Kapitel 3 II.

aus der mangelhaften Fähigkeit der Staaten, Sicherheits- und Schutzbedürfnissen der Bevölkerung hinreichend gerecht zu werden und ist letztlich das Ergebnis einer Abwärtsspirale aus Korruption, schwindenden Steuereinnahmen und dem Verlust an Legitimität.[264] Einsparungen beim Rüstungsetat, Kürzungen bei der Ausrüstung und ungenügendes Training begünstigen einen allgemeinen Niedergang regulärer Armeen. So werden in vielen afrikanischen und ehemaligen sowjetischen Staaten Soldaten nicht länger von funktionsfähigen Staaten unterhalten und besoldet, die aus Steuereinnahmen einen Teil des sozialen Mehrprodukts für diese Zwecke bereitstellen, sondern sie müssen sich in der Regel selbst versorgen. In Zaire wurden unter der Führung Mobutus unbezahlte Soldaten aufgefordert, zu plündern und zu brandschatzen.[265] Die ungarische Armee übernimmt das Waschen von Hotelwäsche und engagiert sich in finanziellen Spekulationsgeschäften. Die chinesische Armee nimmt eine Reihe ziviler Aufgaben in Bereichen des Tourismus, der Landwirtschaft und des Personenverkehrs wahr.[266]

Anstelle ihrer regulären Streitkräfte greifen Staaten daher – auch um sich von den eigenen Gewalttaten zu distanzieren – auf paramilitärische Verbände zurück. Dabei handelt es sich um autonome bewaffnete Banden, die sich meist aus arbeitslosen jungen Männern oder Abenteurern rekrutieren.[267] Ein Entwicklungshelfer in Sierra Leone gab die Motive dieser Männer, sich solchen Gruppen anzuschließen, folgendermaßen wieder:

> *"By fighting you get a lot of money and excitement and see the country. You're going from nothing in a village to being Rambo."*[268]

Die Grenze zwischen militärischen und paramilitärischen Einheiten, zwischen militärischen Verbänden und kriminellen Banden kann in vielen Fällen durchaus fließend verlaufen. So traten im Bosnienkrieg zunächst vor allem Milizen auf, aus denen erst im Verlauf des Konflikts reguläre Streitkräfte der Konfliktparteien entstanden sind: die bosnisch-serbische Armee, der kroatische Verteidigungsrat und die Armee von Bosnien-Herzegowina.[269] Daneben kämpften weiterhin

---

264 Chojnacki, in: Der Bürger im Staat, Heft 4, 2004, S. 197 (197).

265 Kaldor, in: Kaldor (Hrsg.), Introduction, Global Insecurity. Restructuring the Global Military Sector, vol. III, S. 1 (13); dies., New and Old Wars. Organized Violence in a Global Era, S. 92 f.

266 Kaldor, Introduction, S. 1 (12).

267 Kaldor, Introduction, S. 1 (13).

268 Keen, The Economic Functions of Violence in Civil Wars, Adelphi Paper no. 320, S. 48.

269 Voigt, in: Voigt (Hrsg.), Krieg – Instrument der Politik?, S. 293 (324).

paramilitärische Verbände wie Arkans „Tiger“ und Šešeljs „weiße Adler“ (Tschetniks) auf der Seite der Serben, sowie die HOS (Ustaša) oder Jukaś „Wölfe“ auf Seiten der Kroaten, die zum Teil mit dem kriminellen Milieu in Zusammenhang gebracht werden konnten.[270] Aufzufinden sind solche Paramilitärs beispielsweise auch in Ruanda, wo sie als Parteimiliz von der ruandischen Armee trainiert und bezahlt werden,[271] aber auch in Georgien, wo nach der Unabhängigkeit des Landes fast jede politische Partei oder Splittergruppe ihre eigene Miliz besaß[272].

b) Kommerzialisierung der Gewalt

Während Staatenkriege und Kriege für Staaten zu kostenintensiv geworden sind, als dass es sich noch lohnen würde bzw. die technologische Möglichkeit bestünde, sie zu führen, sind gewaltsame Konflikte dagegen für andere – substaatliche Akteure – wieder zu einem lukrativen Geschäft geworden. Kleine Kriege sind wieder rentabel, jedenfalls dann wenn sie mit leichten Waffen, billigen Kämpfern und der Möglichkeit der Beteiligung an den großen Geschäften der globalisierten Wirtschaft geführt werden können. Die Rentabilität der Gewalt zieht die Privatisierung des Krieges nach sich.[273] In den Machtvakuen der Staaten haben substaatliche Akteursgruppen und Kriegsfürsten die Gewalt übernommen.[274] Ihr vermehrtes Auftreten und ihr Machterhalt werden begünstigt durch die Kommerzialisierung der kriegerischen Gewalt und die zunehmende Vermischung von Gewaltausübung und Erwerbsleben.[275] Darin unterscheiden sie sich von den klassischen Rebellen- und Sezessionsbewegungen des 20. Jahrhunderts, denn ihr Ziel ist nicht mehr ausdrücklich an der Eroberung des staatlichen Machtapparates bzw. an der Trennung von bestehenden staatlichen Strukturen ausgerichtet. Für viele private Gewaltakteure ist staatliche Macht vielmehr eine strategische Ressource neben anderen.[276]

Exemplarisch ist hierfür die Figur des Warlords, der politische, ökonomische und militärische Logiken vereint und Gewalt in profitabler Form für die Kon-

---

270 Ebenda.

271 Human Rights Watch, Playing the "Communal Card": Communal Violence and Human Rights, vol. 4, 1995; abrufbar unter: http://hrw.org/reports/1995/communal/.

272 Kaldor, New and Old Wars. Organized Violence in a Global Era, S. 93.

273 Münkler, Die neuen Kriege, S. 161.

274 Ein Überblick zur Figur des Warlords bei Reno, Warlord Politics and African States.

275 Münkler, in: Merkur 2001, S. 222 (224).

276 Chojnacki, in: Der Bürger im Staat, Heft 4, 2004, S. 197 (198).

trolle von Märkten und sozialen Beziehungen einsetzt.[277] Die Möglichkeit der wirtschaftlichen Ausbeutung eines Gebietes und seiner Bevölkerung veranlasst ihn, dieses gewaltsam unter seine Kontrolle zu bringen und diese Kontrolle wiederum mit Gewalt zu erhalten. Einige von ihnen, insbesondere diejenigen, die größere Gebiete beherrschen und ausplündern, beanspruchen die wichtigsten staatlichen Attribute für sich. Sie wollen dabei nicht selbst den mühsamen Prozess der Staatsbildung vorantreiben, sondern über die wirtschaftliche Ausbeutung der Region hinaus auch noch die Vorteile einer internationalen Anerkennung einstreichen, d. h. den Anspruch auf wirtschaftliche Unterstützung, den ungehinderten Zugang zu internationalen Märkten und nicht zuletzt die Möglichkeit, das Vermögen ins Ausland zu schaffen.

Ebenfalls Profit aus dem Geschäft der Kriegsführung ziehen so genannte private Sicherheitsunternehmen.[278] Sie rekrutieren sich meist aus ehemaligen britischen und US-amerikanischen Soldaten und werden von Regierungen, aber auch von multinationalen Unternehmen angeheuert. [279] Das britische Unternehmen Sandline International hat unter ihnen während eines Waffenlieferungsskandals an Sierra Leone Anfang 1998 Berühmtheit erlangt. Papua Neu Guinea beauftragte 1997 Sandline mit der Beseitigung der Bourgainville Revolutionary Army (BRA) und mit der Räumung der Bourgainville Kupferminen. Sandline wiederum verpflichtete Executive Outcomes,[280] die weltweit wohl aktivste, private militärische Organisation, gegründet von Lieutenant Colonel Eeben Barlow, ehemals Angehöriger der südafrikanischen Armee. Es wird berichtet, dass Executive Outcomes den Ausgang von zwei afrikanischen Bürgerkriegen[281] entscheidend mitbeeinflusst hat und seine Kämpfer in dem Ruf stehen, die effektivste Söldnertruppe der Welt zu sein.[282] Zusätzlich zu militärischer Unterstützung bietet es eine Reihe von Trainingsprogrammen für Infanterie, Anti-Guerrillataktiken, Fallschirmjäger, Artillerie, Militärpolizei und Geheimdienste. Algerien, Angola, Botswana, Malawi und Madagaskar sind nachweislich Klienten

---

277 Münkler, Die neuen Kriege, S. 161.

278 Musah/Fayemi, Mercenaries. An African Security Dilemma; Singer, Corporate Warriors: The Rise of Privatized Military Industry.

279 Kaldor, New and Old Wars. Organized Violence in a Global Era, S. 95.

280 David Shearer, Private Armies and Military Intervention, Adelphi Paper no. 316, S. 39 ff.

281 Gemeint sind die Bürgerkriege in Angola und Sierra Leone. Vgl. zum Konflikt in Angola: Dingemann, Westermann-Lexikon Krisenherde der Welt: Konflikte und Kriege seit 1945, S. 112 ff.; zum Konflikt in Sierra Leone: Dingemann, S. 658 ff.

282 Grill/Dumay, Der Söldner-Konzern, in: DIE ZEIT vom 17. Januar 1997, S. 9.

dieser Programme.[283] Das Unternehmen räumt Minen in Angola, Mozambique und Ruanda. Es engagiert sich gewinnbringend in Sparten wie anti-spionage Technologien, Telekommunikation, aber auch im Rahmen von Wideraufbauprogrammen und unabhängigen Luftbrücken. Es unterhält Programme zur Reintegration von Kindersoldaten und zur Wiederansiedlung von Flüchtlingen.[284] Executive Outcomes operiert mittlerweile mit 50 Firmen in 34 Ländern.[285] Im Gegenzug für seine Dienste erhält es die Ausbeutungsrechte an Diamantenminen und Ölfeldern. Executive Outcomes füllt damit eine Marktnische, die sich überall dort eröffnet, wo schwache Staaten ihren Aufgaben nicht gewachsen sind und die Staatengemeinschaft nicht einschreitet. Es ist mit seiner privaten Armee daran beteiligt, auf informellem Weg die Kriegsführung zu globalisieren.[286]

IV. Internationalisierung

Parallel zu den Verdrängungsprozessen zwischenstaatlicher Konflikte und der Privatisierung der Kriege findet eine Entwicklung statt, die die Staaten veranlasst, auf einer anderen Ebene in das Kriegsgeschehen einzugreifen. Dadurch sind Konfliktformen entstanden, die im modernen humanitären Völkerrecht als internationalisierte Konflikte bezeichnet werden.[287] Gemeint sind damit solche Konflikte, in denen entweder substaatliche Akteure mit der indirekten Unterstützung ausländischer Staaten gegeneinander antreten, direkte Feindseligkeiten zwischen zwei ausländischen Staaten, die militärisch in einen innerstaatlichen bewaffneten Konflikt intervenieren, oder Kriege, an denen ausländische Interventionstruppen zur Unterstützung einer Rebellengruppe im Kampf gegen die etablierte Regierung beteiligt sind.[288]

Die direkte oder indirekte Teilnahme eines Staates an einem innerstaatlichen Konflikt kann diesen zu einem internationalen Konflikt umformen.[289] Da dies aber nicht zwangsläufig der Fall sein muss, ergibt sich für die Rechtsnatur vieler gegenwärtiger Konflikte eine höchst konfuse Rechtslage.

---

283 Albrecht, in: Kaldor (Hrsg.), Global Insecurity: Restructuring the Global Military Sector, S. 120 (133).

284 Albrecht, S. 120 (133).

285 Grill/Dumay, S. 9.

286 Albrecht, S. 120 (133).

287 Schindler, in: IRRC 1982, S. 263 (265).

288 Schindler, in: IRRC 1982, S. 263 (265).

289 The Prosecutor v. Tadic, Appeals Chamber Judgement, 15 July 1999, Case no. IT-94-1-A, § 84.

1. Auslandsbeteiligung an sich nichts Neues

a) Stellvertreterkriege

Bereits in der Zeit des Ost-West-Konflikts kam es oftmals in internen Konflikten zu irgendeiner Form von Auslandsbeteiligung. So interpretiert ein soziologischer Ansatz Bürgerkriege in der Dritten Welt immer als Teil des Kalten Krieges[290] in der Funktion so genannter Stellvertreterkriege[291]. Zahlreiche Beispiele belegen, dass innerstaatliche Konfliktparteien leicht zu Spielbällen in der indirekten Konfrontation der Supermächte wurden, die aus geostrategischen oder ideologischen Gründen den Ausgang eines Konflikts zu ihrem Vorteil zu nutzen suchten.

Die US-Regierung verdächtigte beispielsweise im Rahmen des Vietnamkonflikts das kommunistische Lager, es sei seine Strategie, die Macht während des Umwälzungsprozesses durch Subversion und Guerillataktiken an sich zu reißen.[292] Sie betrachteten die Nationale Befreiungsfront in Südvietnam als verlängerten Arm der kommunistischen Bedrohung aus Hanoi, ohne jede selbstständige rechtliche oder politische Bedeutung Südvietnams.[293] Ohne weitere Differenzierung wurde so der Befreiungskämpfer, Guerillero und Rebell zum Synonym für den Feind der Freiheit,[294] der die US-Armee auf den sumpfigen Schlachtfeldern Indochinas in die Knie zwang.[295]

Für Strategen wie Dinerstein waren Bürgerkriege die Chance für eine kommunistische Expansion.[296] Ebenso erkannten die USA die Möglichkeit, die "values of democracy" über das Instrument des Befreiungskampfes an den Mann zu bringen. Der direkte Einsatz von Truppen blieb zunächst jedoch aufgrund der militärischen Niederlage in Vietnam und des dadurch hervorgerufenen Vietnamsyndroms eine Seltenheit. Der US-Präsident Ronald Reagan stellte 1985 dann aber ein Konzept auf, das es ermöglichte, direkt hinter den feindlichen Linien zu agieren, ohne die eigenen Soldaten zu opfern:

---

290 Ferdowsi, in: Ferdowsi/Opitz (Hrsg.), Macht und Ohnmacht der Vereinten Nationen. Zur Rolle der Weltorganisation in Drittwelt-Konflikten, S. 13 (22 ff.).

291 Abi-Saab, in: UNESCO (Hrsg.), International Dimension of Humanitarian Law, S. 217 (222).

292 Rostow, in: Falk (Hrsg.), The Vietnam War and International Law, S. 127 (128).

293 Partan, in: Falk (Hrsg.), The Vietnam War and International Law, S. 201 (218).

294 Talbott, Turning the Tables on Moscow, in: TIME Magazine vom 15. April 1985, S. 34.

295 Koenig, Der nationale Befreiungskrieg modernen humanitären Völkerrecht, S. 29.

296 Quade, in: Falk (Hrsg.), The Vietnam War and International Law, S. 102 (105).

„Wir dürfen nicht diejenigen im Stich lassen, die ihr Leben auf allen Kontinenten riskieren, von Afghanistan bis Nicaragua, um sich gegen die Sowjet-unterstützte Aggression zu wehren und um Rechte zu kämpfen, die wir seit unserer Geburt haben [...] Unterstützung für Freiheitskämpfer ist Selbstverteidigung."[297]

Insbesondere die Unterstützung der Contras in Nicaragua durch die US-Regierung Anfang der achtziger Jahre ist das wohl am besten dokumentierte Beispiel dieser Art.[298] Als 1979 in Nicaragua die Somozadiktatur gestürzt und von einer linksorientierten Regierung der Sandinisten abgelöst wurde, suchte der neu gewählte US-Präsident Ronald Reagan wiederholt die Sandinisten als marxistisch bzw. kommunistisch zu brandmarken und sorgte dafür, dass die politische und militärische Gegenbewegung zu den Sandinisten, die Contras, massive finanzielle und militärische Hilfe bekam. Nicht nur dass die USA allein bis 1982 über 30 Millionen Dollar für Aktionen der Contras ausgaben,[299] zusätzlich verhängten sie einen Wirtschaftsboykott und verminten den einzigen Pazifikhafen Nicaraguas Corinto.

b) Interventionsverbot

Es waren eben diese Machenschaften des US-amerikanischen CIA und der US-Regierung, die den Internationalen Gerichtshof (IGH) in seiner berühmt gewordenen Entscheidung Military and Paramilitary Activities in and against Nicaragua[300] veranlassten, erstmals über die Zulässigkeit einer Drittstaatsbeteiligung in einem internen Konflikt zu entscheiden. Die Aktivitäten der USA bewegten sich dabei in erster Linie in einem wirtschaftlichen Rahmen, deren Subsumtion unter den Tatbestand der verbotenen Einmischung in die Angelegenheiten anderer Staaten sich als äußerst schwierig erwies.

Es existiert kein Tatbestand zum zwischenstaatlichen Interventionsverbot in der UN-Charta. Die UN-Generalversammlung hat aber zu diesem Bereich entsprechende Grundsätze entwickelt, die ein völkergewohnheitsrechtliches Interventionsverbot herausgebildet haben, dessen Bedeutung zur Vermeidung zwischen-

---

297 State of the Union address von Präsident Ronald Reagan, zitiert aus: TIME Magazine vom 15. April 1985, S. 35.

298 ICJ, Military and Paramilitary Activities in and against Nicaragua, Judgement, 27 June 1986 – Merits, (im Folgenden: Nicaragua v. United States of America); abrufbar unter: www.icj-cij.org/icjwww/is/inus/inusframe.htm.

299 Dingemann, Westermann-Lexikon Krisenherde der Welt: Konflikte und Kriege seit 1945, S. 556.

300 ICJ, Nicaragua v. United States of America, Judgement, 27 June 1986 – Merits.

staatlicher Konflikte heute zu fundamental ist, als dass seine Geltung bestritten würde. Schutzobjekt dieses Verbots ist nämlich die staatliche Souveränität und Unabhängigkeit.[301]

In der Declaration on Principles of International Law Concerning Friendly Relations and Co-operation among States in Accordance with the Charter of the United Nations, die als Annex zur Resolution 2625 (XXV) vom 24.10.1970 verabschiedet wurde, heißt es zum „Grundsatz betreffend die Pflicht, sich im Einklang mit der Charta nicht in Angelegenheiten einzumischen, die zur inneren Zuständigkeit eines Staates gehören":

> *„Kein Staat und keine Staatengruppe hat das Recht, sich aus irgendeinem Grund unmittelbar oder mittelbar in die inneren und äußeren Angelegenheiten eines anderen Staates einzumischen. Folglich sind die bewaffnete Intervention und alle anderen Formen von Einmischung oder Drohversuchen gegen die Rechtspersönlichkeit eines Staates oder gegen seine politischen, wirtschaftlichen und kulturellen Bestandteile völkerrechtswidrig."*[302]

Nach dieser Friendly Relations Declaration werden auch Einmischungen mit Waffengewalt und Akte der Aggression[303] vom Interventionsverbot erfasst. In diesen Fällen, wenn militärische Mittel angewandt werden, erfüllt die Intervention zusätzlich den Tatbestand des Angriffs und verstößt damit zugleich gegen das Gewaltverbot des Art. 2 Ziff. 4 UN-Charta. Beide Tatbestände können daher überlappen: Während das Gewaltverbot nur militärische Mittel meint, erfasst das Interventionsverbot darüber hinaus auch nicht-militärische Gewalt wie Eingriffe mit diplomatischen, wirtschaftlichen, propagandistischen oder innenpolitischen Mitteln.[304] Die Anwendung dieser Mittel zum Zwecke des Eingriffs in die Rechte eines anderen Staates, um diesen zu einer Handlung zu veranlassen, die er in freier Selbstbestimmung nicht vorgenommen hätte, ist eine verbotene Intervention im Sinne des Völkerrechts.[305]

---

301 Beyerlin, in: Wolfrum (Hrsg.), Handbuch Vereinte Nationen, Nr. 50 I.

302 Deutscher Text aus: VN, Bd. 26, 1978, S. 138; englischer Text abrufbar unter: www.un.org/documents/ga/res/25/ares25.htm.

303 Vgl. die „Aggressionsdefinition" der Generalversammlung: Res. 3314 (XXIX) vom 14. Dezember 1974.

304 Schröder, in: EPIL, vol. VII, 1982, S. 358 (358); Randelzhofer, in: Simma (Hrsg.), Charta der Vereinten Nationen, Art. 2 Ziff. 4 Rn. 18.

305 Kimminich/Hobe, Einführung in das Völkerrecht, 9.2.3.

Der Stellvertreterkrieg in Nicaragua warf so auch die schwierige Frage auf, in welchen Fällen eine verbotene wirtschaftliche Intervention angenommen werden muss. So werden etwa wirtschaftliche Boykotte und Embargos oder die Versagung von Wirtschafts- und Entwicklungshilfe bzw. ihre Zusage nur unter bestimmten Auflagen nicht generell vom Interventionsverbot erfasst. Vielmehr sind hier Intensität und Zwangswirkung entscheidend. Die Anwendung propagandistischer Mittel durch dritte Staaten soll erst dann eine Intervention darstellen, wenn die politische Stabilität des anderen Staates tatsächlich in Gefahr gerät. Dagegen sind in der Regel Aktivitäten zur Unterstützung von Rebellenbewegungen, die den Sturz der etablierten Regierung anstreben, vom Interventionsverbot erfasst.[306] So stellte auch der IGH im Fall Nicaraguas fest, dass die wirtschaftlichen Zwangsmaßnahmen wie auch die Propaganda der US-Regierung gegen die Regierung Nicaraguas nicht als verbotene Intervention einzustufen sei. Die finanzielle Unterstützung der Contras und die US-amerikanischen Waffenlieferungen erfüllten dagegen sehr wohl diesen Tatbestand.[307]

2. *Humanitäre Intervention*

Heute sind es nach dem Fall des Eisernen Vorhangs keine idealistisch motivierten Stellvertreterkriege mehr, die die Rechtsöffentlichkeit beschäftigen. Seit der Kalte Krieg zu Ende ging und sich dennoch die Hoffnung auf friedlichere Zeiten nicht bewahrheitete, entwickelte sich eine neue Politik der militärischen Intervention, für die beispielhaft die Operation Wüstensturm des zweiten Golfkriegs unter der Führung der USA, aber auch die Flächenbombardements der NATO im Kosovo stehen. Während der damalige US-amerikanische Präsident George H. W. Bush den Anfang einer „Neuen Weltordnung" verkündete, in der „neue Wege der Zusammenarbeit mit den Nationen" gefunden werden könnten,[308] wollten Kritiker in ihr nichts anderes erkennen als eine neue Form des Kolonialismus[309] oder eines unter dem Deckmantel der Humanität stattfindenden Imperialismus. Chomsky sah in dem Bezug auf die Menschenrechte lediglich ein Mittel zum Zweck, einen den USA ausgestellten Blankoscheck, damit diese ohne Widerspruch überall militärisch eingreifen könnten, um ihre geostrategischen

306 Beyerlin, in: Wolfrum (Hrsg.), Handbuch Vereinte Nationen, Nr. 50 II.

307 ICJ, Nicaragua v. United States of America, Judgement, 27 June 1986 – Merits, § 228.

308 Czempiel, in: DIE ZEIT (Hrsg.), Welt- und Kulturgeschichte, Bd. 16, S. 460 (460).

309 Kritisch zum Vorwurf des „neuen Kolonialismus": Matthies, Immer wieder Krieg?, S. 64.

und ökonomischen Ziele zu verwirklichen.[310] Beck erkannte ebenfalls die Gefahren einer ungebremsten Hegemonialpolitik:

> *„Die hegemoniale Macht bestimmt, was Recht, was Menschenrecht ist. Und der Krieg wird zur Fortsetzung der Moral mit anderen Mitteln."*[311]

Zugleich sei aber eine Ära „postnationaler Kriege"[312] angebrochen, in denen Staaten an rechtlicher Bedeutung verlieren, da aus ihnen eine „Verfassung einer Weltinnenpolitik"[313] entsteht. Charakteristisch wird hier der Einsatz „transnationaler Militärmacht mit dem Ziel, der Beachtung der Menschenrechte über nationale Grenzen hinweg Geltung zu verschaffen"[314].

a) Hintergrund der neuen interventionistischen Menschenrechtspolitik

Welchen Imperativen folgt diese neue Menschenrechtspolitik tatsächlich? Es ist nach den Umständen zu fragen, unter denen Staaten die beträchtlichen Kosten und Risiken einer militärischen Intervention auf sich nehmen, deren humanitärer Nutzen gerade anderen zugute kommt. Recht haben die Kritiker, dass die Staaten nicht in erster Linie ethischen Beweggründen unterliegen, sondern vielmehr aus politisch-ökonomischen Kalkül handeln, bei dem aufgerechnet wird, ob die Kosten, die die Fortdauer eines Bürgerkrieges für die übrigen Staaten verursacht, die Kosten einer militärischen Intervention deutlich übersteigen.[315] Falsch liegen sie jedoch mit ihrer Prognose eines neuen Imperialismus, da die neue Interventionspolitik defensive, anstelle offensiver imperialistischer Interessen verfolgt. Die Interventionen in jüngerer Zeit dienen nicht nationaler Expansion und Bereicherung, sondern der Eingrenzung der Gewalt. Entscheidend wird hier das Bedrohungspotenzial von Bürgerkriegsökonomien für die Friedensökonomie anderer Länder.[316]

Zum einen haben innerstaatliche Konflikte heute eine ihnen eigene Expansionsdynamik, d. h. Kampfgebiete sind nicht länger durch staatliche Grenzen bestimmbar. Stattdessen tendieren Konfliktparteien, die in die militärische Defen-

310 Chomsky, War Against People. Menschenrechte und Schurkenstaaten, insb. S. 94.
311 Beck, in: Blätter für deutsche und internationale Politik 1999, S. 984 (987).
312 Beck, S. 984 (985).
313 Beck, S. 984 (987).
314 Ebenda.
315 Kersting, in: Gustenau (Hrsg.), Humanitäre militärische Intervention zwischen Legalität und Legitimität, S. 59 (63 f.); Zanetti, in: Gustenau (Hrsg.), Humanitäre militärische Intervention zwischen Legalität und Legitimität, S. 93 (101).
316 Münkler, Die neuen Kriege, S. 226.

sive geraten sind, zum Rückzug auf das Territorium eines Nachbarstaates, wo sie gegebenenfalls dauerhafte Rückzugs- und Versorgungsbasen errichten. Ein Bürgerkrieg kann sich so leicht zu einem transnationalen Konflikt entwickeln, der schließlich eine gesamte Region erfassen und destabilisieren kann.[317]

Zum anderen haben Globalisierungsprozesse eine Vernetzung von Bürgerkriegsökonomien und internationaler organisierter Kriminalität begünstigt. Je mehr Kriegsakteure heute am globalen Handel mit illegalen Gütern teilnehmen, wobei es ihnen zunehmend gelingt, die Embargopolitik der Staatengemeinschaft zu unterwandern, umso größeren Gefahren sind auch die Friedensökonomien dritter Staaten ausgesetzt. Denn auch in ihren Märkten steigt der Anteil krimineller Ökonomien, deren Bekämpfung nun nahezu unmöglich ist, da sie über Rückzugsgebiete in den Kriegsregionen verfügen.[318] So wird heute das globale Bruttokriminalitätsprodukt auf jährlich 1.500 Milliarden US-Dollar geschätzt, wovon ca. die Hälfte dem Drogenhandel zugerechnet wird.[319]

Mit Hilfe ähnlicher Strukturen organisiert sich auch der internationale Terrorismus, dessen Ausbildungslager und Rückzugsbasen sich gerade dort befinden, wo staatliche Machtstrukturen aufgrund von Bürgerkriegen nicht mehr existieren.[320] So kann man heute feststellen, dass jeder Staatszerfall immer auch Auswirkungen auf die weltpolitische und weltwirtschaftliche Ordnung hat. Die Bedeutung dieser Regionen für den Anbau von Drogen und als Zuflucht für Terrorbanden legt hier selbst im Rahmen einer sorgfältigen Abwägung von Kosten und Nutzen militärische Interventionen nahe, um einem Staatskollaps entgegenzuwirken.[321]

Als letztes gilt es, durch militärische Interventionen bestimmten Nachahmungsprozessen entgegenzuwirken, die insbesondere im Rahmen ethnischer Konflikte beobachtet werden. Wenn politische Machthaber in einer instabilen Region beginnen, ganze Bevölkerungsgruppen zu vertreiben, mit dem Ziel eine ethnisch homogene Gesellschaft zur schaffen, tragen sie nicht nur Spannungen nach außen, sondern provozieren zugleich, dass machtorientierte Politiker in der Re-

317 Ebenda.

318 Münkler, Die neuen Kriege, S. 227.

319 Lock, in: Der Bürger im Staat, Heft 4, 2004, S. 191 (194).

320 Die Folgen des Staatszerfalls Afghanistans und die von Seiten der Taliban und Al Khaida gewährte Hilfe für Rebellenbewegungen der Nachbarländer für die Destabilisierung der zentralasiatischen Republiken beschreibt Rashid, Heiliger Krieg am Hindukusch. Der Kampf um Macht und Glauben in Zentralasien, S. 176 ff.

321 Münkler, S. 228.

gion sich ebenfalls bei nächster Gelegenheit die „ethnische Karte“[322] zu nutze machen. Ziel ist dabei immer die Sicherung der eigenen politischen Macht durch die Loyalität der begünstigten Bevölkerungsgruppe. Ein solcher Dominoeffekt kann zu einem unkontrollierbaren transnationalen Konflikt führen, wie er im ehemaligen Jugoslawien ausgebrochen ist. So erklärt sich auch die Entscheidung der NATO, im Kosovo frühzeitig und massiv einzuschreiten, nachdem sie zuvor in Bosnien lange gezögert hatte. Auch menschenrechtliche Aspekte haben im Kosovokonflikt im Rahmen der Interventionsentscheidung eine Rolle gespielt,[323] nicht zuletzt in den innergesellschaftlichen Debatten der Interventionsstaaten. Den Ausschlag haben sie jedoch nicht gegeben.[324]

b) Völkerrechtliche Legitimation?

In der rechtlichen Diskussion steht dennoch die Frage eines internationalen Menschenrechtsschutzes zur Legitimation von Interventionen im Vordergrund. Das Interventionsverbot schützt solche „inneren und äußeren Angelegenheiten eines Staates“[325], die nicht vom Regelungsbereich des Völkerrechts erfasst werden, sondern allein nationalen Kompetenzen (“domestic jurisdiction“) unterliegen. Traditionell gehören dazu Verfassungsfragen, die Ausgestaltung der politischen, wirtschaftlichen, sozialen und kulturellen Ordnung und das Staatsangehörigkeitsrecht. Das bedeutet aber zugleich, je mehr sich das Völkerrecht Bereichen des Ausländer- und Asylrechts vor allem der Menschenrechte annimmt, umso mehr schränkt sich der Tatbestand des Interventionsverbots ein.[326] Solche Bereiche werden dann zum “international concern“[327], in denen humanitäre Interventionen legitim sein können.

Unter dem Begriff der humanitären Intervention werden verschiedene Fälle behandelt. Zunächst fallen darunter militärische Maßnahmen eines oder mehrerer Staaten zum Schutz der Bevölkerung eines anderen Staates vor Menschenrechtsverletzungen oder Völkermord. Eine zweite Fallkonstellation erfasst mili-

---

322 Münkler, S. 229.

323 Kahl, in: Wissenschaft und Frieden, Heft 2, 1999, S. 29 (32).

324 Schmidt, in: Voigt (Hrsg.),Krieg – Instrument der Politik?, S. 109 ff.

325 UN General Assembly, Res. 2625 (XXV) vom 24. Oktober 1970, Declaration on Principles of International Law Concerning Friendly Relations and Cooperation among States in Accordance with the Charter of the United Nations; abrufbar unter: www.un.org/documents/ga/res/25/ares25.htm.

326 Nationality Decrees Issued in Tunis and Morocco, P.C.I.J., Series B, no. 4, 1923, § 24; Beyerlin, in: Wolfrum (Hrsg.), Handbuch der Vereinten Nationen, Nr. 50 II.

327 Beyerlin, Nr. 50 II.

tärische Einsätze, die mit der gleichen Schutzrichtung durchgeführt werden, aber unter einem UN-Mandat stehen, d. h. unter Autorisierung durch den UN-Sicherheitsrat.[328] Dagegen sollen Rettungsmaßnahmen, die eigene Staatsangehörige im Ausland betreffen, vom Begriff der humanitären Intervention ausgeklammert sein, ebenso wie Hilfsaktionen humanitärer Organisationen.[329] Letztendlich sollen nur unter Anwendung von Waffengewalt durchgeführte Hilfsoperationen von ihrer Definition erfasst werden.

aa) Staaten intervenieren

Verschiedentlich ist bereits in der Vergangenheit versucht worden, Kriterien für die Legitimation der Anwendung von Waffengewalt durch dritte Staaten zum Schutz der Menschenrechte zu finden. So könne ein Eingreifen dann gerechtfertigt sein, wenn alle anderen Schutzmaßnahmen für die Opfer massiver Menschenrechtsverletzungen versagt haben, die eingesetzte Waffengewalt in Abwägung mit dem verfolgten Schutz verhältnismäßig ist und die UNO nicht angemessen reagieren kann.[330]

Jede dahingehende Überlegung kann aber immer nur zielführend sein, wenn sich tatsächlich eine einheitliche Staatenpraxis und Rechtsüberzeugung für eine Durchbrechung des Interventionsverbots herausgebildet hat. Jedoch gibt es kaum Fälle, in denen sich Staaten im Rahmen militärischer Aktionen gegen dritte Staaten auf ein Recht zur humanitären Intervention berufen hätten. Weder im Fall des vietnamesischen Einmarsches in Kambodscha[331], wo nachweislich ganze Volksteile im Zeitraum 1975–78 ermordet wurden, noch das Eingreifen Tansanias in Uganda[332] wurde auf ein derartiges Recht verwiesen. Auch die bekannten Fälle der neunziger Jahre, Irak 1991, Somalia 1993, Sierra Leone 1997 und Ruanda 1999, enthalten keine solche Praxis, stattdessen berief man sich auf eine Autorisierung durch den UN-Sicherheitsrat.

Kann aber kein Gewohnheitsrecht für ein Interventionsrecht einzelner Staaten gefunden werden, so bleibt es bei der bisherigen Rechtsauffassung, dass jede Militäraktion außerhalb des Rechts auf Selbstverteidigung und der von Kapitel

---

328 Fischer, in: Ipsen, Völkerrecht, § 59 Rn. 26.
329 Ebenda.
330 Isensee, in: JZ 1995, S. 421(426); Verwey, in: Netherland International Law Review, vol. 32, 1985, S. 357 (418).
331 AdG 1979, S. 22310, 22350.
332 AdG 1979, S. 23091.

VII UN-Charta erfassten Maßnahmen völkerrechtswidrig sein muss.[333] Die Frage, wie die Staaten auf Völkermord und massive Menschenrechtsverstöße reagieren können, bleibt daher unbeantwortet, wenn auch aus ethischen Gesichtspunkten dringlich. So wird vertreten, dass ein völkergewohnheitsrechtliches Interventionsrecht von besonders schweren Fällen von Menschenrechtsverletzungen im Entstehen sei.[334] Jedoch bleibt für einen tatsächlichen Nachweis die Entwicklung der Staatenpraxis der nächsten Jahre und Jahrzehnte abzuwarten.[335]

bb) Intervention mit UN-Mandat

Das Verbot der Intervention in innere Angelegenheiten eines Staates gilt ausdrücklich auch für die Vereinten Nationen gemäß Art. 2 Ziff. 7 UN-Charta. Denn das völkerrechtliche System der UNO basiert auf einem Wechselspiel zwischen internationaler Zuständigkeit und den Vorbehalten der rechtlichen Souveränität der Völker und Staaten. Zwar haben sich die Staaten mit der UN-Charta zum Zwecke der Friedenssicherung zusammengeschlossen, jedoch unter der Bedingung der gegenseitigen Respektierung der Selbstbestimmung in innere Angelegenheiten.[336] Friedenssicherung, d. h. Kriegsvermeidung, bezieht sich damit ebenso wie die Kriegsdefinition auf einen internationalen Sachverhalt. Von diesem äußeren Frieden ist immer der innere Frieden abzugrenzen, der gerade Teil der Souveränität, also des Staatsrechts ist. Dieser inhaltlichen Beschränkung des Völkerrechts auf den äußeren, internationalen Frieden entspricht das Interventionsverbot. Erlaubt bleiben damit zwar Hilfsaktionen wie die Blauhelmeinsätze der UNO: Sie fallen aber schon begrifflich aus der Definition humanitärer Interventionen heraus.[337] Ausgeschlossen bleibt, dass der UN-Sicherheitsrat einen innerstaatlichen Konflikt zu einer Angelegenheit des internationalen Friedens erklärt. Dies gilt selbst dann, wenn dort schwere Menschenrechtsverletzungen begangen werden.[338]

---

333 Ipsen/Fischer, Völkerrecht, § 59 Rn. 26.

334 Cassese, in: EJIL, vol. 10, 1999, S. 23 (27).

335 Greenwood, in: EA 1993, S. 93 (105); Lillich, in: ZaöRV, Bd. 53, 1993, S. 557 (575).

336 Köhler, in: Beestermöller (Hrsg.), Die humanitäre Intervention – Imperativ der Menschenrechtsidee?, S. 75 (81).

337 Ebenda.

338 Greenwood, in: EA 1993, S. 93 (94); Kunig, in: Belz/Brune/Deutsches Übersee-Institut (Hrsg.), Jahrbuch Dritte Welt 1994, S. 47 (55); Stein, Der Sicherheitsrat und die Rule of Law, S. 111 ff., insb. S. 122 f.

Nach dem Zusammenbruch des Ostblocks und im Hinblick auf die damit zunehmend in den Mittelpunkt geratenen schweren Konflikte und Menschenrechtsverletzungen wurde dieses System in Frage gestellt. Sollte der Sicherheitsrat unter bestimmten Voraussetzungen befugt sein, innere gewaltsame Auseinandersetzungen als Friedensbedrohung im Sinne der UN-Charta einzustufen und damit eine Intervention möglich machen? Diesen Weg wählte er mit seiner Resolution 794 vom 3. Dezember 1992, mit der er US-amerikanische, französische, belgische und andere Truppen unter dem Oberbefehl der USA ermächtigte, in Somalia die Militäroperation "New Hope" durchzuführen. Diese Resolution stellt unter dem Hinweis auf die außergewöhnliche Situation in Somalia fest, dass „das Ausmaß der durch den Konflikt in Somalia ausgelösten humanitären Tragödie [...] eine Bedrohung des Weltfriedens und der internationalen Sicherheit" darstellt. Ohne dass auf ein grenzüberschreitendes Element des Konflikts abgestellt wurde, bildeten hier allein die sich durch schwerste Menschenrechtsverletzungen auszeichnenden internen Verhältnisse Somalias den Ermächtigungsgrund. Ähnliches ist für die Sicherheitsratsresolution 929 (1994) festzustellen, die ein militärisches Eingreifen im von Bürgerkrieg heimgesuchten Ruanda betrifft. Hier wurde die Argumentation im Fall Somalias als Präzedenzfall herangezogen.

Von einer völkerrechtlich gesicherten humanitären Intervention durch die Vereinten Nationen kann aber nicht gesprochen werden,[339] da bislang keine Rechtsänderung eingetreten ist, die den inneren Frieden einbezieht. Zum Teil wird aber bereits argumentiert, dass die Menschenrechte immer mehr Bereiche der "domestic jurisdiction" verdrängen. Zumindest die fundamentalen Menschenrechte gehören heute zum *ius cogens*[340] und zu den *erga omnes* wirkenden Pflichten des Völkerrechts. Das bedeutet, dass eine schwere Menschenrechtsverletzung eines Staates gegenüber seiner eigenen Bevölkerung zugleich eine Pflichtverletzung gegenüber der gesamten Staatengemeinschaft darstellt.[341] Die Verbindlichkeit einer Norm ist jedoch vom Durchsetzungsmodus zu unterscheiden. Zum individuellen Rechtsschutz aber existiert bislang keine Exekutivbefugnis im Sinne einer Intervention.[342]

339 So aber vertreten von Lailach, Die Wahrung des Weltfriedens und der internationalen Sicherheit als Aufgabe des Sicherheitsrates der Vereinten Nationen, S. 206.

340 Zum Begriff des ius cogens: Verdross/Simma Völkerrecht, S. 75 ff., S. 328 ff.

341 Stein/von Butlar, Völkerrecht, S. 315.

342 Köhler, in: Beestermöller (Hrsg.), Die humanitäre Intervention – Imperativ der Menschenrechtsidee?, S. 75 (82).

3. *Test for internationalization - Ein interner Konflikt wird international*

Parallel zu der Frage einer Legitimation humanitärer Interventionen verändern sich auch die Kriterien, die festlegen sollen, wann eine Beteiligung dritter Staaten einen innerstaatlichen Konflikt internationalisiert. Das Internationale Straftribunal für das ehemalige Jugoslawien (ICTY) nannte in der Rechtssache Tadic zwei Fallgruppen, die die Rechtsnatur eines Konflikts potenziell beeinflussen können:

> *"It is indisputable that an armed conflict is international if it takes place between two or more States. In addition, in case of an internal armed conflict breaking out on the territory of a State, it may become international (or, depending upon the circumstances, be international in character alongside an internal armed conflict) if (i) another State intervenes in that conflict through its troops, or alternatively if (ii) some of the participants in the internal armed conflict act on behalf of that other State."*[343]

a) *Agents of State*

Die Konfliktsituation einer Internationalisierung wurde erstmals im Nicaragua Fall vom IGH festgestellt, als er über die Beteiligung der US-amerikanischen Regierung am bewaffneten Konflikt zwischen der nicaraguanischen Regierung und den Contras zu entscheiden hatte.[344] Für die Frage, unter welchen Umständen sich ein dritter Staat die Gewaltakte von Aufständischen zurechnen lassen muss, entwickelte der IGH den „effective-control-Test"[345]. Danach ist maßgeblich, "whether or not the relationship [...] was so much one of dependence on the one side and control on the other that it would be right to equate the contras, for legal purposes, with an organ of the United States Government, or as acting on behalf of that Government"[346]. In Anwendung auf die Fakten musste der IGH jedoch im Beispielfall Nicaraguas zu dem Ergebnis gelangen, dass trotz eines hohen Maßes an Beteiligung und einer generellen Kontrolle über die Contras, die hochgradig abhängig von dieser ausländischen Unterstützung waren, keine Verantwortlichkeit der USA für die von den Contras begangenen Völkerrechts-

---

343 ICTY, The Prosecutor v. Tadic, Appeals Chamber Judgement (im Folgenden zitiert: Tadic, AC), 15 July 1999, Case no. IT-94-1-A, § 84.

344 ICJ, Nicaragua v. United States of America, Judgement, 27 June 1986 – Merits, § 114.

345 ICJ, Nicaragua v. United States of America, § 115.

346 ICJ, Nicaragua v. United States of America, § 109.

verletzungen bestand. Denn diese Verletzungen konnten auch ohne die Kontrolle der Vereinigten Staaten von den Mitgliedern der Contras begangen werden.[347]

Diesen „effective-control-Test" griff das Internationale Straftribunal für das ehemalige Jugoslawien (ICTY) in der Rechtssache Tadic dreizehn Jahre später auf. Hier ging es erneut wie im IGH Fall um die Frage der Zurechenbarkeit von Kriegshandlungen. Ihre Beantwortung betraf aber zugleich – so stellte das ICTY ausdrücklich fest – die Rechtsnatur des Konflikts.[348]

Im Rahmen der Anwendung der Testkriterien sah die Berufungskammer des ICTY sich angesichts der verschwimmenden Grenzen zwischen innerstaatlicher und zwischenstaatlicher Gewalt gegenwärtiger Konflikte, die nicht zuletzt für den Jugoslawienkonflikt kennzeichnend wurden, gezwungen, sie den tatsächlichen Gegebenheiten anzupassen. In der vom IGH vorgegebenen Form sei der Test "unconvincing [...] based on the very logic of the entire system of international law on State responsibility"[349]. Der neue Test unterscheidet nun zwischen drei Arten von staatlicher Kontrolle, die eine Konfliktpartei als *de-facto*-Organ eines Staates agieren lassen. Dabei wird je nach Organisationsgrad der substaatlichen Akteure unterschieden.[350]

Ein geringer Kontrollumfang reicht bereits für Gewaltakte eines Individuums oder einer nicht militärisch organisierten Gruppierung aus, um die Internationalisierung des Konflikts festzulegen. Hierzu heißt es:

> *"[It] is necessary to ascertain whether specific instructions concerning the commission of that particular act has been issued by that State to the individual group in question, or alternatively, it must be established whether the unlawful act has been publicly endorsed or approved ex post facto by the State at issue."*[351]

Im Fall von untergeordneten militärischen Verbänden, Milizen oder paramilitärischen Einheiten kann ein staatliches Handeln dagegen erst dann bejaht werden, wenn die ausgeübte Kontrolle den Gesamtcharakter des Konflikts bestimmt:

---

347 ICJ, Nicaragua v. United States of America, § 115.

348 ICTY, Tadic, AC, 15 July 1999, Case no. IT-94-1-A, § 104.

349 ICTY, Tadic, AC, § 116.

350 Zusammenfassung bei Byron, in: Journal of Conflict and Security Law, vol. 6, 2001, S. 63 (73 ff.).

351 ICTY, Tadic, AC, 15 July 1999, Case no. IT-94-1-A, § 137.

"[C]ontrol by a State over subordinate armed forces or militias or paramilitary units may be of an overall character (and must comprise more than the mere provision of financial assistance or military equipment and training)."[352]

Dieser Maßstab ist dann erfüllt, wenn ein Staat "has a role in organising, coordinating or planning the military actions of the military group, in addition to financing, training and equipping or providing operational support to that group", aber er geht nicht so weit "as to include the issuing of specific orders by the state, or its direction of each individual operation"[353].

Die dritte mögliche Kategorie beinhaltet "[the] assimilation of individuals to State organs on account of their actual behaviour within the structure of a State"[354]. Der Fall Joseph Kramer et al. und der Fall Menten werden hier als Beispiele angeführt, beides Fälle, in denen die Beschuldigten nicht deutscher Nationalität "could be regarded as having approximated to membership of the armed forces Germany" und "in fact behaved as a member of the German forces"[355].

Im Fall Tadic konnte die Berufungskammer so die Einheiten der bosnischen Serben der Kontrolle der jugoslawischen Armee zuordnen. Diese hätten Kontrolle ausgeübt "not only in financial, logistical and other assistance and support, but also, and more importantly, in terms of participation in the general direction, coordination and supervision of the activities and operations of the VRS"[356]. Im Ergebnis war die Bundesrepublik Jugoslawien verantwortlich für die Gewaltakte der bosnisch-serbischen Truppen. Ein an sich interner bosnischer Konflikt wurde damit internationalisiert.[357]

Dieses Ergebnis hat weit reichende Konsequenzen für die Beurteilung der Konflikte in den Regionen zerfallender Staatlichkeit. Auch wenn auf den ersten Blick nur substaatliche Akteure als Beteiligte eines Konflikts auszumachen sind, müssen dennoch immer die möglichen staatlichen Hintermänner ermittelt werden, um mittels des „effective-control-Tests" die wahre Rechtsnatur der bewaffneten Auseinandersetzung zu bestimmen. Angesichts der Vielzahl der häufig an

---

352 ICTY, Tadic, AC, § 137.

353 Ebenda.

354 ICTY, Tadic, AC, § 141.

355 ICTY, Tadic, AC, §§ 142-143; siehe Trial of Joseph Kramer and 44 Others, British Military Court, Luneberg, 17 September-17 November 1945, Law Reports Trials of War Criminals, vol. II, S. 1 und Public Prosecutor v. Menten, Dutch Court of Cassation, 29 May 1978, p. 75 International Law Reports 1987, S. 331.

356 ICTY, Tadic, AC, § 156.

357 Ebenda.

einem Konflikt beteiligten Parteien kann heute in den wenigsten Fällen eine klare Abgrenzung zwischen internationalen und nicht-internationalen Konflikten und damit zwischen den anzuwendenden Regelungsbereiche des humanitären Völkerrechts vorgenommen werden.

b) *Militärische Interventionen*

Die Möglichkeit der Internationalisierung eines innerstaatlichen bewaffneten Konflikts existiert auch dann, "[when] another State intervenes in that conflict through its troops"[358]. Ob eine solche Intervention aber bestimmte Kriterien erfüllen muss, um die Rechtsnatur eines Konflikts zu verändern, ist bislang offen geblieben. Das ICTY entschied beispielsweise in der Rechtssache Blaškic, dass die vormals internen Kämpfe in Bosnien-Herzegowina aufgrund der Intervention Kroatiens als international zu klassifizieren seien. Dafür sah er es als ausreichend an, dass die geschätzten 3.000 bis 5.000 Mann der regulären kroatischen Armee außerhalb der Kämpfe des Croatian Defence Council und der bosnisch-herzegowinischen Armee stationiert waren.[359] Zwar war die kroatische Armee auch in einigen Teilen des Konfliktgebietes präsent, ausschlaggebend für die Entscheidung wurde jedoch, dass die Gewaltakte der kroatischen Armee "in the areas outside the [conflict zone] inevitably also had an impact on the conduct of the conflict in that zone. By engaging the [Bosnia Herzegovina Army] in fighting outside the [conflict zone], the Croatian Army weakened the ability of the [Bosnia Herzegovina Army] to fight the [Croatian Defence Council] in central Bosnia"[360]. Mit der Eröffnung einer weiteren militärischen Bedrohung durch den kroatischen Staat außerhalb der eigentlichen Kampfzone wurde der Bürgerkrieg um Bosnien damit internationalisiert.

Diese Position wurde in der Kordic & Cerkez Entscheidung bestätigt. Hier stellte der Gerichtshof fest, dass die Intervention der kroatischen Regierung, die gegen serbische Truppen in Bosnien gerichtet war, einen separaten Konflikt internationalisiert habe. Zwar habe die kroatische Regierung nicht direkt in den Konflikt zwischen den bosnischen Kroaten und den bosnischen Muslimen militärisch eingegriffen, "by enabling the Bosnian Croats to deploy additional forces

---

358 ICTY, Tadic, AC, 15 July 1999, Case no. IT-94-1-A, § 84.

359 ICTY, The Prosecutor v. Blaškic, Trial Chamber I Judgement, 3 March 2000, Case no. IT-95-14, §§ 75, 76, 94.

360 ICTY, The Prosecutor v. Blaškic, TC, § 94.

in their struggle against the Bosnian Muslims“[361] habe aber eine Intervention stattgefunden:

> *"There is no requirement to prove that [Army of the Republic of Croatia] troops were present in every single area where crimes were allegedly committed. On the contrary, the conflict between the [Armed Forces of the Government of Bosnia and Herzegovina] and the [Croatian Defence Council] must be looked upon as a whole and, if it is found to be international in character through the participation of the [Army of the Republic of Croatia] troops, then Article 2 of the Statute will apply to the entire territory of the conflict."*[362]

Einzig die Entscheidung Prosecutor v. Rajic[363] beschäftigte sich mit der Frage, in welcher Form eine Intervention stattzufinden hat, um eine Internationalisierung zu bewirken, nämlich erst dann, wenn ausländische Truppen "significantly and continuously“[364] beteiligt seien. Diese Kriterien wurden jedoch in keiner Folgeentscheidung aufgegriffen, so dass zu vermuten ist, dass für eine Intervention auch ein geringeres militärisches Eingreifen ausreicht. Die Genfer Abkommen zumindest behandeln den traditionellen zwischenstaatlichen Konflikt unabhängig vom Ausmaß und von der Intensität staatlicher Gewaltakte.[365] Es existiert keine rechtliche Grundlage, bei der Beurteilung des internationalisierten bewaffneten Konflikts anders zu verfahren.

Die Einbeziehung auch indirekter militärischer Unterstützung in die Definition der Intervention wirft aber immer dort Probleme auf, wo die Hilfsmaßnahmen eines Staates hinter den Anforderungen des „effective-control-Tests“ zurückbleiben. Die hier auftretenden Überschneidungen sprechen dem Test letztlich seine Effizienz ab, da nun auch eine geringe Hilfe einen Konflikt internationali-

---

361 ICTY, The Prosecutor v. Kordic & Cerkez, Trial Chamber III Judgement, 26 February 2001, Case no. IT-95-14/2-T, § 108 (2).

362 ICTY, The Prosecutor v. Naletilic et al, Trial Chamber Judgement, 31 March 2003, Case no. IT-98-34-T, § 194.

363 ICTY, The Prosecutor v. Rajic, Decision of Trial Chamber II on Review of the Indictment Pursuant to Rule 61, 13 September 1996, Case no. IT-95-12-R61, § 12:"The Appeals Chamber's decision on jurisdiction in the Tadic did not, however, set out the quantum of involvement by a third State that is needed to convert a domestic conflict into an international one."

364 ICTY, The Prosecutor v. Rajic, TC, § 21.

365 Baxter, in: Henry Dunant Institute/UNESCO (Hrsg.), International Dimensions of Humanitarian Law, S. 95 (98): "The proper view would seem to be that ‚any other armed conflict which arise between two or more of the High Contracting Parties' should be taken as referring to any outbreak of violence between the armed forces of two states, regardless of the geographical extent and intensity of the force employed […]".

sieren kann. Die hierzu versuchte Argumentation, Interventionen seien anders zu behandeln, da sie ein Kampfgeschehen komplett veränderten,[366] ist unbefriedigend. Denn auch Waffenlieferungen, finanzielle und strategische Hilfe können ähnliche Auswirkungen auf einen Konflikt haben. Sie werden aber vom „effective-control-Test" ausdrücklich ausgeschlossen.

Möglich scheint es daneben Interventionen der Definition des internationalen bewaffneten Konflikts in Art. 2 Abs. 2 GAbk. zuzuordnen und sie damit unabhängig von Intensitätsfragen und der Kollisionsproblematik mit dem „effective-control-Test" zu behandeln. Denn Absatz 2 hat gerade für die Fälle Lückenschließungsfunktion, die nicht von Absatz 1 erfasst werden. So erklärt er die Abkommen in „Fällen vollständiger und teilweiser Besetzung des Gebietes einer Hohen Vertragspartei" anwendbar, „selbst wenn diese Besetzung auf keinen bewaffneten Widerstand stößt". Die Bestimmung wurde jedoch vor dem Hintergrund geschaffen, dass es solche Besatzungsmächte den Verpflichtungen der Genfer Abkommen zu unterstellen galt, die wie das Deutsche Reich beim Einmarsch in die Tschechoslowakei 1939 auf keinen militärischen Widerstand stießen.[367] Für eine Internationalisierung interner Konflikte wurde er dagegen nicht geschaffen. Letztlich würde eine Zuordnung militärischer Interventionen unter die Besetzungsdefinition auch zu einem Anwendungsautomatismus des humanitären Völkerrechts führen, der so von den Genfer Vertragsparteien nicht gewollt war.[368] Tatsächlich wurde ein derartiger Vorschlag sogar ausdrücklich zurückgewiesen, da man für Rebellenbewegungen keinen Anreiz schaffen wollte, Unterstützung bei sympathisierenden Drittstaaten zu suchen.[369]

Was bleibt, ist die Ungewissheit, in welchen Fällen militärischer Intervention tatsächlich eine Internationalisierung des in Frage stehenden Konflikts stattfindet. So veranlasste die Teilnahme mehrerer ugandischer Militärangehöriger im Kampf der Rwandan Patriotic Front gegen die Forces Armées Rwandaises (FAR) zwischen 1990 und 1994[370] die Berufungskammer in der Rechtssache Tadic zu der Annahme "another State interven[ing] in that conflict through its

---

366 Aldrich, in: AJIL, vol. 94, 2000, S. 42 (63).

367 Baxter, in: Henry Dunant Institute/UNESCO (Hrsg.), International Dimensions of Humanitarian Law, S. 95 (95).

368 International Committee of the Red Cross, Report of the Work of the Conference of Government Experts, vol. I, 1972, § 2.332.

369 Schindler, in: RdC, Bd. 163, 1979/II, S. 117 (150).

370 Press Release no. 4/2001 www.2.minorisa.es/inshuti/rdr26.htm; siehe auch Shalom, The Rwandan Genocide, www.zmag.org/ZMag/articles/april96shalom.htm.

troops"[371] mit der Folge, dass ein internationalisierter Konflikt vorläge. Der Internationale Strafgerichtshof für Ruanda (ICTR) stellte hingegen fest:

> *"[T]here was an armed conflict not of an international character."*[372]

[371] ICTY, Tadic, AC, 15 July 1999, Case no. IT-94-1-A, § 84.

[372] ICTR, The Prosecutor v. Ntagerura et al, Trial Chamber Judgement, 25 Feburary 2004, Case no. ICTR-99-46-T, § 74.

KAPITEL 3

Regulierung des Irregulären

I. Problem der Rechtsbefolgung in asymmetrischen Konflikten

Das Grundprinzip, dass alle Parteien eines Konflikts die Notwendigkeit ihrer Kriegshandlungen anhand des durch sie voraussichtlich verursachten Leidensgrades der Opfer zu überprüfen haben, bildet unterstützt durch das Prinzip der Reziprozität das Gleichgewichtssystem, aufgrund dessen das humanitäre Völkerrecht überhaupt nur funktionieren kann. Die St. Petersburger Erklärung von 1868 über das Verbot des Gebrauchs von bestimmten Wurfgeschossen in Kriegszeiten will der Kriegsführung Grenzen setzen, „wo die Notwendigkeiten des Krieges vor den Forderungen der Menschlichkeit haltmachen müssen“[373]. Die Präambel des Haager Abkommens von 1907 über die Gesetze und Gebräuche des Landkrieges verlangt, „die Leiden des Krieges zu mildern, soweit es die militärischen Interessen gestatten“[374].

Die Reziprozität ist dabei keine Voraussetzung für die Anwendung des humanitären Völkerrechts.[375] Sie stellt vielmehr in der völkerrechtlichen Rechtsordnung, in der es an zentralen Durchsetzungsmechanismen fehlt, den Einklang mit den Rechtsnormen her. Im klassischen Völkerrecht beruhte sie auf der Souveränität der Staaten[376]; Max Huber spricht allgemeiner von der Äquivalenz der Interessen[377]. Fehlt sie, weil asymmetrische Konfliktparteien einander gegenüberstehen, oder erhält der Faktor der militärischen Notwendigkeit ein Übermaß an Gewicht, so wird eine Gewaltspirale in Gang gesetzt, in der die Einhaltung der humanitären Regelungen von vornherein nicht mehr garantiert ist.[378]

373 Abgedruckt in Hinz, Kriegsvölkerrecht, Nr. 1515, 1.
374 Abgedruckt in Hinz, Nr. 1503, 2.
375 Veuthey, Guérilla et droit humanitaire, S. 340; vgl. auch Kapitel 6 II.5.a).
376 Siehe Kapitel 1 I.2. b).
377 Huber, Principes, tâches et problèmes de la Croix Rouge dans le droit des gens, S. 31.
378 Koenig, Der nationale Befreiungskrieg im modernen humanitären Völkerrecht, S. 10.

1. Stellenwert der Kriegsraison in der Guerilla

a) Kriegsziele

In der klassischen Kriegstheorie nach von Clausewitz stand die Kriegsraison, also die militärische Notwendigkeit, zur Humanität in einem ausgewogenen Verhältnis. Der Krieg sei lediglich „eine Fortführung der Politik mit anderen Mitteln"[379]. Daraus folgerte von Clausewitz, dass der Preis, der für den Krieg gezahlt werde, nicht höher sein dürfe als der Wert des politischen Erfolges, der mit ihm angestrebt wird[380]. Kriegsführung beinhaltet damit immer auch die Aufgabe, der Eskalation von Gewalt entgegenzuwirken, andernfalls verliert das Kriegsziel an Wert. Denn Krieg wird nach von Clausewitz nicht um seiner selbst willen, sondern eben zur Erreichung eines höheren politischen Zustandes geführt. Die Art der Kriegsführung muss daher zur Erreichung des Kriegszieles „gehegt"[381] werden.[382]

Für einen Staat, der verhindern will, dass seine Macht durch Rebellenbewegungen gestürzt wird, sind es im Gegensatz dazu weniger ideelle Motive, die ihn in der Wahl seiner Kriegsführung bestimmen. Vielmehr wird sich dieser daran orientieren, welche Mittel erforderlich sind, den drohenden Untergang abzuwenden. Koenig spricht hier von einer Abwägung zwischen Staatsnotwendigkeit und Kriegsraison.[383]

Für bestimmte substaatliche Kriegsakteure und zwar solche, die ihre Macht aus offenen Kriegsökonomien erhalten, ist eine ähnliche Abwägung entscheidend, nämlich die zwischen dem unbedingten Erfordernis der Aufrechterhaltung des Konflikts und der Kriegsraison. Die soziologische Forschung spricht im Zusammenhang offener Kriegsökonomie von Ressourcen- und Verwüstungskriegen[384], die zu Beginn des 21. Jahrhunderts zwar nicht die alleinige[385], aber zumindest eine beherrschende Rolle im Konfliktgeschehen einnehmen.

---

379 Von Clausewitz, Vom Kriege, S. 108.

380 Von Clausewitz, Vom Kriege, S. 115: „Da der Krieg kein Akt blinder Leidenschaft ist, sondern der politische Zweck darin vorwaltet, so muß der Wert, den dieser hat, die Größe der Aufopferung bestimmen, womit wir ihn erkaufen wollen."

381 Schmitt, Der Begriff des Politischen, S. 11.

382 Haffner, Einleitender Essay zur Theorie des Guerillakrieges oder Strategie der Dritten Welt von Mao Tse-tung, S. 5 (15 f.).

383 Koenig, Der nationale Befreiungskrieg im modernen humanitären Völkerrecht, S. 8.

384 Münkler, in: Reiter (Hrsg.), Jahrbuch für internationale Sicherheitspolitik 2003, S. 83 (91 ff.).

385 Siehe dazu bereits in Kapitel 1 III.2. und 4.

In einem Ressourcenkrieg[386] kämpfen nichtstaatliche Kriegsakteure untereinander um die Macht in rohstoffreichen Regionen.[387] Das Ziel dieser Kriegsherren ist die militärische Kontrolle eben solcher Gebiete zur Kapitalisierung leicht auszubeutender Rohstoffvorkommen wie Erdöl, Diamanten, Edelmetalle und Tropenhölzer. Finanziert wird diese Art von Krieg aus den bereits erwähnten offenen Kriegsökonomien, d. h. durch die Beteiligung der Kriegsherren an den Kapital- und Warenmärkten der internationalen Wirtschaft.[388] Zusätzlich benutzen sie die in den rohstoffreichen Regionen ansässige Bevölkerung als billige Arbeitskräfte. Wasser wird hier zu einer strategischen Ressource. Die Macht über seine Verfügbarkeit wird dazu genutzt, die vom Wasser abhängige Bevölkerung zu kontrollieren.[389] Diese Verknüpfung von Krieg und Ausbeutung führt dazu, dass anders als noch bei von Clausewitz Krieg heute zu einem aufrecht zu erhaltenden Zustand wird. Denn die neuen Kriegsfürsten brauchen ihn, um im globalen Geschäft zu bleiben.

Aus solchen durch innere Kriege zerstörten Regionen, in denen der Staat keine Macht mehr besitzt, beziehen andere Gruppen ihre Anhänger, um von hier aus einen Verwüstungskrieg gegen den reichen Norden[390] zu führen. Ihre Kampfstrategie ist der Terrorismus und ihre Motivation begründet sich meist im Hass gegen die westliche Welt und ihre Werte.[391] Dies gilt in erster Linie für den neuen religiös motivierten internationalen Terrorismus, wie Al-Khaida ihn praktiziert.

Krieg, Politik und Ökonomie stehen so in einem komplexen Wechselverhältnis, das sich im Verlauf eines Krieges durchaus verändern kann, jedoch immer auf Seiten der substaatlichen Akteure durch die Notwendigkeit einer dauerhaften Konfliktbeteiligung bedingt ist.

b) Effizienz irregulärer Kampfstrategien

In der Theorie der Guerilla wird das Verhältnis von militärischer Notwendigkeit und Humanität insoweit berücksichtigt, als ein enger Zusammenhang zwischen

---

386 Münkler, in: Der Bürger im Staat, Heft 4, 2004, S. 179 (183).

387 Chojnacki, in: Der Bürger im Staat, Heft 4, 2004, S. 197 (200); Collier, in: Berdal/ Malone (Hrsg.), Greed and Grievance: Economic Agendas in Civil War, S. 91 (101 ff.).

388 Münkler, in: Der Bürger im Staat, Heft 4, 2004, S. 179 (183).

389 Münkler, S. 179 (183).

390 Münkler, in: Der Bürger im Staat, Heft 4, 2004, S. 179 (184).

391 Hirschmann, in: Aus Politik und Zeitgeschichte, Bd. 51, 2001, S. 7 (13).

den Regeln des humanitären Völkerrechts und der Aufrechterhaltung der Truppendisziplin besteht.[392] Das bestätigen die von Mao Tse-tung 1928 aufgestellten drei großen Regeln der Disziplin, denen acht Grundprinzipien zum Respekt der Zivilbevölkerung beigefügt sind.[393] Ebenso hatte Che Guevara immer wieder darauf aufmerksam gemacht, welche große Bedeutung eine humanitären Grundsätzen folgende Behandlung sowohl der Zivilbevölkerung als auch des Feindes für den Erfolg seines Kampfes besaß.[394] Eine korrekte Disziplin[395] sei notwendig, um die Zivilbevölkerung für die Sache der Guerilleros zu gewinnen[396]. Die Guerilla befinde sich in ihrem Kampf fortwährend in einer Extremsituation. Ohne die erforderliche Truppendisziplin würden die teilnehmenden Kämpfer zu Exzessen neigen, wahllos morden, plündern und zerstören und verlören so den eigentlichen Zweck ihrer Rebellion aus den Augen. Solche Ausschreitungen könnten sich leicht gegen die eigene Führung richten[397], zur Gruppenbildung innerhalb der Bewegung und damit zur inneren Selbstzerfleischung der Guerilla führen.

Carl Schmitt hat im Gegensatz dazu darauf hingewiesen, dass die Stärke eines Aufständischen gerade in der Ambivalenz seiner Kriegsführung liegt, so dass für ihn kein Anreiz existiert, sich den Beschränkungen des Rechts zu unterwerfen.[398] Einerseits profitiert er von der Irregularität seines Kampfes in militärischer Weise, weil die regulären Truppen der Staaten ihm im unkonventionellen Kampf unterlegen sind, andererseits politisch, weil Staaten Legitimität einbüßen, wenn sie Kriege erfolglos führen. Ein offener Kampf, wie er im klassischen Staatenkrieg, zumindest bis zum Beginn des strategischen Bombenkriegs und dem Abwurf der ersten Atombombe, als Kampf zwischen Streitkräften beider Seiten geführt wurde, hätte im Guerillakrieg zwangsläufig die militärische Niederlage zur Folge. Denn in erster Linie baut die Guerillakriegsführung auf einer Zermürbungstaktik auf, die die wirtschaftliche Durchhaltefähigkeit bzw. die politische Durchhaltebereitschaft des Gegners beseitigen will. Wenn die Verluste an Menschen zunehmen und die wirtschaftlichen Folgen des Krieges immer

---

392 Veuthey, Guérilla et droit humanitaire, S. 344.

393 Mao Tse-tung, Oeuvres choisies de Mao Tsé-toung, Bd. 4, S. 159 f. Die Regeln sind bei Veuthey abgedruckt, S. 278.

394 Che Guevara, in: Osanaka (Hrsg.), Der Krieg aus dem Dunkel. 20 Jahre kommunistische Guerillakämpfe in aller Welt, S. 448 (449).

395 Che Guevara, S. 448 (462).

396 Che Guevara, S. 448 (468).

397 Veuthey, S. 344.

398 Schmitt, Theorie des Partisanen, S. 37.

erdrückender werden, dann soll auch der gegnerische Wille zu einer politischen Lösung wachsen. Rebellengruppen, die dieser Taktik folgen, müssen daher nicht militärisch siegen, um erfolgreich zu sein. Sie müssen stattdessen ein Bedrohungspotenzial aufrechterhalten mit Hilfe aus dem Hinterhalt verübter, unvorhersehbarer Angriffe, die eben keinen Regeln folgen.[399]

Die Loslösung von einer regelkonformen Kriegsführung wird in der Strategie des Terrorismus überboten. Der internationale Terrorismus greift heute die „labile psychische Infrastruktur des Westens“[400] an, um so den politischen Widerstandswillen des angegriffenen Landes zu beseitigen. Dabei setzen die Terroristen vor allem auf psychische Gewaltauswirkungen, d. h. auf den Schrecken, den sie umso intensiver verbreiten, je größer die mediale Aufmerksamkeit ist.[401] Ziel dieser Gewaltstrategie ist die Schädigung der Wirtschaft des betroffenen Landes und wenn diese soweit Schaden genommen hat, das ein ertragbares Maß überschritten ist, so wird das betroffene Land einlenken – so lautet das terroristische Kalkül. Der Terrorismus ist damit eine Strategie der Gewalt wider alle Regeln. Denn eine Taktik, die Angst erzeugen muss, um effizient zu sein, die sogar allein auf Angst basiert, kann keinen humanitären Grundsätzen folgen.

Substaatliche Kriegsherren werden daher solange ihre irreguläre Kriegsführung fortsetzen, wie die politischen und militärischen Erfolge ihres irregulären Kampfes die Gewinne übersteigen, die sich aus dessen Aufgabe ergeben könnten. Worin ein solcher politischer, aber auch rechtlicher Gewinn für die Rebellengruppen liegen könnte, lässt sich am Beispiel der Palästinensischen Befreiungsorganisation (PLO) erahnen. Diese erklärte ihren Verzicht auf Terrorakte als militärisches Mittel im Kampf gegen Israel, als die USA sich zu ihrer Anerkennung auf internationaler Ebene bereit fanden. Vergleichbar mit der Entwicklung in Europa nach den Jahren des Westfälischen Friedens, als die Staaten mit dem Zugeständnis der Souveränität ein regelkonformes Handeln im Krieg bewirkten, könnte auch eine Legitimation der nichtstaatlichen Kämpfer die Irregularität ihres Kampfes durchbrechen.

---

399 Aron, Frieden und Krieg. Eine Theorie der Staatenwelt, S. 48.

400 Münkler, Die neuen Kriege, S. 55.

401 Zur Rolle der Medien im Krieg: Büttner/Kladzinski, in: Der Bürger im Staat, Heft 4, 2004, S. 223 ff..

2. *Rechtsstatus der Aufständischen*

a) *Völkerrechtssubjektivität*

Der Begriff der Völkerrechtssubjektivität, also der Fähigkeit, Träger von völkerrechtlichen Rechten und Pflichten zu sein[402], ist aufgrund der staatszentrierten Entwicklung des klassischen Völkerrechts eng mit dem Begriff der Souveränität verknüpft. Grundsätzlich wird diese Fähigkeit nur souveränen Staaten zugestanden. Lange Zeit bildete der Heilige Stuhl die einzige Ausnahme von diesem Grundsatz. Im 20. Jahrhundert hat sich die Zahl der Völkerrechtssubjekte, die nicht souveräne Staaten sind, jedoch erweitert. Insbesondere die Zunahme an internationaler Zusammenarbeit in eigens dafür geschaffenen Institutionen, hat die Notwenigkeit entstehen lassen, auch anderen Akteuren die im völkerrechtlichen Verkehr erforderliche Rechtssubjektivität zuzuerkennen. Der IGH hat 1949 im Fall Reparation for Injuries Suffered in the Service of the United Nations zur Frage der Völkerrechtssubjektivität der Vereinten Nationen ausgeführt.

> *"The subjects of law in any legal system are not necessarily identical in their nature or in the extent of their rights, and their nature depends upon the needs of the community. Throughout its history, the development of international law has been influenced by the requirements of international life, and the progressive increase in the collective activities of States has already give rise to instances of action upon the international plane by certain entities which are not States. The development culminated in the establishment in June 1945 of an international organization whose purposes and principles are specified in the Charter of the United Nations. But to achieve these ends the attribution of international personality is indispensable."*[403]

Trotz der hier zu findenden Aufwertung internationaler Organisationen blieb es aber dabei, dass eine unbeschränkte Völkerrechtssubjektivität nur Staaten zukommen konnte. Allein sie sind bis heute alleinige Träger sämtlicher Rechte und Pflichten. Man nennt sie daher auch originäre oder geborene Völkerrechtssubjekte,[404] da sie aufgrund ihrer Eigenschaft als politisch organisierte Personenverbände automatisch Beteiligte völkerrechtlicher Beziehungen sind. Alle anderen auf internationaler Ebene auftretenden Akteure werden als derivative oder

---

[402] Kimminich/Hobe, Einführung in das Völkerrecht, S. 3; Verdross/Simma, Universelles Völkerrecht, S. 221 f.

[403] ICJ, Reparation for Injuries Suffered in the Services of the United Nations, Advisory Opinion, 11 April 1949, ICJ Reports 1949, § 178.

[404] Epping, in: Ipsen, Völkerrecht, § 5 Rn. 7.

abgeleitete Völkerrechtssubjekte qualifiziert, deren Rechtssubjektivität auf einer Ermächtigung durch die Staaten zumeist in Form eines Gründungsvertrages beruht.[405] Völkerrechtssubjektivität ist damit immer Ausprägung der Notwenigkeit eines geregelten Rechtsverkehrs, aber auch und insbesondere Ausdruck des politischen Willens der Staaten.

Einen derartigen Willen in Bezug auf substaatliche Akteure hat es in der Völkerrechtsgeschichte bislang nur im klassischen Völkerrecht mit der Anerkennung der Aufständischen als Kriegführende gegeben. Im Rahmen der Kodifikationen für nicht-internationale bewaffnete Konflikte ist ein solcher Statusgewinn durch die internationale Gemeinschaft dagegen ausdrücklich abgelehnt, ja sogar gefürchtet worden. So stellten die Vertreter Italiens bei den Verhandlungen zum II. Zusatzprotokoll fest:

> *"In ratifying this instrument, the High Contracting Parties will assume obligations, not towards rebel forces (which are neither subjects of international law nor Parties to Protocol II), but towards the other Contracting Parties, the international community and world opinion. Clearly, therefore, each Contracting Party's obligation to respect Protocol II cannot be conditioned or modified by the conduct of rebel forces."*[406]

Der Vertreter Zaires führte an der Expertenkonferenz aus, dass die ursprüngliche Fassung des Zusatzprotokolls II an einem großen Nachteil leide, da einige seiner Bestimmungen "a sovereign State and a group of insurgent nationals, a legal Government and a group of outlaws, a subject of international law and a subject of domestic law, on an equal footing"[407] behandelten. In der endgültigen Fassung des Protokolls hatten dann auch die Rebellen "not the same rights as the national Government, which was the embodiment of state sovereignty and which held general responsibilities. Indeed, they did not possess any rights at all"[408]. "Only a sovereign State can claim to have international legal personality."[409] Rebellen wurde so eine derivative Völkerrechtssubjektivität verweigert.

---

405 Vitzthum/Hailbronner, Völkerrecht, 3. Abschn. I. 1.a).
406 CDDH/SR 51 Annex, § 122.
407 Zitiert bei Cassese, in: ICLQ, Bd. 30, 1981, S. 416 (421 f.).
408 CDDH/SR 56, § 126.
409 CDDH/SR 50 Annex, § 104.

b) Sonderfall der PLO

Dennoch vollzieht sich in der Praxis in Einzelfällen ein Wandel in der Statushierarchie und zwar in dem Sinne, dass die Staaten nicht länger alleinige legitime Kriegsakteure sind. Eine Aufwertung der nichtstaatlichen Kämpfer kann dabei zum einen auf rein tatsächlicher Ebene stattfinden, indem Staaten gegen Rebellengruppen militärische Gewalt einsetzen und damit ihre Existenz anerkennen. In dieser Interaktion liegt das Zugeständnis, dass die andere Kampfpartei eine politische Gefahr darstellt.

Zum anderen können auch Verhandlungen zwischen Rebellengruppen und Regierungen eine rechtliche Angleichung der gegnerischen Lager bewirken. Als Israel und die PLO beispielsweise 1983 einen umfangreichen Gefangenenaustausch durch direkte Verhandlungen vereinbarten, beeilte sich Israel zu betonen, dass diese Verhandlungen keinen formalen Rechtsakt im Sinne einer Anerkennung bedeuteten, sondern eher mit Vereinbarungen zwischen Regierungen und kriminellen Geiselnehmern zu vergleichen seien.[410] Wenn aber ein Staat beteuern muss, seine Handlungen beinhalteten keine Aufwertung des nichtstaatlichen Gegners als gleichwertigen *iustus hostis*, zeigt die Notwendigkeit dieser Beteuerung doch, dass *de facto* eine solche Aufwertung stattfindet. Denn Adressaten rechtlich relevanter Erklärungen konnten bislang nur Völkerrechtssubjekte sein. Chopra und Weiss argumentieren:

> *„Wenn Nicht-Regierungsorganisationen, Firmen und Revolutionsbewegungen direkt mit Staaten interagieren, dann wird angenommen, dass beide, Nicht-Staaten und Staaten, als rechtlich Gleiche handeln.“*[411]

Es gibt Sonderfälle in der Geschichte, in denen die Statushierarchie bereits ihre starren Grenzen verloren hat. Insbesondere das Beispiel der PLO, die von der Mehrheit der Staaten und der UNO[412] als Vertreterin des Palästinensischen Volkes anerkannt wurde, bringt diese mögliche Entwicklung zum Ausdruck. Im Rahmen der UNO wurde ihr Beobachterstatus gewährt.[413] Israel erkannte die PLO 1993 an.[414] Am 13. September 1993 vereinbarten Israel und die PLO Maß-

---

410 O'Brien, in: Boston University International Law Journal, vol. 2 (3), 1984, S. 349 (407).

411 Chopra/Weiss, in: Ethics and International Affairs, vol. 6, 1992, S. 95 (107).

412 UN General Assembly, Resolution 3210 (XXIX) vom 14. Oktober 1974.

413 ICJ, Applicability of the obligation to arbitrate under section 21 of the United Nations Headquarters Agreement of 26 June 1947, Advisory Opinion, 26 April 1988, ICJ Reports 1988, §§ 12 ff.

414 Siehe das Schreiben des israelischen Ministerpräsidenten Yitzhak Rabin vom 9. September 1993 an den PLO-Vorsitzenden Yassir Arafat, in: EA, vol. 24, 1993, D 526.

nahmen, um den Frieden im Nahen Osten herbeizuführen.[415] Diese Übereinkunft sieht nicht nur den Abzug israelischer Truppen aus dem Gebiet der Westbank und dem Gaza-Streifen vor, sondern auch die Schaffung eines permanenten Status, die Durchführung von freien Wahlen und eine Selbstverwaltung. Neben solchen autonomen Rechten und der Aussicht auf noch mehr Autonomie bilden insbesondere die Finanzhilfen, die seither in die Westbank und den Gaza-Streifen fließen, den Anreiz für die PLO als ebenbürtiger Gegner auf internationaler Ebene aufzutreten. Dies gilt nicht für alle Teilnehmer und Splittergruppen wie die jüngsten Berichte der zweiten palästinensischen Intifada zeigen, doch waren die Zugeständnisse Motivation genug, damit Arafat auf Terrorakte gegen Israel verzichtete.

3. Rechtliche Konsequenzen aus dem Fehlen eines Rechtsstatus

Ohne einen Rechtsstatus für nichtstaatliche Kriegsakteure existiert keine Rechtpflicht der Rebellen zur Durchsetzung der humanitären Regelungen in nicht-internationalen bewaffneten Konflikten. Nur die ratifizierenden Staaten selbst sind zur Beachtung der Bestimmungen des II. Zusatzprotokolls wie auch des gemeinsamen Art. 3 GAbk. im Sinne des *pacta-sunt-servanda*-Grundsatzes verpflichtet. Indem das ZP II den nichtstaatlichen Konfliktparteien keinen Völkerrechtsstatus gewährt und ihnen damit die Möglichkeit nimmt, formell Vertragspartei zu werden, formuliert es für sie auch keine Rechte und Pflichten.[416] Lösungen zu diesem Problem wurden bereits 1977 gesucht:

> *"If it was accepted, it [bezogen ist diese Aussage des sowjetischen Delegierten an der CDDH 1977 auf die ursprüngliche Fassung des Art. 22 ZP II, der nicht in das endgültige Protokoll aufgenommen wurde] would impose an obligation not only on Governments but on those who, for various reasons, were engaged in movements against Governments. Once adopted, the text would become a national law imposing an obligation on all persons within the territory of the State in question. Any international instrument signed by a Government was binding on all those within its territory [...] Some delegations had thought that the text in*

---

[415] Declaration of Principles on Interim Self-Government Arrangements, in: EJIL, vol. 4, 1993, S. 572 ff.; siehe zur Übereinkunft auch, Benvenisti, in: EJIL, vol. 4, 1993, S. 542 ff.; Cassese, Israel-PLO Agreement and Self-Determination, abrufbar unter: www.ejil.org/journal/Vol4/no4/art7.pdf; Shihadeh, in: EJIL, vol. 4, 1993, S. 555 ff.

[416] Castrén, Civil War, S. 86.

question would impose an obligation on Governments only. That would be a serious mistake. The obligation was in fact valid for all citizens."[417]

Das IKRK sieht einen völkerrechtlichen Vertrag, sobald er ratifiziert wurde, als verpflichtend für die Staatsangehörigen eines Landes insgesamt an, d. h. nicht nur der Staat und seine Organe werden gebunden.[418] Daneben soll laut IKRK auch die Effektivität einer substaatlichen Gruppierung eine Bindung an die Normen des humanitären Völkerrechts bewirken. Eine Organisation, die einen Teil des Staates beherrsche und diesen international zu vertreten beanspruche, müsse die vertraglichen Verpflichtungen dieses Staates auf sich nehmen. Wer die staatlichen Privilegien wolle, sei gehalten, auch dessen Pflichten zu erfüllen.[419]

Andere wollen dem IKRK in dieser Position nicht folgen, stattdessen müsse die Existenz eines mit der etablierten Regierung nicht identischen Völkerrechtssubjekts anerkannt werden, das zumindest im Rahmen der Regelungen des gemeinsamen Art. 3 GAbk. und des II. Zusatzprotokolls rechtsfähig ist. Denn diese Bestimmungen begründeten das Rechtsverhältnis des nicht-internationalen bewaffneten Konflikts, das zu seiner Entstehung immer auch zwei Völkerrechtssubjekte voraussetze.[420] Zum Teil wird der einzelne Kämpfer, das Individuum selbst, als dieses Völkerrechtssubjekt klassifiziert.[421] Damit folgt man einer allgemeinen Tendenz im modernen Völkerrecht, nicht nur Staaten als handlungsfähige Rechtspersonen anzuerkennen.[422] In den Verfahren von Nürnberg und Tokio

---

417 CDDH/III/SR 32, §§ 21-24.

418 Actes 1949 2B, 89 (Votum der Vertreter des IKRK und Griechenlands Commentary II, 34); an der CDDH das IKRK (CDDH/I/SR 24, § 55 [vol. VIII, p. 260]) und die Sowjetunion (CDDH/III/SR 32, § 22 ff. [vol. XIV, p. 334 f.]). Vgl. auch die Begründung des IKRK für seine Behauptung anlässlich des Vietnamkonfliktes, dass die Vietcong-Rebellen an die Genfer Abkommen gebunden seien: „Quant au Front national de libération, il se trouve également lié par les engagements souscrits au nom du Vietnam" (RICR 1965, S. 385). In der Lehre wird diese Auffassung vertreten von: Lombardi, Bürgerkrieg und Völkerrecht, S. 94; Miller, The Law of War, S. 22; Verhoeven, Le reconnaissance internationale dans la pratique contemporaine, S. 124.

419 Pictet Commentaire I, S. 55; ders., Commentaire III, S. 43 f.; ders. Commentaire IV, S. 42 f.; Pinto, in: RdC, vol. 114, 1965/I, S. 451 (528); Wodie, in: RGDIP 1969, S. 1018 (1053 f.).

420 Forsythe, in: AJIL, vol. 72, 1978, S. 272 (291).

421 Draper, in: RdC, vol. 114, 1965/I, S. 59 (96); Oppenheim/Lauterpacht International Law, vol. II, S. 211, Fn 3.

422 Lauterpacht, International Law and Human Rights, S. 27 ff.; Schindler, in: Häfelin/Haller/Schindler (Hrsg.), FS Kägi, S. 327 (330); Verdross/Simma, Universelles Völkerrecht, S. 83, 583, 599 ff. sowie den 2. Absatz der Präambel des ZP II.

beispielsweise wurden Individuen zumindest in Bezug auf die Garantien der Menschenrechte verpflichtet und einer unmittelbar durch die Normen des humanitären Völkerrechts begründeten Haftung unterstellt.[423] Zum Teil werden dagegen auch die Rebellengruppen als das berechtigte Rechtssubjekt eingeordnet, die als *de-facto*-Autoritäten partielle Rechtsfähigkeit besitzen.[424]

Eine Bindung der substaatlichen Konfliktbeteiligten wird von anderer Seite im Gewohnheitsrecht[425] gesucht: Der gemeinsame Art. 3 GAbk. sei eine bloße Bekräftigung grundlegender Normen, die im Völkerrecht unabhängig von jeder vertraglichen Verpflichtung bestünden und deshalb für Staaten und Individuen gleichermaßen verbindlich seien.[426] Die Parallelität der von den Menschenrechtspakten und von Art. 3 GAbk. geschützten Rechte verlange, dass Art. 3 GAbk. in allen innerstaatlichen Auseinandersetzungen zur Anwendung komme.[427] Das ist unbestritten richtig, einen Normbefehl zu ihrer Durchsetzung, der an nichtstaatliche Kriegsakteure gerichtet wäre, enthält diese Bestimmung laut Staatenpraxis aber dennoch nicht. Hierzu wird an dieser Stelle auf die näheren Ausführungen zur Studie des IKRK zum Völkergewohnheitsrecht in bewaffneten Konflikten verwiesen.[428]

---

423 Wengler, in: Die Friedenswarte, Bd. 51, 1951-1953, S. 113 (132 f.); siehe die Art. 49, 50 I. GAbk.; 50, 51 II. GAbk.; 99, 129, 130 III. GAbk.; 146, 147 IV. GAbk. und 85 ZP I, vgl. dazu Meier, Die Bestimmungen über das Kriegsverbrechens- und Besetzungsstrafrecht in den Genfer Abkommen zum Schutze der Kriegsopfer von 1949, S. 38 ff.

424 Neuhold, in: Österreichische Zeitschrift für Außenpolitik 1969, S. 63 (82 f.); Oppenheim/Lauterpacht, International Law II, S. 211, N 3; Wengler, S. 113 (123 f.); Wilhelm, in: RdC, Bd. 137, 1972/III, S. 311 (338 f.).

425 Bothe, in: ZaöRV, Bd. 37, 1977, S. 572 (586 f.); ders., in: RGDIP 1978, S. 82 (92); Frowein, in: ZaöRV, Bd. 27, 1967, S. 1 (19); ders., Das de-faco-Regime im Völkerrecht, S. 159 f.; Rosas, The Legal Status of Prisoners of War, S. 100; Schindler, in: RdC, Bd. 163, 1979/II, S. 117 (151).

426 Von der Heydte, Der moderne Kleinkrieg, S. 43; Schlögel, in: IRRC 1970, S. 137 (145).

427 Lombardi, Bürgerkrieg und Völkerrecht, S. 346; Verhoeven, La reconnaissance internationale dans la pratique contemporaine,S. 120 f.; Wilhelm, in: RdC, Bd. 137, 1972/III, S. 311 (371).

428 Siehe dazu genauer Kapitel 6 II.5. b).

II. Probleme aufgrund der Anwendungshürden des Art. 3 GAbk. und des ZP II

Ein weiteres Problem begegnet das humanitäre Völkerrecht im Rahmen nicht-internationaler bewaffneter Konflikte, wenn es darum geht, festzustellen, ob die heute auftretenden Konfliktformen überhaupt von den Anwendungsbereichen des gemeinsamen Art. 3 der GAbk. und des Zusatzprotokolls II erfasst sind.

1. Anwendungsbereich des gemeinsamen Art. 3 GAbk.

Voraussetzung für die Anwendbarkeit des gemeinsamen Art. 3 GAbk. ist das Vorliegen eines bewaffneten Konflikts, „der keinen internationalen Charakter hat". Eine genaue Definition der Anwendungskriterien haben die Verfasser der Genfer Abkommen zu vermeiden versucht, um einen weiten Anwendungsbereich zu gewährleisten. Jedoch muss die bewaffnete Auseinandersetzung eine gewisse Intensität aufweisen.[429] Diesen mehrheitlichen Staatenwillen geben bereits die Arbeitspapiere von 1949 wieder[430] und auch die Praxis des IKRK hat eine solche Gewaltschwelle für die Anwendung des gemeinsamen Art. 3 GAbk. anerkannt[431]. Tumulte, Demonstrationen, Meutereien, Banditentum, Revolten und Staatsstreiche gelten danach als innere Gewaltformen, die für das humanitäre Völkerrecht nicht relevant sind, so genannte völkerrechtsunwürdige Konflikte.[432]

In welchen Fällen ein völkerrechtswürdiger nicht-internationaler bewaffneter Konflikt vorliegt, ist abhängig von vier Voraussetzungen, die kumulativ erfüllt sein müssen. Hess hat drei dieser Kriterien, mit denen die Schwelle eines bewaffneten Konflikts nach Art. 3 GAbk. erreicht ist, folgendermaßen zusammengefasst:

„Die bewaffneten Auseinandersetzungen müssen solche Formen angenommen haben, dass die vom innerstaatlichen Recht vorgesehenen Maßnahmen zur Auf-

---

429 Baxter, in: Moore (Hrsg.), Law and Civil War in the Modern World, S. 518 (525 f); Draper, in: RdC, Bd. 114, 1965/I, S. 59 (89); Pinto, in: RdC, Bd. 114, 1965/I, S. 451 (525 f.); Schindler, S. 117 (146 f.).

430 Commentaire III, Pictet (Hrsg.), S. 38 ff.

431 Moreillon, Le Comité international de la Croix-Rouge et la protection des détenues politiques, S. 110 ff.

432 Bindschedler, in: Kipp/Heydte/Steinkamm/Mayer (Hrsg.), Um Recht und Freiheit, S. 21 (26).

rechterhaltung von Ruhe und Ordnung nicht mehr ausreichen.[433] Dies ist vor allem dann der Fall, wenn die Regierung gezwungen ist, nicht bloß die Polizei, sondern reguläre Streitkräfte der Armee einzusetzen.[434]

Die bewaffneten Unruhen müssen einen kollektiven Charakter aufweisen. Aktivitäten von Einzelgruppen wie Banditen oder Terroristen fallen nicht unter Art. 3.[435] Vielmehr müssen die bewaffneten Gruppen über ein Minimum an Führung, Organisation und Kontrolle ihren Angehörigen gegenüber verfügen."[436] Gemeint ist damit auch die Bestimmbarkeit der Parteien eines Konflikts, denn das Genfer Recht setzt ein Bezugsobjekt für seine humanitären Anliegen voraus.

„Als weitere Kriterien werden die Dauer des Konfliktes, die Zahl der Aufständischen, die Größe des von ihnen beherrschten Gebietes, die Zahl der Opfer und der Grad der im Lande herrschenden Unsicherheit genannt." Zu dieser zeitlichen Dimension zählt auch, dass Anfang und Ende des Konflikts auszumachen sein müssen, denn nur so lässt sich der Zeitraum bestimmen, in dem das humanitäre Völkerrecht zur Anwendung gelangt.[437]

An anderer Stelle wird zusätzlich das Kriterium einer räumlichen Dimension verlangt. Erforderlich ist, dass sich der Konflikt im Hoheitsgebiet einer Vertragspartei ereignet, wobei fraglich bleibt, ob sich der Konflikt auf dieses Territorium beschränken muss.[438]

Nun ist es möglich, einige dieser Kriterien von vornherein zu entkräften. Würde man beispielsweise entscheidend auf den Umstand abstellen, ob eine Regierung gezwungen ist, die Armee zur Befriedung der inneren Unruhen heranzuziehen, würde eher die Stärke der Polizeitruppen ins Gewicht fallen als das Ausmaß der gewaltsamen Auseinandersetzung: Verfügt ein Staat nur über geringe Polizeikräfte, müsste die Armee auch bei kleineren Unruhen zum Einsatz kommen, im

---

433 Draper, in: RdC, Bd. 114, 1965/I, S. 59 (89).

434 Actes 1949 2 B, 11 (Spanien), 116 (Comité spécial).

435 CICR, L'aide humanitaire aux victimes des conflits internes, Rapport de la commission d'experts, Pinto (Hrsg.) RICR 1963, S. 80; CICR, Rapport sur les travaux de la Conférence, 1972, vol. II, S. 16.

436 Ebenda.

437 Jinks, The Temporal Scope of Application of International Humanitarian Law in Contemporary Conflicts, International Humanitarian Law Research Initiative, Background Paper prepared for the Informal High-Level Expert Meeting on the Reaffirmation and Development of International Humanitarian Law, Cambridge, June 27-29 2003, S. 1 ff.; abrufbar unter www.ihlresearch.org/ihl/pdfs/Session3.pdf.

438 Zum Begriff des Kriegsgebiets: Greenwood, in: Fleck (Hrsg.), Handbuch des humanitären Völkerrechts in bewaffneten Konflikten, S. 44 ff.

divergenten Fall wäre der Einsatz der Armee dagegen überflüssig.[439] Koenig will solche Grenzfälle durch einen funktional-humanitären Ansatz entschieden wissen.[440] Eine Missachtung der in Art. 3 GAbk. garantierten fundamentalen Menschenrechte vor den Augen der Weltöffentlichkeit mit dem Hinweis auf die Nichtanwendbarkeit von Art. 3 könne sich eine Regierung nicht leisten.[441] Erfüllt eine innerstaatliche Auseinandersetzung in offensichtlicher Weise nicht die Kriterien der genannten Gewaltschwelle, so fällt der Tatbestand aus dem Funktionsbereich des gemeinsamen Art. 3 GAbk. heraus. Die asymmetrischen Konflikte der Gegenwart erfüllen aber in zunehmendem Maße aufgrund der Irregularität der in ihnen angewandten Kriegsführung nicht mehr die Kriterien der Intensitätsgrenze.

Soweit die Anwendungskriterien des Art. 3 GAbk. an die Bestimmbarkeit von räumlichen und zeitlichen Faktoren anknüpfen, entziehen sich die neuen Kriege einer Festlegung. Denn charakteristisch ist für diese Krisengebiete, dass hier Konflikte scheinbar endlos dauern können. Es wurde bereits darauf hingewiesen, dass Todesraten heute kein verlässliches Indiz für die Beendigung eines Konflikts liefern können.[442] Zudem werden konkrete Friedensschlüsse in jüngerer Zeit immer mehr von langwierigen Friedensprozessen abgelöst, in denen Kämpfe jederzeit wieder aufflackern können, solange wie es einer gewaltbereiten Minderheit zweckmäßig erscheint.[443] Als eine der Hauptursachen für diese langandauernden Konflikte gilt dabei die Kommerzialisierung des Krieges, wie sie sich durch die Ressourcenkriege[444] vollzogen hat. In den Gebieten zerfallener Staaten, in denen die Warlords die Exekutivgewalt übernommen haben, um Ressourcen auszubeuten, wird der Machterhalt zum Teil der Kriegsökonomien.[445]

Räumliche Dimensionen können durch die Transnationalisierung der modernen Konflikte aufgelöst werden. Befinden sich Rückzugsbasen von Rebellen jenseits der Grenzen eines umkämpften Staatsterritoriums, finden Kämpfe gerade nicht mehr allein im Hoheitsgebiet einer Vertragspartei statt.[446]

---

439 Bindschedler, in: Kipp/Heydte/Steinkamm/Mayer (Hrsg.), Um Recht und Freiheit, S. 21 (26).

440 Koenig, Der nationale Befreiungskrieg im modernen humanitären Völkerrecht, S. 47.

441 Commentaire III, Pictet (Hrsg.), S. 43 ; Commentaire IV, Pictet (Hrsg.), S. 41 f.

442 Siehe Kapitel 1 III.5.b).

443 Siehe Kapitel 1 III.5.a).

444 Siehe Kapitel 3 I.1.a).

445 Siehe Kapitel 2 III.2.b) und Kapitel 3 I.1.a).

446 Siehe Kapitel 2 IV.2.a).

Die Bestimmbarkeit der Konfliktparteien wird zunehmend schwieriger, als sich das Akteursspektrum gegenwärtiger Konflikte nicht nur immens erweitert hat, sondern tendenziell eine Privatisierung der Gewalt[447] eingetreten ist. So ist eine Staatsbeteiligung hinter paramilitärischen Verbänden und privaten Sicherheitsunternehmen zur Beweisfrage geworden, die umso schwieriger wird, als Staaten ihre Verbindungen zu Gewaltgruppen verschleiern. Hinzutritt eine so genannte Kommunalisierung der Kriege[448], womit das Auftreten kleinster Gruppen gemeint ist, deren Organisationsgrad meist ebenso gering ist, wie der ihrer Professionalität.

Am schwierigsten aber bleibt es, global operierende Gewaltorganisationen zu identifizieren. Das populärste Beispiel ist dafür nach wie vor der internationale Terrorismus Al-Khaidas. Denn der seit dem 11. September 2001 geführte „Krieg gegen den Terror" ist an sich kein Ereignis des humanitären Völkerrechts. Nach der Kriegsdefinition von v. Clausewitz ist Krieg ein „Akt der Gewalt, um den Gegner zur Erfüllung unseres Willens zu zwingen"[449]. Eine Führung, die diesen Willen ausübt und der die Entscheidungen über Art und Ausmaß der Gewaltanwendung zugerechnet werden kann, ist nicht kennzeichnend für den internationalen Terrorismus. Da terroristische Organisationen verdeckt operieren und auf nicht hierarchische Netzwerkstrukturen aufbauen, muss ein solcher „Wille letzten Endes konstruiert und personalisiert werden"[450]. Osama bin Laden ist eine dieser Personen.

Ausgeschlossen bleibt eine Anwendung des humanitären Völkerrechts auch im Rahmen einmalig geführter terroristischer Anschläge wie auf Bali oder in New York und Madrid. Ebenso können einzelne Gewaltakte im Rahmen des „Krieges gegen den Terror", wie die Tötung mutmaßlicher Al-Khaida Terroristen durch ein unbemanntes US-amerikanisches Flugzeug Anfang November 2002 im Jemen, nicht die Gewaltschwelle des Art. 3 GAbk. überwinden, um solche Tötungshandlungen zu legitimieren. Im Gegenzug hilft es Staaten aber auch nicht, zu behaupten, es würden „anti-terroristische"[451] Aktionen durchgeführt, wie die Regierung Russlands ihre Kriegsführung in Tschetschenien gegenüber der

---

447 Siehe Kapitel 2 III.2.a).

448 Chojnacki, in: Der Bürger im Staat, Heft 4, 2004, S. 197 (198).

449 Von Clausewitz, Vom Kriege, S. 89 f.

450 Münkler, Die neuen Kriege, S. 176.

451 Blätter für deutsche und internationale Politik, 8. September 1999; abrufbar unter: www.blaetter.de/chronik.php?show=1999.

Weltöffentlichkeit rechtfertigt und damit die Funktionalität des Anwendungsbereichs des Art. 3 GAbk. in Frage stellt.

2. Anwendungsschwelle des II. Zusatzprotokolls

Art. 1 des Zusatzprotokolls II zu den Genfer Abkommen definiert anders als Art. 3 GAbk. den Anwendungsbereich der ihm nachfolgenden Regelungen umfassend. Art. 1 Abs. 1 ZP II zieht dabei zunächst mit der Festlegung der Konfliktparteien die Grenze zum internationalen bewaffneten Konflikt. Erfasst sind Kämpfe zwischen den Streitkräften einer Hohen Vertragspartei des Protokolls und „abtrünnigen Streitkräften oder anderen organisierten bewaffneten Gruppen". Während Art. 3 allgemein genug formuliert ist, um auch einen Konflikt zwischen verschiedenen Rebellenbewegungen zu erfassen, ist das II. Zusatzprotokoll in diesen Fällen unanwendbar.[452]

Indem Art. 1 Abs. 1 ZP II weiter verlangt, dass diese Gruppen „unter einer verantwortlichen Führung" stehen und „eine solche Kontrolle über einen Teil des Hoheitsgebiets der Hohen Vertragspartei ausüben, dass sie anhaltende, koordinierte Kampfhandlungen durchzuführen und dieses Protokoll anzuwenden vermögen", setzt er für die Anwendbarkeit des II. Zusatzprotokolls eine materielle, administrative sowie juristische Infrastruktur voraus, wie sonst nur Staaten über sie verfügen. Dahinter steht der Gedanke, dass faktischer Hauptgarant für die Eingrenzung von Gewaltanwendung durch die Befolgung der humanitären Regeln wie schon im klassischen Völkerrecht die Reziprozität ist, deren Wirken eine Symmetrie der Konfliktparteien erfordert.[453] Im Rahmen nicht-internationaler bewaffneter Konflikte sollen die oben genannten Merkmale ein solches äquivalentes Verhältnis zwischen den Parteien eines Konflikts begründen.

Art. 1 Abs. 2 ZP II fixiert dagegen die untere Anwendungsschwelle, indem er diejenigen gewaltsamen Auseinandersetzungen auflistet, die nicht in den Regelungsbereich des Protokolls fallen. Danach sind „innere Unruhen und Spannungen wie Tumulte, vereinzelt auftretende Gewalttaten und andere ähnliche Handlungen" nicht erfasst. Trotz dieser Parallele zu Art. 3 GAbk. sind die Anwen-

452 Greenwood, in: Fleck (Hrsg.), Handbuch des humanitären Völkerrechts in bewaffneten Konflikten, S. 42.

453 Hoffmann, in: Deutsch/Hoffmann (Hrsg.), The Relevance of International Law, S. 21 (43).

dungsbereiche beider Kodifikationen jedoch nicht identisch.[454] Denn Art. 1 Abs. 1 ZP II bestimmt ausdrücklich, dass das II. Zusatzprotokoll die Anwendbarkeit des gemeinsamen Art. 3 GAbk. nicht berührt.[455] Die Voraussetzungen des II. Zusatzprotokolls sind insgesamt enger als die des gemeinsamen Art. 3 GAbk.

a) Territoriale Kontrolle

Das Kriterium der territorialen Kontrolle zur Durchführung anhaltender, koordinierter Kampfhandlungen in ZP II legt einen Anwendungsbereich fest, den Bindschedler schon im Jahr 1977 nicht mehr „den [...] Realitäten der fluiden Kampfführung und des Guerillakriegs"[456] entsprechend kritisierte. Dieses Problem verschärft sich in den Konflikten der Gegenwart, in denen die nichtstaatlichen Gruppierungen neben der von Bindschedler angesprochenen klassischen Guerillataktik zudem auf terroristische Strategien und Elemente der counterinsurgency zurückgreifen. Die letztgenannte Strategie meint in ihrem ursprünglich verwendeten Sinn eine von westlichen Strategen gegen die Guerillakriegsführung entwickelte Taktik, die heute aber auch auf nichtstaatlicher Seite zu finden ist.

aa) Terroristische Strategien

Während die Voraussetzung einer „Kontrolle über einen Teil des Hoheitsgebiets der Hohen Vertragspartei" eine gewisse Gewaltintensität der Kampfhandlungen indiziert, die auf die physische Kontrolle der militärischen Kräfte des Gegners ausgerichtet ist,[457] konzentrieren sich terroristische Strategien nicht auf die unmittelbaren physischen, sondern auf die psychischen Folgen der Gewaltanwendung. Die unmittelbar hervorgerufenen materiellen Schäden terroristischer Angriffe, das Ausmaß der Zerstörung, die Zahl der Toten, der Zusammenbruch der Versorgungssysteme, dienen lediglich der Erreichung des eigentlichen Ziels, d. h. eine Umgebung aus Angst zu schaffen und die Verletzbarkeit des scheinbar

---

454 Schindler, in: RdC, Bd. 163, 1979/II, S. 117 (149).

455 Bothe, in: RGDIP 1978, S. 82 (90); Forsythe, in: AJIL, vol. 72, 1978, S. 272 (286).

456 Bindschedler, in: Kipp/Heydte/Steinkamm/Mayer (Hrsg.), Um Recht und Freiheit, S. 21 (27).

457 Heintze, Der Beitrag des Völkerrechts im Anti-Terror-Kampf, S. 1 (8); abrufbar unter: www.ruhr-uni-bochum.de/ifhv/red/heintzereferendar.pdf.

militärisch übermächtigen Gegners zu demonstrieren.[458] In diesem Sinne stuft Waldmann den Terrorismus als eine „Kommunikationsstrategie“[459] ein, durch die auf besonders spektakuläre Weise Botschaften verbreitet werden sollen. Von Clausewitz wollte die Schlacht als ein Messen der moralischen und physischen Kräfte mit Hilfe der Letzteren verstanden wissen,[460] der Terrorismus kehrt diese Formel dagegen um. Er ist als ein mit geringen physischen Kräften erfolgender Angriff unmittelbar auf die moralische Widerstandskraft des Gegners zu bezeichnen. Absichtlich verzichtet er auf eine direkte Begegnung mit den physischen Kräften des angegriffenen Feindes, insbesondere mit dessen Streitkräften, da er einer solchen Auseinandersetzung nicht standhalten könnte.[461] Zwar ist der Terrorismus, wie die Angriffe auf das World Trade Center und das Pentagon am 11. September 2001 gezeigt haben, in der Lage, Gewalt bis weit in das Territorium des Gegners hineinzutragen. Er kann also offensiv agieren, aber er kann und will keine Landgewinne machen.

bb) Klassische Guerillataktik

Auch die klassische Guerilla agiert aus einer Situation kräftemäßiger Unterlegenheit.[462] Ihre Gewaltanwendung entspricht dabei aber der Kriegstheorie von v. Clausewitz, durch die Ermattung der physischen Kräfte den politischen Willen des Feindes zu schwächen. Um dieses Ziel zu erreichen, verüben sie Überfälle auf kleinere Posten und abgelegene Garnisonen, unterbrechen temporär den Nachschub durch die Zerstörung von Schienensträngen, die Sprengung von Brücken oder die Sperrung von Gebirgspässen. Dazu dienen auch Angriffe auf kleinere Truppeneinheiten, die nach Möglichkeit in unwegsamem Gelände eingekreist und kampfunfähig gemacht werden sollen.[463] Damit bleibt die klassische Guerilla in ihrer Anfangsphase eine defensive Strategie, die nicht darauf ausgerichtet ist, Gebietsgewinne zu erzielen. Denn diese frühen Aktionen dienen zunächst dazu, den kräftemäßig überlegenen Gegner durch kleinere Angriffe an verschiedenen Orten gezielt zu zermürben.[464] Oftmals verhält es sich so, dass

458 Fromkin, in: Funke (Hrsg.), Terrorismus. Untersuchungen zur Strategie und Struktur revolutionärer Gewaltpolitik, S. 83 (93); dazu auch Kapitel 3 I.3.a).

459 Waldmann, Terrorismus, S. 12 f.

460 Von Clausewitz, Vom Kriege, S. 352 ff.

461 Münkler, Die neuen Kriege, S. 177.

462 Münkler, Die neuen Kriege, S. 178.

463 Ebenda.

464 Siehe Kapitel 1 III.5.a).

tagsüber eine Kampfpartei ein Gebiet kontrolliert, es aber bei Einbruch der Dunkelheit wieder verlassen muss. Je mehr es aber der Guerilla gelingt, den Gegner zu schwächen, umso stärker geht sie dazu über, die Machtverhältnisse in dem umkämpften Territorium zu entscheiden.

Zwei Phasen lassen sich damit im Kampf der Guerilla unterscheiden, die schon Mao Tse-tung als defensive und offensive Strategiestufen eingeordnet hat[465]. Zu Beginn in der defensiven Phase sind noch keine bzw. kaum Gebietsgewinne zu verzeichnen, so dass die Anwendungsschwelle des II. Zusatzprotokolls nicht überschritten wird. Erst zum Schluss in der Entscheidungsphase des Kampfes wird das Zusatzprotokoll II anwendbar. Im Hinblick auf die Ratio seiner Regelungen, Leiden zu mindern, ist dies jedoch ein unbefriedigendes Ergebnis.

Aufgrund der Kommerzialisierung des Krieges verharren die Kämpfe zudem immer häufiger in der strategischen Defensive. Im Rahmen von Ressourcenkriegen ist es für die nicht-staatlichen Kampfparteien, die gerade Gewinn aus der Ausbeutung der Krisenregionen ziehen, nicht zweckmäßig, die Kämpfe territorial soweit auszudehnen, dass sie eine Entscheidung des Konflikts herbeiführen könnten.[466] In Verbindung mit der Kommunalisierung[467] vollzieht sich hier eine Entwicklung zu Kleinstkriegen, in denen kein äquivalentes Verhältnis von Staat und Rebellenbewegung auf der Grundlage einer Kräftegleichheit herstellenden Gebietshoheit entstehen kann.

cc) Counterinsurgency

Der Faktor militärischer Gebietsgewinne wird heute umso mehr in Frage gestellt, als viele nichtstaatliche Akteure nicht mehr das Ziel verfolgen, die Macht in einem Gebiet an sich zu reißen, indem sie tatsächlich um Land und Boden kämpfen. Heute setzten die substaatlichen Akteure auf einen Machtgewinn durch die Kontrolle über die Bevölkerung.[468] Abweichend von der klassischen Guerilla hat sich daher eine neue Art der Kriegsführung herausgebildet, die taktisch sowohl der Guerilla als auch deren Gegenpart der so genannten counterinsurgency angelehnt ist.

---

465 Ebenda.

466 Siehe Kapitel 3 I.1.a).

467 Chojnaki, in: Der Bürger im Staat, Heft 4, 2004, S. 197 (198).

468 Kaldor, New and Old Wars. Organized Violence in a Global Era, S. 97.

Entwickelt wurde die counterinsurgency Strategie[469] in der Mitte des 20. Jahrhunderts als Ideologien noch eine entscheidende Rolle bei der Mobilisierung der Massen spielten und die Denker der Revolution große Anstrengungen darauf verwandten, herauszufinden, wie die Sympathien der Bevölkerung gewonnen werden konnten, so dass die Guerilla operieren konnte wie „die Fische im Meer“[470]. Um diese Methode zu durchbrechen, erfanden westliche Strategen eine Strategie, deren Ziel es war, gerade diese Umgebung zu zerstören, die sich die Revolutionäre zu nutze machten. Mit Techniken wie der zwangsweise vorgenommenen Umsiedlung von Bevölkerungsteilen, entwickelt von den Franzosen in Algerien,[471] oder der Zerstörung ganzer Gebiete mit Minen und Napalm durch die US-Amerikaner in Vietnam,[472] „vergiftete man das Meer, in dem die Fische schwammen“[473].

In ähnlicher Form schaffen sich heute die neuen Kriegsherren sichere Enklaven, indem sie Gruppen um sich scharen, deren Identifikation auf einem gemeinsamen Homogenitätsmerkmal beruht.[474] Appelliert wird dabei an kommunale, regionale, sprachliche, tribale oder religiöse Gemeinsamkeiten oder aus diesen gebildeten Mischformen. Die Konsequenz ist, dass die Mehrheit einer Bevölkerung, die in einem Gebiet lebt, diesen Merkmalen entsprechen muss, andere werden eliminiert. Anstatt eine bevorzugte Umgebung für alle zu schaffen, kreieren die neuen Kämpfer eine Umgebung, die für all diejenigen unerträglich ist, die sich nicht ihrer Herrschaft unterordnen. Ihr Machterhalt baut damit nicht auf einer langfristigen gegenseitigen positiven Unterstützung auf, sondern beruht auf der Verbreitung von anhaltender Angst und Unsicherheit, sowie dem Sähen gegenseitigen Hasses. Extreme Gräueltaten, in die so viele Menschen wie möglich involviert werden sollen, werden genutzt, um Mittäter einer so gerechtfertigten Gewalt zu schaffen und damit Hass und Teilung zu fördern.[475] Um bei

---

469 Maechling, in: Klare/Kornbluh (Hrsg.), Low-Intensity Warfare: Counterinsurgency, Proinsurgency, and AnTerrorism in the Eighties, S. 21 ff.

470 Haffner, Einleitender Essay zur Theorie des Guerilla-Krieges und Strategie der Dritten Welt von Mao-Tse-tung, S. 5 (19).

471 Kaldor, S. 98; zum Algerienkonflikt vgl. Dingemann, Westermann-Lexikon Krisenherde der Welt: Konflikte und Kriege seit 1945, S. 102 ff.

472 Den besten Eindruck von den Zielen der counterinsurgency-Strategie erhält man in: The Pentagon Papers, The Defense Department, History of United States Decisionmaking on Vietnam (The Senator Gravel Edition), 4 Bände; vgl. auch Blaufarb, The Counterinsurgency Era: U.S. Doctrine and Performance.

473 Kaldor, S. 97.

474 Kaldor, S. 6, 76 ff.

475 Kaldor, New and Old Wars. Organized Violence in a Global Era, S. 98 f.

Maos Gleichnis zu bleiben, Macht wird heute erlangt und konsolidiert, indem das Meer für all jene vergiftet wird, die anders sind oder womöglich anders denken und damit eine Gefahr, einen instabilen Faktor der Macht, bilden könnten.

In den Städten Bosniens wie in Banja Luka wurde das Leben der nicht serbischen Bevölkerung unerträglich gemacht, indem sie ihre Arbeit verloren, keinen Zugang zu medizinischen Einrichtungen erhielten und Kommunikationsmöglichkeiten unterbunden wurden. Es wurde ihnen nicht erlaubt, sich in Gruppen zu treffen, die mehr als vier Menschen umfassten. In vielen Städten wurden so genannte Bureaux for Population Exchange gegründet, in denen die nicht serbische und nicht kroatische Bevölkerung auf ihre Eigentumsansprüche verzichten konnten und enorme Summe zahlen mussten, um die Möglichkeit zu erhalten, auszureisen. Ähnliche Techniken wurden auch in den kroatisch kontrollierten Gebieten angewandt. Nach UNHCR-Berichten lebten 1995 nur noch 13.000 Muslime im Norden Bosniens, zuvor waren es 350.000 gewesen. Im Süden und Osten Bosniens sind es nur noch 4.000 Muslime und Kroaten, von einer ursprünglichen Bevölkerung von 300.000.[476]

Weiter werden ganze Landstriche verwüstet und unbewohnbar gemacht. Das kann physisch erfolgen, durch das Verteilen von Landminen oder durch die Verwendung von Panzern und Raketen gegen menschliche Ziele, insbesondere Wohngebiete, Krankenhäuser oder überfüllte Plätze wie Märkte oder Wasserstellen. Ebenso kann das gleiche Ziel aber auch mit wirtschaftlichen Mitteln erreicht werden, beispielsweise durch erzwungene Hungersnöte oder Belagerungen. Man nimmt den Menschen ihre Lebensgrundlage, so dass sie entweder an Unterernährung sterben oder emigrieren müssen. Oder man bedient sich psychologischer Faktoren, d. h. man macht es den Menschen unmöglich, sich je wieder zu Hause zu fühlen. Man nimmt ihnen ihre Geschichte, ihre Kultur, zieht neue Grenzen, die früher ihr soziales Umfeld gebildet haben. Man zerstört Kirchen oder historische Monumente, um alle kulturellen Zeugnisse zu entfernen. In Banja Luka beispielsweise rissen die Serben alle siebzehn Moscheen und alle katholischen Kirchen bis auf eine nieder.[477]

---

476 Kaldor, S. 52 f.; UNHCR, Information Notes on Former Yugoslavia, 11/1994, Zagreb, November 1994: "There are no more children, no more friends, no more information, no more life, no more Mosques and no more graveyards."

477 Kaldor, New and Old Wars. Organized Violence in a Global Era, S. 99 f.

b) *Faktische Angleichung der Konfliktparteien*

Nach dem Ende des Ost-West-Konflikts gab es Entwicklungstendenzen, die zumindest eine absolute materielle Unterlegenheit der Rebellengruppen auszugleichen schienen und damit Rebellen zu möglichen ebenbürtigen Gegnern der Staaten machten. Die von Mao Tse-tung bevorzugten rückständigen Landgebiete mit ihren nur schwer passierbaren Fußpfaden konnten noch bis zu Anfang der neunziger Jahre in vielen Entwicklungsländern gefunden werden. Laurent Kabilas Alliance of Democratic Forces for the Liberation of the Congo (ADFL) benutzte als Weg durch die Wildnis die alten traditionellen Gepäckträgerrouten und in den späten achtziger Jahren war in Myanmar weiterhin der Gepäckträger die Haupttransportform in die Konfliktgebiete. Schweres Gerät und Helikopter waren den mächtigen Armeen der Welt vorbehalten. Als aber das System des Ostblocks zusammenbrach, wurde militärisches Gerät auf den Weltmarkt gespült: Die Handkarren wurde durch den Jeep ersetzt, militärische Überreste des Kalten Krieges wie Flugzeuge, Schiffe und Fahrzeuge erreichten die Konfliktparteien in der Dritten Welt.[478] Eingekauft wurden sie mit den Einnahmen aus den Schattenökonomien. Die Containerverschiffung[479], aber auch das Entstehen neuer Medien wie das Internet[480] machten den illegalen Handel mit Ressourcen und Drogen zu einer billigen und schnellen Einnahmequelle. Damit trat zwar keine Gleichheit der Parteien im Sinne des Art. 1 Abs.1 ZP II ein, es wurde aber der gleiche Zugang zu militärischer Ausrüstung eröffnet.

Trotz der bestehenden Möglichkeit auch schweres russisches Gerät zu erwerben, wird die größte Anzahl der Bürgerkriege weiterhin als so genannte billige Kriege[481] geführt. In der Regel wird nur mit leichten Waffen, automatischen Gewehren, Landminen und Mehrfachraketenwerfern gekämpft und zu Transportzwecken wird die zivile Infrastruktur genutzt. Zum einen ist die Ausrüstung mit schweren Waffen nicht notwendig, da Gewalt zunehmend gegen die Zivilbevölkerung gerichtet wird. Zum anderen liegt der Beschaffungspreis von automatischen Gewehren infolge der Überschwemmung der Märkte mit leichtem Kriegsgerät oft unter den Herstellungskosten.[482] So lassen sich die Gefolgschaften der Milizenführer und Warlords, Rebellen und Revolutionäre mit geringem

---

478 Mackinlay, Globalisation and Insurgency, Adelphi Paper no. 352, S. 18.

479 Mackinlay, S. 19; siehe auch: The Economist, The Perils of Packet Switching, 6 April 2002, S. 13.

480 Skapinker, „The Tongue Twisters", in: Financial Times, 28 December 2000.

481 Münkler, Die neuen Kriege, S. 132.

482 Lock, in: Peace and Security, Bd. XXXI, Dez. 1999, S. 31 (35).

finanziellen Aufwand innerhalb kurzer Zeit bewaffnen. Die materiellen Angleichungstendenzen haben daher nicht zu einer Symmetrisierung der Kriege beigetragen. Die Wahl der Mittel, also von leichtem Gerät, diktiert weiterhin die Art der Kriegsführung, so dass sich ein äquivalentes Verhältnis von staatlichen Streitkräften und Rebellenbewegungen zumindest im Sinne der Ratio des II. Zusatzprotokolls nicht entwickelt hat und die Anwendungsschwelle des ZP II heute mehr denn je in Frage steht.

KAPITEL 4

Assimilierung der Regelungsbereiche im Völkerstrafrecht

In den vergangenen Jahren ist Kritik an der Dichotomie des humanitären Völkerrechts laut geworden. Sie sei „beliebig“[483] und „schwer zu rechtfertigen“[484]. Ein Festhalten an diesem System würde “the humanitarian purpose of the law of war in most instances in which war now occurs“[485] zunichte machen. Dabei ist insbesondere aus völkerstrafrechtlicher Sicht die strikte Trennung zwischen internationalem und nicht-internationalem Konflikt unbefriedigend, weil sie zu einer unterschiedlichen strafrechtlichen Behandlung gleicher Sachverhalte führt. Während nämlich für den internationalen bewaffneten Konflikt eindeutige Bestrafungspflichten existieren, gibt es für den nicht-internationalen bewaffneten Konflikt nach traditioneller Auffassung keine Straftatbestände, nach denen sich Angehörige der Streitkräfte und Rebellen verantworten müssten. Hierbei handelt es sich wohl um einen der größten Wertungswidersprüche des traditionellen humanitären Völkerrechts,[486] der nur durch eine moderne menschenrechtsorientierte Lösung zu Lasten der alten, an der Staatssouveränität orientierten Argumente beseitigt werden kann.

Das Internationale Straftribunal für das ehemalige Jugoslawien (ICTY) und das Internationale Straftribunal für Ruanda (ICTR) haben in verschiedenen Entscheidungen zu diesem Problem Stellung bezogen, indem sie eine im Völkergewohnheitsrecht verankerte Strafbarkeit für Völkerrechtsverletzungen in nicht-internationalen bewaffneten Konflikten nachgewiesen haben. In ihrer berühmt

---

483 Aldrich, in: AJIL, vol. 94, 2000, S. 42 (62): “Reality can be messy, and armed conflicts in the real world do not always fit neatly into the two categories – international and non-international – into which international humanitarian law is divided.” Dupuy/Leonetti, in: Cassese (Hrsg.), The New Humanitarian Law of Armed Conflict, S. 258 (258): « Elle produit une dichotomie arbitraire entre les conflits, puisque la dinstinction, purement formelle, ne se fonde pas sur une observation objective de la réalité [...]. »

484 Rowe, in: International & Comparative Law Quarterly, vol. 45, 1996, S. 691 (698).

485 Reisman/Silk, in: AJIL, vol. 82, 1988, S. 459 (465): “The ‘distinction’ between international wars and internal conflicts is no longer tenable or compatible with the thrust of humanitarian law, as the contemporary law of armed conflict now has come to known. One of the consequences of the nuclear stalemate is that most international conflict now takes the guise of internal conflict, much of it conducted covertly or at level of low intensity. Paying lip services to the alleged distinction simply frustrates the humanitarian purpose of the law of war in most of the instances in which war now occurs.”

486 Ambos, in: AVR, Bd. 37, 1999, S. 318 (338); Meron, in: AJIL, vol. 89, 1995, S. 554 (561 sowie S. 559 ff.).

gewordenen Assimilierungsthese stellte die Berufungskammer des ICTY in der Rechtssache Tadic fest:

> *"It cannot be denied that customary rules have developed to govern civil strife. These rules [...] cover such areas as protection of civilians from hostilities, in particular from indiscriminate attacks, protection of civilian objects, in particular cultural property, protection of all those who do not (or no longer) take active part in hostilities, as well as prohibition of means of warfare proscribed in international armed conflict and ban of certain methods of conducting hostilities."*[487]

Die Assimilierung beider Regelungsbereiche ist nicht nur für die Begründung einer völkerstrafrechtlichen Verantwortlichkeit in nicht-internationalen Konflikten entscheidend, sondern vor dem Hintergrund der Akzessorietät von Kriegsverbrechen und humanitärem Völkerrecht wegweisend für die Anwendbarkeit des humanitären Völkerrechts in nicht-internationalen bewaffneten Konflikten insgesamt.

I. Systematik des Völkerstrafrechts

1. Funktion der nationalen Strafrechtsordnung

Grundsätzlich ist es dem Staat kraft seiner völkerrechtlich anerkannten Gebietshoheit vorbehalten, auf seinem Hoheitsgebiet den Rechtsgüterschutz durch ein strafrechtliches Sanktionssystem zu regeln. Dieses Territorialitätsprinzip gewährleistet, dass den nationalen Strafrechtsordnungen eine Abwehrposition gegenüber einer internationalen Regelung punitiver Sachverhalte zusteht.[488] Dennoch ist es seit Jahrzehnten völkerrechtliche Praxis, bestimmte Rechtsgüter, deren Schutz gewohnheitsrechtlich anerkannt ist, durch Vertrag zu schützen. In solchen Verträgen verpflichten sich die Signatarstaaten, eine Strafverfolgung durch entsprechende nationale Gesetze sicherzustellen. Ein erstes Beispiel findet sich im Genfer Abkommen von 1906, mit dem die Vertragsstaaten in Art. 28 erklärten, ihre Militärgesetzbücher den Anforderungen des Abkommens anzupassen und Plünderungen, Misshandlungen von Verwundeten sowie die missbräuchliche Verwendung des Rotkreuzzeichens nach nationalem Recht zu sank-

---

[487] ICTY, The Prosecutor v. Tadic, Decision on the defence motion of interlocutory appeal on jurisdiction, 2 October 1995, Case no. IT-94-1-AR72, § 127.

[488] Ipsen, in: Ipsen, Völkerrecht, § 42 .

tionieren.[489] Durchgesetzt hat sich die Heranziehung des nationalen Strafrechts zur Verhütung von Verletzungen des humanitären Völkerrechts mit den Genfer Abkommen von 1949, die schwere Verletzungen, so genannte grave breaches, dem Weltrechtsprinzip unterstellen. Dies ergibt sich aus Art. 49, 50, 129 und 146 GAbk. I-IV.[490]

Dieser Strafanspruch tritt neben die nationalen, territorialitäts- bzw. personalitätsbezogenen Strafansprüche. Anders als diese ist er aber nicht im Souveränitätsrecht verankert, sondern basiert auf internationalen Rechtsgrundsätzen.[491] Ein Staat reagiert allein deshalb auf die Verletzung eines Rechtsguts, weil dieses gewohnheitsrechtlich oder vertraglich vom Völkerrecht als besonders schutzwürdig und eine Zuwiderhandlung als strafwürdig anerkannt ist.

Zwei Merkmale müssen für das Weltrechtsprinzip erfüllt sein:

1. Die Schutzwürdigkeit des Rechtsguts und die Strafwürdigkeit seiner Verletzung sind durch Völkergewohnheitsrecht bzw. durch Vertrag bestimmt.
2. Die Staaten sind nach eben diesen Völkerrechtsbestimmungen verpflichtet, nationales Strafrecht zu erlassen, das im Falle einer Verletzung des international geschützten Rechtsguts eine Bestrafung unabhängig vom Tatort und von der Nationalität des Täters oder Opfers gewährleistet.[492]

2. *Völkerstrafrecht und humanitäres Völkerrecht*

Während das Weltrechtsprinzip immer in einen Straftatbestand des nationalen Strafrechts übernommen werden muss, besteht eine Strafbarkeit nach Völkerstrafrecht unmittelbar aus einer vertraglichen oder gewohnheitsrechtlichen Völkerrechtsnorm.[493] Erstmals wurde ein solches Sanktionssystem nach Völkerstrafrecht mit den Art. 227 bis 229 Versailler Vertrag[494] beschlossen, die die deutschen Kriegsverbrecher vor Gericht bringen sollten. Nach den Bestimmungen des Vertrages sollte sich Wilhelm II. wegen „schwerster Verletzungen des internationalen Sittengesetzes und der Heiligkeit der Verträge“ verantworten und die übrigen wegen des Verstoßes gegen die Gesetze und Gebräuche des Krieges an-

---

489 Sandoz, in: Bassiouni (Hrsg.), International Criminal Law, S. 393 (397).
490 Simma/Paulus, in: AJIL, vol. 93, 1999, S. 302 (310 f.).
491 Oehler, Internationales Strafrecht: Geltungsbereich des Strafrechts, Rn. 844.
492 Ipsen, in: Ipsen, Völkerrecht, § 42 I.
493 Ebenda.
494 RGBl. 1919 II, S. 687.

geklagten Personen sollten gemäß Art. 228 von Deutschland an die jeweiligen Staaten ausgeliefert werden.[495] Dass letzten Endes keiner dieser Prozesse stattfand, liegt an der im Souveränitätsgedanken verankerten Abwehrhaltung der Staaten gegen jede Einmischung von außen: Die Niederlande weigerten sich, den Asyl suchenden Kaiser auszuliefern[496] und die US-Amerikaner lehnten eine strafrechtliche Verantwortlichkeit des deutschen Monarchen ab, da ein Staatsoberhaupt als "sovereign agent of a state" nicht unter die Jurisdiktionsgewalt eines anderen Staates fallen könne.[497]

Von dieser Position rückte man erst zwei Jahrzehnte später ab, als mit dem Statut für den Internationalen Militärgerichtshof von Nürnberg der Grundstein für die Strafverfolgung der Kriegsverbrecher des Zweiten Weltkriegs gelegt wurde.[498] Die internationale Verfolgung von Kriegsverbrechen gehörte nun "among the major purposes of the war"[499]. Zu diesem Zweck hatten die Alliierten bereits 1943 die United Nations War Crime Commission (UNWCC) gegründet, deren Aufgabe es war, Kriegsverbrecherlisten zu erstellen und Beweise zu sichern. Am 8. August 1945 schlossen die Siegermächte das Londoner Viermächte-Abkommen über die Verfolgung und Bestrafung der Hauptkriegsverbrecher der europäischen Achsenmächte.[500] Der Prozess begann am 20. November 1945 und be-

---

495 Dafür waren sowohl nationale Militärgerichte vorgesehen, die für die strafbaren Handlungen gegen eigene Staatsangehörige zuständig sein sollten, Art. 229, als auch ein international besetztes Militärgericht für die strafbaren Handlungen gegen Staatsangehörige mehrerer Mächte.

496 „Wenn in der Zukunft durch den Völkerbund eine internationale Rechtsprechung geschaffen werden sollte, die befugt wäre, im Falle eines Krieges über die Taten Recht zu sprechen, die durch ein vorher ausgearbeitetes Statut zu Verbrechen gestempelt und als solche sanktioniert sind, dann werden die Niederlande sich der neuen Ordnung der Dinge anschließen", Antwortnote der niederländischen Regierung auf das Auslieferungsverlangen der Alliierten und Assoziierten Mächte betreffend den ehemaligen Deutschen Kaiser vom 21. Januar 1920, abgedruckt bei Grewe, Fontes historiae iuris gentium, Nr. 95.

497 Woetzel, The Nuremberg Trials in International Law, S. 29 mit Hinweisen auf den Entscheid des US Supreme Court Schooner Exchange v. McFaddon and Others. Die Vorbehalte der USA sind abgedruckt in: AJIL 1920, S. 127 ff.

498 Herdegen, Völkerrecht, § 61 Rn. 1; Ipsen/Ipsen, Völkerrecht, § 42 Rn. 13; Kimminich/Hobe, Einführung in das Völkerrecht, S. 242; Tomuschat, in: EA 1994, S. 61 (61); Vitzthum, Völkerrecht, Kap. VII, Rn. 40.

499 Jescheck, Die Verantwortlichkeit der Staatsorgane nach Völkerstrafrecht, S. 121 f.

500 Text in: AJIL, vol. 39, 1945, Suppl. 257 ff; siehe auch das Avalon-Projekt der Yale Law School unter http://www.yale.edu/lawweb/avalon/imt/imt.htm. Später traten dem Abkommen 19 weitere Staaten bei. Diese Beitrittsmöglichkeit ist in Art. 5 des Londoner Abkommens vorgesehen. Bestandteil dieses Vertrages war auch das als Anhang beigefügte Statut des Internationalen Militärgerichtshofs.

reits am 1. Oktober wurden die Urteile verkündet.[501] Zwölf der 24 angeklagten Hauptkriegsverbrecher wurden zum Tod durch Erhängen verurteilt, nur drei der Angeklagten wurden freigesprochen.[502]

Mit dem Nürnberger Prozess waren zwei entscheidende Neuerungen für die Entwicklung des Völkerstrafrechts eingetreten: Zum einen formulierte Art. 6 des Statuts einen Straftatenkatalog, der Verbrechen gegen den Frieden, Kriegsverbrechen, d. h. die Verletzung der Kriegsgesetze oder Gebräuche, und Verbrechen gegen die Menschlichkeit erfasste und an dem sich bis heute das Völkerstrafrecht orientiert.[503] Zum anderen zogen erstmals internationale Gerichte auf der Grundlage des Völkerrechts Einzelpersonen unmittelbar strafrechtlich zur Verantwortung, ohne dass völkerrechtliche und innerstaatliche Immunitäten[504] oder entgegenstehendes innerstaatliches Recht Gültigkeit beanspruchen konnten.

Kriegsverbrechen auf Seiten der Alliierten, wie der Abwurf der Atombombe auf Hiroshima und Nagasaki und die Bombenangriffe auf deutsche Städte, sind jedoch nie Gegenstand eines Verfahrens geworden. Deshalb und da die Spruchkörper des Tribunals nur mit Angehörigen der Siegermächte besetzt waren, ist dem Nürnberger Prozess häufig der Vorwurf einer „Siegerjustiz" gemacht worden. Völkerrechtspolitisch lässt sich dieser Einwand wohl kaum entkräften. Für eine juristische Legitimation kann dagegen auf die nationale Praxis verwiesen werden: Angehörige eines anderen Staates, die Verbrechen gegenüber Staatsangehörigen eines dritten Staates verübt hatten, konnten schon immer nach dem passiven Personalitätsprinzip strafrechtlich von diesem zur Verantwortung gezogen werden.[505]

Im Anschluss an Nürnberg wurden zunächst große Erwartungen an die Entwicklung eines künftigen internationalen Sanktionssystems geknüpft. Nach langer Unterbrechung, während der es bei der innerstaatlichen Bestrafung von Verstö-

---

501 Das Urteil ist veröffentlicht in: Internationaler Militärgerichtshof Nürnberg, Der Nürnberger Prozeß gegen die Hauptkriegsverbrecher, Bd. 1, 1947, S.189 ff.

502 Nach dem Verfahren gegen die Hauptkriegsverbrecher fanden in Nürnberg noch zwölf Folgeprozesse statt. Aufgrund von Unstimmigkeiten zwischen den Alliierten waren diese aber nur noch mit Amerikanern besetzt. Insgesamt wurden in Nürnberg 177 Personen angeklagt. 24 Todesurteile wurden ausgesprochen und in fast 100 Fällen eine Freiheitsstrafe verhängt, 35 Personen wurden freigesprochen.

503 Zimmermann, in: Reginbogin/Safferling (Hrsg.), The Nuremberg Trials, International Criminal Law Since 1945, S. 266 (270 ff.).

504 Zimmermann, S. 266 (274 f.).

505 Ipsen, in: Ipsen, Völkerrecht, § 42 I; Zimmermann, in: Reginbogin/Safferling (Hrsg.), The Nuremberg Trials, International Criminal Law Since 1945, S. 266 (267).

ßen gegen das humanitäre Völkerrecht blieb,[506] konnte jedoch erst mit der Gründung der internationalen Straftribunale für das ehemalige Jugoslawien und für Ruanda in den Jahren 1993/94 ein Entwicklungserfolg erzielt werden. Zusätzlich ist seit 1998 der Internationale Strafgerichtshof gemäß Art. 8 Abs. 1 IStGH-Statut für die Ahndung von Kriegsverbrechen zuständig. Wer nun im bewaffneten Konflikt humanitäres Völkerrecht verletzt, muss damit rechnen, von internationalen Gerichten zur Verantwortung gezogen zu werden.

3. Humanitäres Völkerrecht und strafrechtliche Sanktionen

Nicht jede Verletzung des humanitären Völkerrechts ist strafbar. Das Internationale Straftribunal für das ehemalige Jugoslawien hat in der Rechtssache Tadic vier Voraussetzungen aufgestellt, die für die materielle Strafbarkeit von Verletzungen des humanitären Völkerrechts erfüllt sein müssen:

> *"(i) the violation must constitute an infringement of a rule of international humanitarian law;*
>
> *(ii) the rule must be customary in nature or, if it belongs to treaty law, the required conditions must be met [...];*
>
> *(iii) the violation must be "serious", that is to say, it must constitute a breach of a rule protecting important values, and the breach must involve grave consequences for the victim. Thus, for instance, the fact of a combatant simply appropriating a loaf of bread in an occupied village would not amount to a "serious violation of international humanitarian law" although it may be regarded as falling foul of the basic principle laid down in Article 46, paragraph 1, of the Hague Regulations (and the corresponding rule of customary international law) whereby "private property must be respected" by any army occupying an enemy territory;*
>
> *(iv) the violation of the rule must entail, under customary or conventional law, the individual criminal responsibility of the person breaching the rule."*[507]

Das in Frage stehende Verhalten muss also gemäß Voraussetzung (i) eine Norm des humanitären Völkerrechts verletzen. Kriegsverbrechen bilden damit anders als die Tatbestände der Verbrechen gegen die Menschlichkeit und des Völker-

---

506 Aber auch auf innerstaatlicher Ebene kam es kaum zu Verfahren wegen Verstößen gegen das humanitäre Völkerrecht, Meron, in: AJIL, vol. 89, 1995, S. 554 (554).

507 ICTY, The Prosecutor v. Tadic, Decision on the defence motion of interlocutory appeal on jurisdiction, 2 October 1995, Case no. IT-94-1-AR72, § 94.

mordes keine autonome, sondern eine akzessorische Rechtsmaterie. Während die Strafbarkeit von Menschenrechtsverletzungen und Völkermord in eigenständigen Tatbeständen völkerrechtlich niedergelegt ist, liegt einem Kriegsverbrechen immer ein Verstoß gegen eine Regel des humanitären Völkerrechts zugrunde. Daraus folgt zugleich Punkt (ii), wonach alle Voraussetzungen für die Anwendbarkeit der Norm des humanitären Völkerrechts vorliegen müssen.

Nach Voraussetzung (iii) können nur wesentliche Verstöße gegen das humanitäre Völkerrecht Kriegsverbrechen sein. Der vom ICTY in der Rechtssache Tadic als Beispiel angeführte Diebstahl eines Laibes Brot kann die Interessen der Weltgemeinschaft nicht allein deshalb berühren, weil er in einem bewaffneten Konflikt begangen wurde. Wann aber die Schwelle einer wesentlichen Verletzung des humanitären Völkerrechts erreicht ist, bleibt letztlich eine am Schutzzweck der Norm orientierte Entscheidung im Einzelfall. Wird die körperliche Integrität einer Person ernsthaft verletzt oder ihr Leben gefährdet, ist stets von einer wesentlichen Verletzung des humanitären Völkerrechts auszugehen. Bei Eigentumsverletzungen ist eine Tat dagegen nur dann nach Völkerrecht strafbar, wenn nicht nur unerhebliche Werte beeinträchtigt sind. Noch schwerer fällt die Entscheidung, wenn die Tat keine konkrete Verletzung oder Gefährdung von Individualrechtsgütern zur Folge hat.

Voraussetzung (iv) ergibt sich aus der Völkerrechtsordnung selbst, die zunächst nur Staaten als Adressaten ihrer Bestimmungen kennt. Eine individuelle strafrechtliche Verantwortlichkeit erfordert aber immer, dass eine humanitäre Bestimmung auch eine Verhaltenspflicht für den Einzelnen begründet.[508] So entsteht beispielsweise im Rahmen der schweren Verletzungen der Genfer Abkommen eine strafrechtliche Verantwortlichkeit einer Einzelperson nur dann, wenn diese für den verpflichteten Staat Entscheidungsträger ist: Die Verpflichtung aus Art. 15 und 26 GAbk. III, Kriegsgefangene ausreichend zu verpflegen, trifft zunächst nur den Gewahrsamstaat.[509] Ordnet aber die militärische Führung eines Staates ein Zuwiderhandeln gegen diese Bestimmungen an, so verletzen die verantwortlichen Personen Art. 26 GAbk. III. Denn die Entscheidung wurde für den Gewahrsamsstaat getroffen und die Akteure haben die Pflicht, die an den Staat gerichtete Norm zu beachten. Enthält hingegen ein Einzelner ohne staatliche Billigung Kriegsgefangenen Teile der Nahrungsration vor, so ist Art. 26 GAbk. III nicht verletzt, da hier der Täter nicht für den Gewahrsamsstaat han-

508 Meron, in: EJIL, vol. 9, 1998, S. 18 (24).
509 Commentaire III, Pictet (Hrsg.), S. 208.

delt.[510] Ob eine Norm des humanitären Völkerrechts daher Einzelnen Verpflichtungen auferlegt, ist nur im Einzelfall und unter Berücksichtigung der Position und der Funktion des Handelnden zu entscheiden.

II. Nachweis von völkergewohnheitsrechtlich anerkannten Bürgerkriegsverbrechen in der Rechtssache Tadic des Jugoslawientribunals

Mehr noch als das humanitäre Völkerrecht hat das Souveränitätsprinzip das Völkerstrafrecht beeinflusst. Kriegsverbrechen sind zwar in internationalen bewaffneten Konflikten strafbar, für die gleichen Verletzungshandlungen in nicht-internationalen bewaffneten Konflikten wurde ein Strafcharakter des humanitären Rechts dagegen immer abgelehnt. Art. 3 GAbk. und die Bestimmungen des II. Zusatzprotokolls enthielten Verhaltensgebote, aber keine Strafvorschriften.[511] Der gemeinsame Art. 3 GAbk. eröffnet beispielsweise die Möglichkeit der humanitären Hilfe durch das Internationale Rote Kreuz und Art. 19 ZP II schreibt die Verbreitung des Protokolls vor. Darüber hinaus bestimmt Art. 6 Abs. 5 ZP II ganz im Gegensatz zu einer Bestrafungspflicht, dass die Kampfparteien am Ende der Feindseligkeiten sich bemühen „eine möglichst weitgehende Amnestie zu gewähren“. Plattner stellt dazu fest:

> *„Die Regeln, die eine individuelle internationale Verantwortlichkeit für die Verletzung des in nicht internationalen bewaffneten Konflikten anwendbaren humanitären Völkerrechts vorsehen, müssen noch geschaffen werden.“*[512]

Als das Internationale Straftribunal für das ehemalige Jugoslawien errichtet wurde, war es jedoch keineswegs die Absicht des UN-Sicherheitsrats, mit Hilfe dieser Institution neues Recht in Form von Bürgerkriegsverbrechen zu schaffen. Dennoch wurde die Entscheidung der Berufungskammer des ICTY in der Rechtssache Tadic entscheidend für die Entwicklung einer individuellen strafrechtlichen Verantwortlichkeit in nicht-internationalen bewaffneten Konflikten.

---

510 Etwas anderes gilt, wenn durch die Vorenthaltung von Nahrung die Gesundheit der Kriegsgefangenen ernsthaft geschädigt wird. Hier könnte eine schwere Verletzung des III. GAbk. in Betracht kommen, für die sich der Einzelne verantworten müsste.

511 Ambos, S+F, Heft 1, 2000, S. 12 (18).

512 Plattner, in: IRRC 1990, S. 443 (453 f.); siehe auch Kokott, in: ZaöRV, Bd. 47, 1987, S. 506 (510).

1. Zum Jugoslawientribunal

a) Resolutionen 808 und 827

Geschaffen wurde das Internationale Straftribunal für das ehemalige Jugoslawien im Wege der Resolutionen 808 vom 22. Februar 1993 und 827 vom 25. Mai 1993,[513] womit der UN-Sicherheitsrat rechtliches Neuland betrat. Alle bisherigen Pläne zur Errichtung einer internationalen Strafinstanz gingen von einer Einrichtung auf vertraglicher Basis aus. Auch das Internationale Militärtribunal von Nürnberg war durch einen Vertrag ins Leben gerufen worden. Denn vorherrschend war die Vorstellung, dass die Abtretung des Rechts auf Strafverfolgung nicht ohne die Zustimmung der betroffenen Staaten erfolgen konnte, da in einen souveränitätsempfindlichen Bereich eingriffen wurde.[514]

Der UN-Sicherheitsrat legitimierte nun seinen Schritt, indem er klarstellte, dass allein deshalb keine Souveränitätsrechte der Staaten betroffen seien, da die nationale Souveränität nie unbegrenzt gelte, sondern immer durch die Kompetenzen des Sicherheitsrates nach Kapitel VII UN-Charta eingeschränkt sei.[515] Dass nach Kapitel VII UN-Charta auch die Errichtung eines Gerichtshofs möglich ist, folgt aus der Tatsache, dass die dort benannten Maßnahmen nicht abschließend gemeint sind. Der Sicherheitsrat kann so zur Friedenssicherung alle Mittel ergreifen, die ihm geeignet erscheinen, seiner Aufgabe gerecht zu werden.[516] Indem der Sicherheitsrat die Einrichtung des Jugoslawientribunals als eine friedenssichernde Zwangsmaßnahme im Sinn der Art. 41, 42 UN-Charta einstufte, bedurfte es keiner weiteren Anerkennung des neuen Straftribunals durch die Staaten, auch nicht durch die Nachfolgestaaten des ehemaligen Jugoslawien.

Für die Delikte, denen das Weltrechtsprinzip zugrunde liegt, ist eine Strafverfolgung ohnehin unabhängig vom Tatort und der Nationalität des Opfers bzw. des Täters durch jeden beliebigen Staat möglich,[517] so dass hier die nationale Souveränität von vornherein eingeschränkt ist. Daher kann sie auch nicht von einer auf diesem Prinzip aufbauenden internationalen Gerichtsbarkeit verletzt werden.[518]

---

513 UN Security Council S/RES/808 (1993) on the International Criminal Tribunal for the Former Yugoslavia (ICTY) vom 22. Februar 1993; UN Security Council S/RES/827 (1993) vom 25. Mai 1993.

514 Oellers-Frahm, in: ZaöRV, Bd. 54, 1994, S. 416 (417).

515 Kreß, EuGRZ 1996, S. 638 (640).

516 Kreß, S. 638 (641).

517 Heintschel von Heinegg, Casebook Völkerrecht, S. 238.

518 Kreß, EuGRZ 1996, S. 638 (642 f.).

b) *Organisation*

Das Tribunal setzt sich aus drei Hauptorganen zusammen. Neben dem eigentlichen Rechtsprechungsorgan gibt es ein Strafverfolgungsorgan sowie das Sekretariat. Die Leitung des Gerichts obliegt dem Präsidenten, der aus der Mitte der Richter gewählt wird.[519] Sitz des Tribunals ist Den Haag.

Das Rechtsprechungsorgan besteht aus mehreren Kammern, die einen zweistufigen Instanzenzug bilden. Neben der von fünf Richtern besetzten Berufungskammer (Appeal Chamber) gab es ursprünglich nur zwei erstinstanzliche Verfahrenskammern (Trial Chambers), die aus jeweils drei Richtern bestanden. Seit Ende 1998 existiert zusätzlich noch eine dritte Verfahrenskammer.[520] Zurzeit sind damit vierzehn hauptamtliche Richter am Tribunal beschäftig. Bei der Wahl der Richter sind alle Mitgliedstaaten der Vereinten Nationen vorschlagsberechtigt, der Sicherheitsrat erstellt aus den eingehenden Vorschlägen eine vorläufige Auswahlliste und die Generalversammlung trifft im Anschluss die endgültige Entscheidung (Art. 13 ICTY-Statut). Weniger umfangreiche Beteiligungsrechte gibt es dagegen bei der Wahl des Chefanklägers. Gemäß Art. 16 ICTY-Statut schlägt der UN-Generalsekretär vor und der Sicherheitsrat ernennt.

c) *Historische Hintergründe*

aa) *Balkankonflikt*

Die Ursachen des gewaltsamen Zusammenbruchs Jugoslawiens sind im Staatsbildungsprozess des Landes zu suchen, der insbesondere durch die Person des zeitlebens amtierenden Staatspräsidenten Tito vorangetrieben und verkörpert wurde. Jugoslawien wurde 1945 als föderative Volksrepublik gegründet und setzte sich aus den sechs Republiken Slowenien, Kroatien, Bosnien-Herzegowina, Serbien, Montenegro und Mazedonien und den zwei autonomen Provinzen Vojvodina und Kosovo zusammen. Diese wurden unter dem Machtmonopol der Kommunistischen Partei (KP) zusammengehalten, deren Führung seit den fünfziger Jahren eine Dezentralisierung der politischen Herrschaft in der bis dahin nur nominell bestehenden Förderation anstrebte. Diese Scheindemokratie sollte einerseits die Legitimität des Regimes sichern, andererseits galt es, den Eindruck eines serbisch dominierten Jugoslawiens zu vermeiden, weshalb die

---

519 Die verschiedenen Positionen sind abrufbar unter: http://www.un.org/icty/glance/keyfig-e.htm.

520 ICTY Annual Report 1999, § 12; abrufbar unter: www.un.org/icty/rappannu-e/1999/index.htm.

Republiken 1974 zu selbstständigen, in ökonomischen und politischen Entscheidungsbefugnissen weitgehend unabhängigen Gliedstaaten aufgewertet wurden. Politische Loyalität konnte sich die KP dabei weiterhin im regionalen Bereich in den so genannten Arbeiterselbstverwaltungen über ein Austauschsystem von sozialen Privilegien gegen politische Unterstützung sichern.[521]

Der Tod Titos und schwere ökonomische Probleme führten zu Beginn der achtziger Jahre die Republik in eine politische Krise. Ausschlaggebend wurde, dass die von transnationalem Kapital abhängigen Teilrepubliken, sich über die Verteilung der finanziellen Mittel uneins waren: Während Kroatien und Slowenien als die wohlhabenden Republiken größere Teile der bei ihnen erwirtschafteten Mittel für sich beanspruchten, verlangten die ärmeren Republiken Serbien und Mazedonien einen höheren Anteil als Ausgleich für die schlechte Wirtschaftslage. Der Ausbau der Infrastruktur und des Handels hatte sich in den letzten Jahrzehnten ohnehin nur innerhalb der Republiken vollzogen, nun zeichnete sich auch in diesem Streit eine getrennte Öffentlichkeit ab, die an bestehende südslawische Ethnien anknüpfen konnte. Diese nationalen Denkkategorien und die ökonomische Krise griffen die politischen Machthaber auf allen Seiten als willkommene Gelegenheit gezielt auf. Nationaler Verdrängungswettbewerb, das Machtstreben einzelner Nationalitäten und die Benachteiligung ethnischer Minderheiten wurden zu Propagandameldungen und damit zur Legitimation der Gewaltbereitschaft.[522]

Während in dieser Stimmung Slowenien und wenig später auch Kroatien die Reformierbarkeit des jugoslawischen Staates anzweifelten und sich für einen Pluralismus und eine freie Marktwirtschaft nach westlichem Modell aussprachen, strebte die serbische Führung einen zentralistischen serbisch-nationalen Staat Jugoslawien an.[523] Der Sog der politischen Umwälzungen in den anderen sozialistischen Staaten Osteuropas 1989/90 und die ersten freien Wahlen 1990 in einigen Republiken, die mehrheitlich von nationalistisch orientierten Parteien gewonnen wurden, machten eine separatistische Entwicklung unaufhaltsam. Am 25. Juni 1991 proklamierten zunächst Slowenien und Kroatien ihre Unabhängigkeit, was von Teilen der jugoslawischen Führung als Verfassungsbruch interpretiert wurde. Die Belgrader Führung versuchte unter maßgeblichem Einfluss von Milošević die Unabhängigkeit mit Hilfe der Jugoslawischen Volksarmee

---

521 Hensell, www.sozialwiss.uni-hamburg.de/publish/Ipw/Akuf/kriege/228_slowenien.htm, S. 1(1).

522 Hensell, S. 1 (3).

523 Hensell, S. 1 (2).

(JNA) zu verhindern. Bereits im Juni 1991 kam es in Slowenien zu ersten Kämpfen zwischen der jugoslawischen Armee und den slowenischen Streitkräften, im Sommer 1991 begannen die Kämpfe in Kroatien und erste gewaltsame Unruhen wurden aus Bosnien-Herzegowina gemeldet.

bb) Projekt für den Frieden

Die Gewalt, die 1991 Jugoslawien erfasste, ist kein einmaliges Ereignis in der Geschichte des Balkans, sondern vielmehr Teil immer wiederkehrender Gewaltzyklen, die Jahrhunderte zurückgehen. Mit der Einsetzung des Jugoslawientribunals verfolgte der Sicherheitsrat ein mehrfaches Ziel:[524] Wie immer im Strafrecht ging es zum einen um spezial- und generalpräventive Zwecke, d. h. die tatsächlichen Täter sollten zur Verantwortung gezogen werden und potenziellen künftigen Tätern wollte man vorbeugen.[525]

Neben diesem individuellen Bezug sollte ein Beitrag zur Stabilisierung bzw. Wiederherstellung des nationalen Rechtsbewusstseins geleistet werden. Erklärt werden die Gewaltzyklen auf dem Balkan u. a. damit, dass nie Gerechtigkeit erreicht worden sei.[526] Nie sei jemand für die früheren Verbrechen haftbar gemacht worden.

> *„Indem sich die Täter immer wieder ungestraft in den Schoß der Volksgemeinschaft zurückziehen konnten, wurden ihre Taten zur Tat dieser Gemeinschaft."*[527]

Das ICTY umschreibt diesen Teufelskreis folgendermaßen:

> *"If responsibility for the appalling crimes perpetrated in the former Yugoslavia is not attributed to individuals, then whole ethnic and religious groups will be held accountable for these crimes and branded as criminal. In other words, "collective responsibility" – a primitive and archaic concept – will gain the upper hand; eventually whole groups will be held guilty for massacres, torture, rape, ethnic cleansing, the wanton destruction of cities and villages. The history of the region clearly shows that clinging to feelings of "collective responsibility" easily degenerates into resentment, hatred and frustration and inevitably leads to further violence and crimes."*[528]

---

524 ICTY Annual Report 1994, § 11 ff.; abrufbar unter: www.un.org/icty/rapportan/first-94.htm.

525 Triffterer, in: Gössel (Hrsg.), Gedächtnisschrift für Heinz Zipf, S. 493 (549).

526 Wäspi, in: NJW 2000, S. 2449 (2457).

527 Ebenda.

528 ICTY Annual Report, § 16; abrufbar unter: www.un.org/icty/rapportan/first-94.htm.

Mit der Individualisierung der Taten durch den Gerichtshof wollte man nun erreichen, dass alte, nie vergoltene „Legenden“ nicht länger neue Gewalt rechtfertigten.[529] Die Richter sahen ihre Aufgabe daher auch nicht auf den normalen Gerichtsfunktionen wie der Ermittlungsarbeit und der Bestrafung der Schuldigen begrenzt, zusätzlich müsste ein Beitrag zum Frieden auf dem Balkan geleistet werden.

> *„Wahrheitsfindung ist ein Eckpfeiler des Rechtsstaates und ein fundamentaler Schritt Richtung Versöhnung; denn es ist die Wahrheit, die den ethnischen und religiösen Hass säubert und den Heilungsprozess beginnt.“*[530]

Zusammengefasst lassen sich diese Punkte als eine nach innen gerichtete Zielsetzung des Tribunals beschreiben. In Jugoslawien wollten die Vereinten Nationen mit seiner Hilfe ein Ende der Verbrechen herbeiführen, effektive Maßnahmen zur Verfolgung von Kriegsverbrechen ergreifen und den Kreislauf von Verbrechen durch die Wiederherstellung von Gerechtigkeit und Frieden beenden. Nach außen ging es daneben aber auch darum, ein Zeichen zu setzen, dass die internationale Gemeinschaft nicht länger gewillt war, schwere Kriegsverbrechen und Menschenrechtsverletzungen zu dulden.[531]

d) Nullum crimen sine lege

Einer der Hauptkritikpunkte gegenüber dem Tribunal von Nürnberg lautete, seine Rechtsprechung habe gegen das Verbot des rückwirkenden Strafens verstoßen, weil die Tatbestände, aufgrund derer die Angeklagten schuldig gesprochen wurden, zum Zeitpunkt der Tatbegehung noch gar nicht strafbar gewesen seien. Als das Straftribunal für das ehemalige Jugoslawien errichtet wurde, wollte man diesem Vorwurf keinen Raum lassen.[532] Der UN-Generalsekretär betonte, dass das vom Jugoslawientribunal anzuwendende Recht aus Regeln des humanitären Völkerrechts bestehen müsse, “which are beyond any doubt part of customary law“[533]. Denn nur so könne ausgeschlossen werden, dass der *nullum-crimen-sine-lege*-Grundsatz verletzt werde.

---

529 Wäspi, S. 2449 (2457).

530 ICTY, The Prosecutor v. Erdemović, Trial Chamber II Judgement, 5 March 1998, Case no. IT-96-22-T, § 21.

531 So die Ausführungen von Vertretern der Vereinten Nationen bei der Eröffnungssitzung des Tribunals im November 1993, in: FAZ vom 18. November 1993, S. 9.

532 Oellers-Frahm, in: ZaöRV, Bd. 54, 1994, S. 416 (420).

533 Report of the Secretary-General pursuant to paragraph 2 of Security Council Res. 808 (1993), UN-Doc. S/25704, § 34.

aa) Materielles Recht

Die Zuständigkeit des Tribunals beschränkt sich materiellrechtlich gemäß Art. 1 ICTY-Statut auf „schwere Verstöße gegen das humanitäre Völkerrecht". Eine Konkretisierung der strafbaren Handlungen findet sich in den nachfolgenden Artikeln, wobei vier Tatbestandsgruppen zu unterscheiden sind: 1. Schwere Verletzungen der Genfer Abkommen, 2. Verletzungen der Gesetze und Gebräuche des Krieges, 3. Völkermord und 4. Verbrechen gegen die Menschlichkeit. Jede dieser Tatbestandgruppen umfasst wiederum eine Vielzahl von Einzelhandlungen.

Die einzelnen Verletzungshandlungen der schweren Verletzungen der Genfer Abkommen sind in Art. 2 ICTY-Statut in einem Sieben-Punkte-Katalog aufgeführt. Dazu zählen die vorsätzliche Tötung, Folter wie auch die vorsätzliche Verursachung großen Leidens. Zusätzlich werden die übermäßige Zerstörung fremden Eigentums, die Verschleppung und Geiselnahme von Zivilpersonen und die Verweigerung eines fairen Verfahrens genannt.

Die zweite Tatbestandsgruppe in Art. 3 ICTY-Statut zur Verletzung der Gesetze und Gebräuche des Krieges nimmt Bezug auf die zentralen Vorschriften der Haager Landkriegsordnung von 1907[534], die die Behandlung von Kriegsgefangenen regelt und bestimmte Methoden der Kriegsführung verbietet.

Art. 4 ICTY-Statut bestimmt die Strafbarkeit des Völkermordes. Die Vorschrift ist in ihrer Formulierung eng an Art. II und III der Konvention über die Verhütung und Bestrafung des Völkermordes von 1948 angelehnt.

Art. 5 ICTY-Statut betrifft die Verbrechen gegen die Menschlichkeit. Danach sind Mord, Vernichtung, Versklavung, Deportation, Gefangenhaltung, Folter, Vergewaltigung und die Verfolgung aus politischen, rassischen und religiösen Gründen strafbar. In einer Generalklausel sind alle sonstigen „unmenschlichen Akte" erfasst.

Im Rahmen von Art. 4 ICTY-Statut kommt es nicht auf das Vorliegen einer bestimmten Konfliktform an, da die Bestimmungen der Konvention nicht Teil des Kriegsrechts, sondern des allgemeinen internationalen humanitären Rechts sind. Auch Art. 5 ICTY-Statut ist unabhängig von der Qualifikation des Konfliktgeschehens anzuwenden.[535] Zur entscheidenden Rechtsfrage wurden hingegen die

---

534 RGBl. 1910, S. 107.

535 Leiß, Internationaler Strafgerichtshof und Jugoslawientribunal, S. 38.

Anwendungshürden der Art. 2 und 3 ICTY-Statut.[536] Denn die dort genannten Kriegsverbrechen können nur strafbar sein, wenn die Taten im Rahmen eines internationalen Konflikts begangen wurden. Dies galt allein schon deshalb, da nach traditionellem Verständnis keine völkerrechtlichen Strafnormen für nicht-internationale bewaffnete Konflikte existierten.[537]

bb) Rechtsnatur des Jugoslawienkonflikts

Das Internationale Komitee vom Roten Kreuz vertrat noch im März 1993 in einer Kommentierung zum ICTY-Statut die Auffassung, dass sich die Strafbarkeit für Verletzungen des humanitären Völkerrechts auf internationale Konflikte beschränke.[538] Im Hinblick auf den *nullum-crimen-sine-lege*-Grundsatz war danach nur eine Schlussfolgerung möglich. Der Konflikt in Jugoslawien musste ein internationaler bewaffneter Konflikt sein.

Dass der Konflikt um Jugoslawien jedoch als rein innerstaatliche Auseinandersetzung begann, ist nie bestritten worden; auch nicht, dass er im späteren Verlauf des Krieges internationalisiert wurde. Gestritten wird um den exakten Zeitpunkt dieser Rechtsänderung, da Art. 8 ICTY-Statut die zeitliche Zuständigkeit des Gerichtshofs auf solche Taten beschränkt, die seit dem 1. Januar 1991 begangen wurden. Wären also Internationalisierung und zeitlicher Zuständigkeitsbereich des Tribunals deckungsgleich, wären die Anwendungshürden der Art. 2 und 3 ICTY-Statut in jedem Fall erfüllt gewesen.

Als frühest möglicher Zeitpunkt der Entstehung einer zwischenstaatlichen Auseinandersetzung wird jedoch erst der 25. Juni 1991[539] genannt, als Kroatien und Slowenien ihre Unabhängigkeit proklamierten.[540] Laut Oeter lässt sich sogar erst für den Herbst 1991 „ein eindeutiger Wandel in der Rechtsnatur des Konfliktes" feststellen: Vom Jahreswechsel 1991/92 an sei der Jugoslawienkrieg ein klassischer internationaler Konflikt im Sinne der Genfer Abkommen gewesen.[541] Meron nennt als entscheidende Faktoren für den veränderten Rechtscharakter

---

536 Report of the Secretary-General, UN Doc. S/25704, §§ 33-40.

537 Siehe Kapitel 4 I.

538 Meron, in: AJIL, vol. 89, 1995, S. 554 (559).

539 Art. 10 des amerikanischen Entwurfs des Statuts sieht ausdrücklich vor, dass der Jugoslawienkrieg ab dem 25. Juni 1991 als ein Konflikt internationalen Charakters betrachtet werden solle (UN Doc. S/25575, 6); ebenso Art. 1 des italienischen Entwurfs, UN Doc. S/25300, 2.

540 Tomuschat, in: EA 1994, S. 61 (63).

541 Oeter, in: ZaöRV, Bd. 53, 1993, S. 1 (15).

des Konflikts die Anerkennung Sloweniens, Kroatiens und Bosnien-Herzegowinas[542] durch neutrale Staaten, die Anerkennung durch die UNO[543] und die zwischen den Konfliktparteien geschlossenen Vereinbarungen über die Anwendung internationaler Konventionen.[544] Weller will sezessionistischen Gebilden unter bestimmten Voraussetzungen eine partielle Völkerrechtssubjektivität zusprechen, bevor sie die Merkmale eines souveränen Staates[545] erfüllen:

> *"Once negotiations have been exhausted and a referendum has confirmed the popular desire for independence, the seceding entity enjoys elements of international personality, derived from the right of self-determination."*

Folgt man der Rechtsprechung des Tribunals, so zeigt sich, dass immer eine Entscheidung im Einzelfall notwendig ist. Allein für Bosnien-Herzegowina kam das Gericht zu unterschiedlichen Ergebnissen: Im Fall Rajic erkannte es die internationale Rechtsnatur des Konflikts aufgrund der direkten militärischen Beteiligung Kroatiens in Bosnien an, "as a result of the significant and continuous military intervention of the Croatian Army in support of the Bosnian Croats, the domestic conflict between the Bosnian Croats and their Government in Central Bosnia became an international armed conflict"[546]. Im Fall Tadic hingegen hatte es das Vorliegen eines internationalen Konflikts verneint, da die direkte Beteiligung der Jugoslawischen Volksarmee nicht hinreichend bewiesen werden konnte.[547] Damit existierte während des Jugoslawienkonflikts ein Zeitraum, in dem mangels strafrechtlicher Normen für nicht-internationale Konflikte Straffreiheit bestand. In der Rechtssache Tadic wurde daher die Frage entscheidend, ob Art. 2 und 3 ICTY-Statut auf nicht-internationale Konfliktkonstellationen Anwendung finden. Jedoch musste ihre Anwendung aufgrund des *nullum-crimen-sine-*

---

542 Slowenien und Kroatien wurden am 23. Dezember 1991 von Deutschland und am 15. Januar 1992 von allen weiteren Staaten der EG, ferner von Österreich, der Schweiz, Kanada, Norwegen, Bulgarien und Ungarn anerkannt. Bosnien Herzegowina wurde von der EG am 6. April 1992 als unabhängiger Staat anerkannt. vgl. Hummer, in: SZIER 1993, S. 425 (440).

543 Obwohl die Anerkennung eines Staates gem. der herrschenden Lehre keine konstitutive Wirkung hat, muss ihr doch Bedeutung zugemessen werden. Verdross/Simma sprechen in diesem Zusammenhang von einer „kräftigen Geburtshilfe seitens der UNO"; vgl. Verdross/Simma, Universelles Völkerrecht, Rn. 385, 961 ff.

544 Meron, in: AJIL, vol. 88, 1994, S. 78 (81).

545 Verdross/Simma, Rn. 378 ff.

546 ICTY, The Prosecutor v. Rajic, Decision of Trial Chamber II on Review of Indictment Pursuant to Rule 61, 13 September 1996, Case no. IT-95-12-R61, § 21.

547 Siehe Kapitel 2 IV.3.a).

lege-Grundsatzes auf bereits vorhandenes Völkergewohnheitsrecht gestützt werden.

2. *Erweiterung der schweren Verletzungen der Genfer Abkommen auf nicht-internationale bewaffnete Konflikte (Art. 2 ICTY-Statut)*

Ausgehend vom Wortlaut des Art. 2 ICTY-Statut, der das Tribunal berechtigt, „Personen zu verfolgen, die schwere Verletzungen der Genfer Abkommen vom 22. August 1949 begehen oder anordnen", wurde die Möglichkeit einer Anwendung dieser Bestimmung auf nicht-internationale bewaffnete Konflikte diskutiert. Dabei stand in Frage, ob Art. 2 einen internationalen Sachverhalt voraussetzt oder als bloßer Verweis auf die Straftatbestände der Genfer Abkommen ohne besondere Anwendungshürde zu verstehen ist. Die erstinstanzliche Verfahrenskammer in der Rechtssache Tadic wollte den Hinweis auf die Genfer Abkommen als ein Herausstellen des gewohnheitsrechtlichen Charakters der Genfer Regelungen interpretieren, "[without] importing into the Statute the whole of the terms of the Conventions, including the reference in common article 2 of the Geneva Conventions to international conflicts"[548]. Damit wäre das System der schweren Verletzungen auch auf nicht-internationale Konflikte anwendbar gewesen. Die Berufungskammer ist dieser Auslegung des Wortlauts des Art. 2 ICTY-Statut jedoch entgegengetreten. Hätten die Verfasser des Statuts die Absicht gehabt, sämtliche Bestimmungen der Genfer Abkommen auf nichtstaatliche Konfliktkonstellationen zu übertragen, hätten sie sich mit einer Wiedergabe der Vertragstexte zu den schweren Verletzungen begnügt, ohne auf die Genfer Abkommen als ganzes und damit auch auf ihre Anwendungsvoraussetzungen zu verweisen.[549]

Entscheidend wurde daher im Folgenden die Frage, ob sich mittlerweile Völkergewohnheitsrecht herausgebildet hat, d. h. ein Wille der Staatengemeinschaft existiert, die Tatbestände der schweren Verletzungen der Genfer Abkommen auf nicht-internationale Konflikte zu übertragen. Ein solcher Wille setzt zugleich die Bereitschaft voraus, das Weltrechtsprinzip auf innerstaatliche Konfliktformen anzuwenden. Das ICTY hat hierzu festgestellt, dass zwar ein allgemeiner Trend existiere, der die Dichotomie der Regelungsbereiche beider bewaffneter Kon-

548 ICTY, Tadic, TC, 10 August 1995, Case no. IT-94-1, §§ 49 ff.
549 ICTY, Tadic, AC, 2 October 1995, Case no. IT-94-1-AR72, §§ 80 ff.

flikttypen zu beseitigen suche.[550] Jedoch ist dieser nicht so weit fortgeschritten, dass er den Schluss zuließe, die Staaten hätten ihre Haltung aufgegeben, die für den Ausgang der Verhandlungen zu den Genfer Abkommen 1949 und dem II. Zusatzprotokoll 1977 maßgeblich war.[551] Hier hatte man sich gerade für eine Aufrechterhaltung der Dichotomie ausgesprochen.[552] Länder wie die Vereinigten Staaten sind inzwischen zwar bereit, ihre Strafgesetze auch exterritorial anzuwenden. Es fehlt aber weiterhin, auch auf US-amerikanischer Seite, die Bereitschaft, eine ausländische Einmischung in interne Angelegenheiten zuzulassen.[553] Aus diesem Grund weigerten sich die USA, das II. Zusatzprotokoll und das Rom Statut des IStGH zu ratifizieren. Daneben lehnen auch andere Staaten, insbesondere solche die von innerstaatlichen Auseinandersetzungen betroffen sind, eine Ratifizierung des Zusatzprotokolls II ab.[554] Es existiert damit weder ein Staatenkonsens hinsichtlich einer unterschiedslosen Anwendung des Genfer Rechts noch in Bezug auf eine Ausweitung einer Strafverfolgung auf der Grundlage der schweren Verletzungen.

Richter Abi-Saab vertritt für den Konflikt in Bosnien-Herzegowina, der dem Fall Tadic zugrunde lag, eine andere Auffassung, indem er einen Konsens der am Konflikt beteiligten Parteien über die Anwendung der schweren Verletzungen der Genfer Abkommen für Art. 2 ICTY-Statut ausreichen lassen will. In seinem abweichenden Votum führte er dazu an, nicht nur Meinungsäußerungen und Staatenpraxis sollten zur Auslegung des Art. 2 ICTY-Statut herangezogen werden, sondern auch die teleologische Interpretation der Abkommen selbst.[555] Das Genfer Abkommen eröffne gerade in Art. 3 Abs. 3 den Konfliktparteien eines nicht-internationalen bewaffneten Konflikts die Möglichkeit, über die für diese Konflikte vorgesehenen Minimalbestimmungen hinaus humanitäres Völkerrecht im Wege spezieller Vereinbarungen zur Anwendung zu bringen. Gemäß dieser Bestimmung hätten die Konfliktparteien in Bosnien-Herzegowina am 1. Oktober

550 ICTY, Tadic, AC, § 83.

551 Greenwood, in: EJIL, vol. 7, 1996, S. 265 (275 f.).

552 Siehe Kapitel 2 II.3.

553 Siehe die Submission of the Government of the United States of America in der Rechtssache Tadic, AC, 2 October 1995, Case no. IT-94-1-AR72, § 83. Die Berufungskammer führte dazu aus, dass "this statement, unsupported by any authority, does not seem to be warranted as to the interpretation of Article 2 of the Statute." Greenwood, S. 265 (275 ff.).

554 Israel, Türkei, Eritrea, Sudan, Somalia, Sri Lanka, Indien, Indonesien, Pakistan; siehe www.icrc.org.

555 ICTY, Tadic, TC, Separate Opinion of Judge Abi-Saab, 2 October 1995, Case no. IT-94-1-AR72, IV.

1992 die Vereinbarung getroffen, den Straftatenkatalog der schweren Verletzungen auf ihren als nicht-international eingestuften Konflikt anzuwenden. Nutzten die Konfliktbeteiligten wie in Bosnien die Option des Art. 3 Abs. 3 GAbk., so müsse das ICTY in solchen Fällen Art. 2 ICTY-Statut auch auf diese nicht-internationalen bewaffneten Konflikte anwenden.[556] Problematisch ist an dieser Argumentation jedoch, dass spezielle Vereinbarungen in keinem Fall einen generellen Staatenkonsens wiedergeben können, sondern eben immer nur Ausdruck des Willens einiger weniger Vertragsstaaten sind. Die Rechtsprechung des ICTY hat sich aber auf universelles Völkergewohnheitsrecht zu stützen, um keine Präzedenzfälle zu schaffen, die nicht mit dem Willen der Staatengemeinschaft übereinstimmen.[557]

Hinzukommt, dass Art. 2 ICTY-Statut von Verletzungen gegen „Personen oder Sachen, die aufgrund des entsprechenden Genfer Abkommens geschützt sind", spricht. Dieser Bezug des internationalen Genfer Rechts auf ein bestimmtes Schutzobjekt ist Art. 3 GAbk. und ZP II jedoch fremd.[558] Während beispielsweise das IV. Genfer Abkommen eine Inhaftierung von Zivilisten untersagt und das III. Genfer Abkommen Kriegsgefangene zulässt, existiert in den Regelungen für innerstaatliche Konflikte eine solche Unterscheidung gerade nicht. Zudem stellt die Einziehung von Zivilisten in besetzen Gebieten zu Militärzwecken eine schwere Verletzung im Sinne des IV. Genfer Abkommens dar. Im Rahmen interner Konflikte ist es das Recht einer jeden Regierung, im Notfall die Zivilbevölkerung zum Militärdienst heranzuziehen. Ebenso wenig kann die Präsenz von Regierungstruppen im eigenen Staatsgebiet jemals als Okkupation definiert werden.

Neben dogmatischen Gesichtspunkten muss auch die Frage nach der Zweckdienlichkeit einer zwingenden Strafverfolgung nach Genfer Recht gestellt werden. Denn nicht in jedem Fall garantieren Sanktionen ein zukünftiges friedliches

---

556 Judge Abi-Saab: "Thus in their Agreement of 1 October 1992 [über Bosnien-Herzegowina] concerning the implementation of their earlier Agreement of 22 May 1992 which they specifically concluded within the framework of common Article 3 of the Geneva Conventions – they excluded from the obligation to release prisoners those ‚accused of or sentenced for, grave breaches [...]' (Article 3). They thus recognised the applicability of the regime of grave breaches in their on-going conflict, which they had already classified as internal."

557 Anders wäre wohl die Situation einer internationalen Tribunals, das durch einen internationalen Vertrag geschaffen wurde; vgl. das Rom Statut von 1998 und dazu Robinson/von Hebel, in: YIHL, vol. 2, 1999, S. 193 (197).

558 ICTY, Tadic, AC, 2 October 1995, Case no. IT-94-1-AR72, § 81.

Zusammenleben, das es im innerstaatlichen Bereich gerade wiederherzustellen gilt. Ebenso sinnvoll können, wie der Fall Südafrikas und der Truth and Reconciliation Commission zeigen, Dialoge und Ursachenforschung sein. Das zwingende Strafsystem der schweren Verletzungen der Genfer Abkommen lässt eine solche Alternative dagegen von vornherein nicht zu.[559] Eine Anwendung des Art. 2 ICTY-Statut, d. h. die Ausweitung einer Strafbarkeit wegen schwerer Verletzungen des Genfer Rechts, auf innerstaatliche Konflikte muss daher ausgeschlossen sein und wurde so auch von der Berufungskammer im Fall Tadic entschieden.

3. *Eigenständige Begründung strafrechtlicher Verantwortlichkeit*

a) *Art. 3 ICTY-Statut als Auffangtatbestand*

Zur Begründung einer strafrechtlichen Verantwortlichkeit in innerstaatlichen Konflikten blieb dem ICTY Art. 3 ICTY-Statut, der „Verstöße gegen die Gesetze und Gebräuche des Krieges" unter die Sanktionsbefugnis des Tribunals stellt. Der Wortlaut des Art. 3 ICTY-Statut machte es dem Gericht dabei nicht einfach, eine Bestrafungsmöglichkeit herzuleiten, denn er führt aufgrund seiner Formulierung nahezu automatisch zu einer Assoziation mit dem Haager Recht von 1907 und damit zu einer Reihe von Abkommen für internationale Konflikte[560].

Die erstinstanzliche Verfahrenskammer in der Rechtssache Tadic lokalisierte die historischen Wurzeln der „Gesetze und Gebräuche des Krieges" im Amerikanischen Bürgerkrieg, mit der Konsequenz, dass diese Regelungen schon immer unterschiedslos auf alle Arten von Konflikten Anwendung gefunden hätten:

> *"Historically laws and customs of war have not been limited by the nature of the conflict they regulate. The Lieber Code, broadly recognized as the most famous early example of a manual outlining the laws of war for the use of armed forces,*

---

559 Art. 6 Abs. 5 ZP II ; Rowe, in: Revue de droit militaire et de droit de la guerre 1995, S. 149 (158).

560 In der Präambel heißt es: „In der Erwägung, dass bei allem Bemühen, Mittel zu suchen, um den Frieden zu sichern und bewaffnete Streitigkeiten zwischen den Völkern zu verhüten […]". In der englischen Fassung wird der Staatsbezug noch deutlicher: "Seeing that while seeking means to preserve peace and prevent armed conflicts between nations" Artikel 2: „Die Bestimmungen […] finden nur zwischen den Vertragsmächten Anwendung." Zusätzlich ist daran zu erinnern, dass die IV. Haager Konventionen insbesondere in Fällen von Okkupation relevant wird, die denknotwendig nur in einem internationalen Konflikt auftreten können. Siehe Greenwood, in: Fleck (Hrsg.), Handbuch des humanitären Völkerrechts, S. 201-300, § 120.

and one of the first attempts to codify the laws of land warfare, was drafted to regulate the conduct of the United States armed forces during the American Civil War."[561]

Tatsächlich ist der Wortlaut des Art. 3 ICTY-Statut aber an die im klassischen Völkerrecht üblichen Begriffsbezeichnungen Krieg und Kriegsrecht angelehnt. Heute verwendet das Völkerrecht stattdessen die Ausdrücke „Internationales Recht der bewaffneten Konflikte" oder „Internationales humanitäres Völkerrecht", die quantitativ mehr umfassen als die Haager Konventionen. Legt man daher Art. 3 ICTY-Statut im Sinne des modernen Völkerrechts aus, ist er als Auffangtatbestand zu verstehen und meint alle Bestimmungen des humanitären Völkerrechts, die noch nicht von Art. 2 ICTY-Statut erfasst sind.[562] Art. 3 ICTY-Statut bezieht sich so auf:

"(i) violations of the Hague law on international conflicts;

(ii) infringements of provisions of the Geneva Conventions other than those classified as "grave breaches" by those Conventions;

(iii) violations of common Article 3 and other customary rules on internal conflicts;

(iv) violations of agreements binding upon the parties to the conflict, considered qua treaty law, i.e., agreements which have not turned into customary international law."[563]

b) *Voraussetzungen für eine Anwendung des Art. 3 ICTY-Statut*

Maßgeblich für die Frage der individuellen Strafbarkeit für Verbrechen in innerstaatlichen Auseinandersetzungen ist Punkt (iii) der vom ICTY aufgestellten Liste der Auffangtatbestände, dessen Wortlaut den Anspruch einer völkergewohnheitsrechtlich anerkannten Strafbarkeit bekräftigt.[564] Das ICTY hatte daher in einem ersten Schritt "the existence of customary international rules governing internal strife" festzustellen und in einem zweiten Schritt "the question of whether the violation of such rules may entail individual criminal responsibility"[565] für das Vorliegen einer Strafnorm zu beantworten.

---

561 ICTY, Tadic, TC, 10 August 1995, Case no. IT-94-1, § 63; Green, in: IYHR vol. 27, 1997, S. 313 (350).

562 ICTY, Tadic, AC, 2 October 1995, Case no. IT-94-1-AR72, § 87.

563 ICTY, Tadic, AC, § 89.

564 Siehe dazu bereits Kapitel 4 I.3. und II.1.d).

565 ICTY, Tadic, AC, § 95; siehe Kapitel 4 I.3.

aa) Völkergewohnheitsrecht für innerstaatliche Konflikte

(1) Art. 3 Genfer Abkommen von 1949

Relativ kurz hielten sich beide Kammern in der Rechtssache Tadic mit der Zugehörigkeit des gemeinsamen Art. 3 GAbk. zum Völkergewohnheitsrecht auf. Während die Berufungskammer sich darauf beschränkte, auf die Entscheidung des Internationalen Gerichtshofs im Fall Nicaragua von 1986 zu verweisen,[566] in der Art. 3 GAbk. bereits dem Gewohnheitsrecht als "minimum yardstick"[567] zugeordnet worden war, argumentierte die erstinstanzliche Verfahrenskammer zusätzlich mit einer Kommentierung zu den Genfer Abkommen von 1958:

> *"[Common Article 3] merely demands respect for certain rules, which were already recognised as essential in all civilised countries, and embodied in the municipal law of the states in question, long before the Convention was signed [...] no government can object to observing, in its dealings with internal enemies, whatever the nature of the conflict between it and them, a few essential rules which it in fact observes daily, under its own laws, even when dealing with common criminals."*[568]

Die Regelungen des gemeinsamen Art. 3 GAbk. legen damit einen ethischen Minimalstandard fest, der sich in einer Vielzahl humanitärer Übereinkünfte und Menschenrechtsvereinbarungen wiederfindet, so dass sie ohne Zweifel Gewohnheitsrechts bilden, das auf alle Arten von Konflikten und damit auch auf nicht-internationale bewaffnete Konflikte anwendbar ist.[569]

(2) II. Zusatzprotokoll von 1977

Für die Frage des völkergewohnheitsrechtlichen Charakters des Zusatzprotokolls II sah es die Berufungskammer zunächst als gegeben an, dass "many provisions of this Protocol can now be regarded as declaratory of existing rules or as having crystallised emerging rules of customary law or else as having been strongly instrumental in their evolution as general principles"[570]. Indem die Berufungskammer damit nur auf einzelne Bestimmungen des Zusatzprotokolls II Bezug nahm, nicht etwa auf das Protokoll im Ganzen, trug sie der Tatsache Rechnung,

---

566 ICTY, Tadic, AC, 2 October 1995, Case no. IT-94-1-AR72, § 98.

567 ICJ, Nicaragua v. United States of America, Merits, Judgement, Judgement, 27 June 1986 – Merits, § 218.

568 ICTY, Tadic, TC, 10 August 1995, Case no. IT-94-1, § 67.

569 Meron, Human Rights and Humanitarian Norms as Customary Law, S. 35.

570 ICTY, Tadic, AC, § 17.

dass weiterhin mehrere Staaten das Protokoll nicht ratifiziert haben[571] und es damit keinem Staatenkonsens unterliegt. Wohl könne aber für einzelne Regelungen des ZP II, "developed and supplemented common Article 3, which in turn constitute[d] the minimum protection due to every human being at any time and place"[572], ein völkergewohnheitsrechtlicher Charakter anerkannt werden. Dieser minimale menschenrechtsorientierte Schutz, der sich sowohl im gemeinsamen Art. 3 GAbk. als auch im ZP II wiederfindet, ist Teil des Völkergewohnheitsrechts:

> *"[T]he basic core of Protocol II is, of course, reflected in common article 3 of the 1949 Geneva Conventions and therefore is, and should be, a part of generally accepted customary law. This specifically includes its prohibitions on violence towards persons taking no active part in hostilities, hostages taking, degrading treatment, and punishment without due process."*[573]

(3) Regeln über Kampfmittel und Kampfmethoden

Trotz Kritik aus den eigenen Reihen[574] untersuchte die Berufungskammer in der Rechtssache Tadic neben Art. 3 GAbk. und dessen Ausprägungen im ZP II die Staatenpraxis hinsichtlich einer gewohnheitsrechtlichen Anwendung der "means and methods of warfare" in nicht-internationalen bewaffneten Konflikten. Unter Hinweis auf die Turku Declaration of Minimum Standards aus dem Jahr 1990, namentlich Art. 5 § 3, in dem es heißt, "[w]eapons or other material or methods prohibited in international armed conflicts must not be employed in any circumstance",[575] stellte sie ihrer Untersuchung die grundlegende Überlegung voran, inhumanes Verhalten unterliege unabhängig von der Art des Konflikts einer

---

571 Bis 2002 haben 153 Staaten das II. Zusatzprotokoll ratifiziert; www.drk.de/voelkerrecht/pdf/Faltblatt_Genfer_Abkommen.pdf.

572 Erklärung der Regierung von El Salvador, Informe de la Fuerza Armata de El Salvador sobre el respeto y la vigencia de las normas del Derecho Internacional Humanitario durante el periodo de Septiembre de 1986 a Agosto de 1987, 31 August 1987, 3; zitiert in: ICTY, Tadic, AC, 2 October 1995, Case no. IT-94-1-AR72, § 117.

573 Humanitarian Law Conference, Remarks of Michael J. Matheson, in: American University Journal of International Law and Policy 1987, S. 419 (430 f.); zitiert in: ICTY, Tadic, AC, § 117.

574 Abweichendes Votum Richterin Li, Tadic AC, §§ 10 ff.; siehe auch ICTY, The Prosecutor v. Kordic & Cerkez, Trial Chamber Judgement, 26 February 2001, Case no. IT-95-14/2-T, § 162.

575 Declaration of Minimum Humanitarian Standards, reprinted in, Report of the Sub-Commission on Prevention of Descrimination and Protection of Minorities on ist Forty-sixth Session, Commission on Human Rights, 51st Sess., Provisional Agenda Item 19, at 4, U.N. Doc. E/CN.4/1995/116 (1995).

unterschiedslosen Bewertung. Was in internationalen bewaffneten Konflikten unmenschlich und daher verboten sei, könne nicht in Bürgerkriegen als erlaubt angesehen werden.[576]

Für den Einsatz chemischer Waffen verwies die Berufungskammer auf das Beispiel der Kurden im Irak. Ungeachtet der Frage, ob die irakische Regierung tatsächlich chemische Waffen gegen die kurdische Bevölkerung eingesetzt habe, sei hier ein genereller Konsens der Staatengemeinschaft entstanden, der den Gebrauch solcher Waffen auch in internen bewaffneten Konflikten verbiete.[577] Die US-amerikanische Regierung erklärte:

> *"Questions have been raised as to whether the prohibition in the 1925 Geneva Protocol against [chemical weapon] use 'in war' applies to [chemical weapon] use in internal conflicts. However, it is clear that such use against the civilian population would be contrary to the customary international law that is applicable to internal armed conflicts, as well as other international agreements."*[578]

Ebenso lässt sich in ähnlichen Bereichen wie in Bezug auf das Verbot von Angriffen auf die Zivilbevölkerung und das Perfidieverbot eine gewohnheitsrechtliche Anwendung in innerstaatlichen Konflikten feststellen.[579]

Jedoch konnte auch die neue menschenrechtsorientierte Anwendung des humanitären Völkerrechts im Bereich der Kampfmittel und -methoden nicht bewirken, dass nicht-internationale bewaffnete Konflikte vollumfänglich geregelt sind. Zwei Einschränkungen sind weiterhin zu beachten:

> *"(i) only a number of rules and principles governing international armed conflicts have gradually been extended to apply to internal conflicts;*
>
> *(ii) this extension has not taken place in the form of a full and mechanical transplant of those rules to internal conflicts; rather, the general essence of those rules, and not the detailed regulation they may contain, has become applicable to internal conflicts."*[580]

---

576 ICTY, Tadic, AC, § 119.
577 ICTY, Tadic, AC, 2 October 1995, Case no. IT-94-1-AR72, § 124.
578 United States, Department of State, Press Guidance, 9 September 1988.
579 ICTY, Tadic, AC, § 125.
580 ICTY, Tadic, AC, § 126.

bb) Individuelle strafrechtliche Verantwortlichkeit

Die erste Hürde der Anwendung des Art. 3 ICTY-Statut auf die nicht-internationalen Konfliktsituationen des Balkankrieges war mit der Ermittlung von Völkergewohnheitsrecht genommen. Dies allein genügte aber nicht, die Bestimmungen mussten weiter auch eine strafrechtliche Verantwortlichkeit des Einzelnen begründen.

Der Wortlaut der einzelnen Normen – so musste auch die Berufungskammer in der Rechtssache Tadic einräumen – gab für die Annahme eines Strafcharakters nichts her. Jedoch hätte auch das Internationale Militärtribunal von Nürnberg eine ähnliche normative Situation vorgefunden und auf dieser Grundlage eine Strafbarkeit für Verletzungen des Kriegsrechts angenommen.[581] Lägen verschiedene Faktoren vor, wie "the clear and unequivocal recognition of the rules of warfare in international law and State practice indicating an intention to criminalize the prohibition, including statements by government officials and international organizations, as well as punishment of violations by national courts and military tribunals"[582], sei von einer individuellen strafrechtlichen Verantwortlichkeit auch ohne ausdrücklichen Sanktionsauftrag der entsprechenden Norm auszugehen. Diese Strafbarkeitsvoraussetzungen des Nürnberger Tribunals finden sich heute im Zusammenhang mit Verletzungen des gemeinsamen Art. 3 GAbk. und des ZP II in der Staatenpraxis wieder, insbesondere in nationalen Militärhandbüchern und nationalen Strafgesetzen.[583] So erfasst beispielsweise das Militärhandbuch Deutschlands "criminal offences against persons protected by common Article 3"[584]. Das belgisches Gesetz vom 16. Juni 1993, das die Jurisdiktionsgewalt von belgischen Gerichten für Verletzungen der Genfer Abkommen und der beiden Zusatzprotokolle festlegt, bestimmt, Art. 3 GAbk. und ZP I und II „constituent des crimes de droit international"[585].

---

581 The Trial of the Major War Criminals: Proceedings of the International Military Tribunal Sitting at Nuremberg Germany, Part 22, at 445-447, 467 (1950).

582 Ebenda.

583 ICTY, Tadic, AC, 2 October 1995, Case no. IT-94-1-AR72, §§ 130 ff., mit Verweis auf die Militärhandbücher Deutschlands, Neuseelands, Großbritanniens und den Criminal Code of the Socialist Federal Republic of Yugoslavia.

584 Humanitäres Völkerrecht in bewaffneten Konflikten – Handbuch, August 1992, DSK AV2073200065, Rn. 1209.

585 Loi du 16 juin 1993 relative à la répression des infractions graves aux Conventions internationales de Genève du 12 août 1949 et aux Protocoles I et II du 8 juin 1977, additionnels à ces Conventions, Moniteur Belge (5 August 1993).

Zur Begründung fährt das Nürnberger Tribunal fort:

> *"Crimes against international law are committed by men, not by abstract entities, and only by punishing individuals who commit such crimes can the provisions of international law be enforce."*[586]

Damit existiert eine individuelle strafrechtliche Verantwortlichkeit für Verletzungen des gewohnheitsrechtlich in nicht-internationalen Konflikten geltenden humanitären Völkerrechts.

cc) Schweregrad

Obwohl die Berufungskammer in der Sache Tadic den gewohnheitsrechtlichen Strafcharakter des gemeinsamen Art. 3 GAbk. festgestellt hatte, wurde dieser von der Verteidigung in einem späteren Fall des ICTY, der Rechtssache Delalic, erneut in Frage gestellt. Hier lautete das Argument, Art. 3 GAbk. gehöre nicht zum System der schweren Verletzungen und nur schwerwiegende Verletzungen der Genfer Abkommen sollten dem Völkerstrafrecht unterliegen. Die Verfahrenskammer in der Rechtssache Delalic sah sich daher veranlasst, klarzustellen, inwieweit der Schweregrad einer Verletzung zu berücksichtigen ist:

> *"Identification of the violation of certain provisions of the Conventions as constituting ‚grave breaches' and thus subject to mandatory universal jurisdiction, certainly cannot be interpreted as rendering all of remaining provisions of the Conventions as without criminal sanction. While "grave breaches" must be prosecuted and punished by all States, "other" breaches of the Geneva Conventions may be so. Consequently, an international tribunal such as this must also be permitted to prosecute and punish such violations of the Conventions."*[587]

Damit darf die Frage der Gerichtsbarkeit nicht mit dem Strafcharakter einer Norm verwechselt werden:

> *"[T]he fact that these proscribed acts are considered non grave rather than grave breaches concerns questions of discretionary versus obligatory prosecution or extradition, and for some commentators, universal jurisdiction, but not criminality."*[588]

---

586 The Trial of the Major War Criminals: Proceedings of the International Military Tribunal Sitting at Nuremberg Germany, Part 22, at 447.

587 ICTY, The Prosecutor v. Delalić et al., Trial Chamber Judgement, 16 November 1998, Case no. IT-96-21-T, § 308.

588 Ebenda.

Der Schweregrad einer Verletzung kommt jedoch nach der von der Berufungskammer in der Rechtssache Tadic getroffenen Entscheidung insoweit zum Zuge, als die Bestrafung von bloßen Bagatelldelikten nicht im Interesse der Staatengemeinschaft liegt.[589] Offen bleibt, ob die in Art. 3 GAbk. und im ZP II enthaltenen Garantien so fundamental sind, dass jede Verletzung per se schwerwiegend ist[590], oder ob neben solchen schwerwiegenden Verletzungen des gemeinsamen Art. 3 GAbk. und des ZP II auch weniger schwerwiegende existieren, die vom Zuständigkeitsbereich internationaler Gerichte ausgeschlossen sind[591]. Dabei kann es durchaus schwierig sein, diese untere Grenze festzulegen. Die Landauer Kommission in Israel hatte beispielsweise leichte Methoden der Folter unter bestimmten Umständen als zulässig erachtet.[592]

III. Weiterentwicklung des Völkerstrafrechts für innerstaatliche Konflikte

1. Errichtung weiterer Tribunale

a) Internationales Straftribunal für Ruanda (ICTR)

Nach dem Vorbild des ICTY beschloss der UN-Sicherheitsrat am 8. November 1994 mit der Resolution 955[593] die Einsetzung des „Internationalen Strafgerichtshofs für die Verfolgung der Verantwortlichen für die im Hoheitsgebiet Ruandas oder von ruandischen Staatsangehörigen in Nachbarstaaten zwischen dem 1. Januar 1994 und dem 31. Dezember 1994 begangene schwere Verstöße gegen das humanitäre Völkerrecht“ (ICTR). Auch hier war Kapitel VII UN-

---

589 Siehe Kapitel 4 I.3.

590 ICTR, The Prosecutor v. Musema, Trial Chamber Judgement, 27 January 2000, Case no. ICTR-96-13-A, § 288: "In the opinion of the Chamber, violations of these fundamental guarantees, by their very nature, are therefore to be considered as serious." ICTR, The Prosecutor v. Rutaganda,Trial Chamber Judgement, 6 December 1999, Case no. ICTR-96-3-A, § 106.

591 ICTR, The Prosecutor v. Bagilishema, Trial Chamber I Judgement, 7 June 2001, Case no. ICTR-95-1A-T, § 105; ICTY, The Prosecutor v. Kunarac, Kovac, Vukovic, Trial Chamber I Judgement, 22 February 2001, Case no. IT-96-23 und IT-96-23/1, § 408.

592 Symposium on the Report of the Commission of Inquiry into the Methods of Investigation of the General Security Service Regarding Hostile Terrorist Activity, http://mishpatim.mscc.huji.ac.il/ilr/ilr23-2.htm; ai, Amnesty International calls on Isreal's High Court to respect international law by rejecting torture, MDE 15/2/98, 7 January 1998.

593 UN Security Council S/RES/955 vom 8. November 1994 (Annex: Statute of the International Tribunal for Rwanda).

Charta die Legitimationsgrundlage für das Vorgehen des UN-Sicherheitsrats. Allerdings hatte die ruandische Regierung anders als im Fall Jugoslawiens ausdrücklich um die Errichtung eines Gerichtshofs nachgesucht und als Mitglied des Sicherheitsrates aktiv an der Verabschiedung von Resolution 955 mitgewirkt.

Die institutionelle Struktur des Ruandatribunals entspricht der des ICTY. Es wurde sogar ein gemeinsames Strafverfolgungsorgan und eine gemeinsame Berufungskammer beider Gerichte im ICTR-Statut festgelegt, um so eine einheitliche Untersuchung und Rechtsprechung zu gewährleisten, aber auch um die Kosten für beide Gerichte möglichst gering zu halten.[594] Am 27. Juni 1995 tagte das Gericht zum ersten Mal. Sitz des ICTR ist Arusha (Tansania).[595]

aa) Konflikt in Ruanda

Der nun fast zwei Jahrzehnte andauernde Bürgerkrieg in Ruanda ist im Wesentlichen aus einem politischen Konflikt zwischen der Hutu dominierten Staatsführung und einer sich im Großteil aus Tutsi zusammensetzenden Rebellenbewegung der Front Patriotique Rwandaise (FPR) entstanden. Die Ursachen liegen dabei in einem traditionellen sozialen Ungleichgewicht zwischen beiden Bevölkerungsgruppen.[596] Bereits während der deutschen und später während der belgischen Kolonialherrschaft wurde die Tutsi-Minderheit in ihrer gesellschaftlichen Dominanz von den Kolonialherren gefördert. Bis heute ist dabei in der Sozialwissenschaft umstritten, ob tatsächlich ethnische Unterschiede die Einteilung in Tutsi und Hutu begründen oder nicht soziale Unterschiede als ethnisch und rassisch wahrgenommen werden.[597]

Im Jahr 1959 führte die Ungleichbehandlung zu einem Aufstand der Hutu gegen die Tutsi-Monarchie. Als Ruanda 1962 unabhängig wurde, hatte sich ein autoritäres Hutu-Regime etabliert, vor dem viele der von nun an diskriminierten Tutsi ins Ausland flüchteten. Dort entstand 1987 mit der Front Patriotique Rwandaise (FPR) eine schlagkräftige Rebellenorganisation, die mit rund 12.000 Kämpfern 1990 von Uganda nach Ruanda einmarschierte. Nach der Eroberung großer Ge-

---

594 UN Doc. S/1995/143, Report of the Secretary-General pursuant of paragraph 5 of Security Council Resolution 955 (1994), § 9.

595 UN Security Council S/RES/977 vom 22. Februar 1995.

596 Ungefähre Zusammensetzung der Bevölkerung Anfang 1994: Hutus 84 %, Tutsis 14 %, Twa 1 %. Karhilo, in: NJIL, vol. 65, 1995, S. 683 (684).

597 Karhilo, in: NJIL, vol. 65, 1995, S. 683 (684).

biete im Norden Ruandas und einem Vorstoß bis in die Nähe der Hauptstadt Kigali, wurde die Regierung unter Diktator Juvénal Habyarimana zu Friedensverhandlungen gezwungen. Am 3. August 1993 schlossen die Parteien den Friedensvertrag von Arusha in Tansania. Er sah die Errichtung eines Mehrparteiensystems und die Integration der Kämpfer der FPR in die ruandische Armee unter der Aufsicht der dafür gegründeten United Nations Assistance Mission for Rwanda (UNAMIR) vor.

Für die radikalen Anhänger des Habyarimana Regimes waren diese Forderungen jedoch unannehmbar. Sie begannen den schwelenden Rassenhass erneut zu entfachen. Ihr Vorgehen gipfelte in der systematischen Planung und Vorbereitung eines Völkermordes durch Erstellung von Todeslisten, Verteilung von Waffen und Aufrufen zum Fremdenhass in den Medien[598]. Der bisher unaufgeklärte Abschuss des Flugzeugs von Präsident Habyarimana am 6. April 1994 über dem Flughafen von Kigali war schließlich der Anlass,[599] diese Pläne in die Tat umzusetzen. Innerhalb weniger Monate wurden mehr als 800.000 Tutsi und moderate Hutu ermordet.[600] Das Ziel war die Vernichtung der gesamten Tutsi-Minderheit. Mit gezielter Propaganda erreichten die radikalen Hutu, dass sich an dem Genozid neben der Hutu-dominierten Armee, Forces Armées Rwandaise, und paramilitärischen Jugendmilizen auch große Teile der Zivilbevölkerung beteiligten. Nur so konnten sich die Übergriffe innerhalb kürzester Zeit zu einem Völkermord ausweiten.[601] Die in Ruanda stationierte UNAMIR konnte der Gewalt nur tatenlos zusehen. Erst der militärische Sieg der Front Patriotique Rwandaise beendete das Morden, nachdem diese unter ihrem Anführer Paul Kagame die

---

598 Metzl, in: AJIL, vol. 91, 1997, S. 628 (630 ff.). Die UNO-Expertenkommission führt in ihrem Schlussbericht auf, dass die Radiostation RTLM die Hörer explizit aufforderte, Tutsis und oppositionelle Hutus als Feinde und Verräter zu vernichten. Auf Prospekten und Werbeplakaten wurden Tutsis u. a. als „Schlangen“ und „Tiere“ bezeichnet. Die Hörer wurden aufgefordert, die „halb leeren Gräber zu füllen“. Final Report, UN Doc. S/1994/1405 vom 9. Dezember 1994, §§ 64, 72.

599 In verschiedenen Hypothesen und Verschwörungstheorien wurden u. a. französische Soldaten, belgische Soldaten, die RPF und Hutu-Extremisten aus dem Lager des Präsidenten Habyarimana des Attentats auf den Präsidenten beschuldigt (Prunier, The Rwanda Crisis: history of a Genocide, S. 213 ff.).

600 Im Bericht des Special Rapporteur der UN Commission of Human Rights finden sich folgende Angaben: "[T]he number of persons killed throughout the territory is to be numbered in the hundreds of thousands, estimates ranging from 200.000 to 500.000 [...]. Some observers think that the figure is close to a million." UN Doc. S/1995/915 vom 2. November 1995, Annex I, § 24; siehe auch Expert Commission, Final Report, UN Doc. S/1994/1405 vom 9. Dezember 1994.

601 Siehe zum ethnic cleansing auch Kapitel 3 II.2.a)cc).

Kampfhandlungen wiederaufgenommen hatte. Im Juli 1994 übernahm die FPR die Kontrolle im Land und errichtete eine fünfjährige Übergangsregierung.

Nach der Machtübernahme der FPR flohen 1994 ca. 2 Millionen ruandische Hutu aus Angst vor Racheakten in die Nachbarländer Ruandas, davon rund 1, 2 Millionen nach Zaire, der heutigen Demokratischen Republik Kongo. In den Flüchtlingslagern formierten sich die alten Kämpfer der ruandischen Armee Forces Armées Rwandaise (FAR) und der paramilitärischen Jugendmilizen neu. Seitdem erfolgten regelmäßige Auseinandersetzungen zwischen den Hutu-Milizen und der ruandischen Armee. Die Milizen, die sich zur Armée pour la Libération du Rwanda (ALIR) zusammengeschlossen hatten, spalteten sich bald wieder auf und operieren seitdem getrennt als ALIR I und ALIR II. Während Ruanda 2001 noch davon ausging, ALIR I zerschlagen zu haben, schätzt ein Bericht der Mission de l'Organisation des Nations Unies en République Démocratique du Congo (MONUC) die Stärke der ALIR I auf 4.000 bis 6.000 Mann, die in den Provinzen Nord- und Südkivu des Kongo stationiert sind. ALIR II, die sich in Südkivu und Katanga aufhält, verfügt über eine ähnliche Stärke, soll aber aufgrund finanzieller Unterstützung durch die kongolesische Regierung materiell weitaus besser gestellt sein.

Als Reaktion auf die Rebellenunterstützung waren ab 1998 ruandische Truppen im Kongo stationiert. Die ruandische Regierung pochte zur Legitimation ihrer Anwesenheit auf dringende Sicherheitsbedürfnisse des Landes. Ein UN-Bericht aus dem Jahr 2002 wirft den Kriegsakteuren dagegen die systematische Plünderung der dortigen Bodenschätze vor. Im Herbst 2002 begann Ruanda aufgrund internationalen Drucks mit dem Rückzug seiner Truppen. Die mit diesem Abzug verbundenen Veränderungen der militärischen Machtbalancen führten in der Folge zu neuen Kämpfen der im Kongo agierenden Rebellengruppen. Am 28. September 2005 veröffentlichte Amnesty International (ai) einen Bericht, in dem es vor erneuten blutigen Kämpfen in der Provinz Nordkivu warnt.[602] Der Bericht legt offen, wie Regierungsverantwortliche dafür gesorgt haben, dass ethnische Spannungen wieder aufflammen, um die eigenen politischen, militärischen oder ökonomischen Interessen durchzusetzen. „Alle Ex-Kriegsparteien zeigen [...] bislang wenig Neigung, ihre eigenen militärischen Strukturen abzubauen, denn sie sind die Basis ihrer Macht", so Andrea Riethmüller, Kongo-Expertin von ai.[603]

602 http://amnesty.21publish.de/Presse.
603 http://amnesty.21publish.de/Presse.

bb) Rechtsprechung des ICTR zur Strafbarkeit in nicht-internationalen bewaffneten Konflikten

Mit dem Konflikt in Ruanda hatte sich die Völkergemeinschaft einem Konflikt zugewandt, der im Zuständigkeitszeitraum des ICTR vom 1. Januar bis 31. Dezember 1994 eindeutig ein nicht-internationaler bewaffneter Konflikt war. Dazu heißt es im Preliminary Report der Expertenkommission:

> *"The use of armed force had been carried out within the territorial borders of Rwanda and did not involve the active participation of any other state [...] This is not to say that the armed conflict in Rwanda has not had a serious effect on neighbouring States or on the international community as a whole. Serious repercussions on the social and political welfare and internal stability of neighbouring States have been affected. For example the massive influx of refugees into their respective territories has created difficulties. Moreover, the conflict in Rwanda makes it an obvious threat to international peace and security within the meaning of Chapter VII of the Charter of the United Nations. Non the less, these aspects do not alter the basic character of the armed conflict in Rwanda during the period 6 April to 15 July 1994 as predominately non-international in character."*[604]

Auch das ICTR selbst stellte fest, "that there was an armed conflict not of an international character between the Government of Rwanda and the RPF in 1994“[605].

Zugleich wurde nun ausdrücklich in Art. 4 ICTR-Statut die Strafbarkeit wegen „schwere[r] Verstöße gegen den im Genfer Abkommen vom 12. August 1949 gemeinsamen Artikel 3 über den Schutz von Kriegsopfern und das Zusatzprotokoll II dazu vom 8. Juni 1977“ anerkannt. Allein diese Normierung des UN-Sicherheitsrates bedeutete jedoch noch nicht den Durchbruch in der Anwendung des Völkerstrafrechts auf nicht-internationale bewaffnete Konflikte durch eine Umsetzung der Vorgaben des ICTY in der Rechtssache Tadic. Denn anders als im Rahmen der materiellen Rechtsgrundlage des ICTY war es nicht mehr die oberste Maßgabe des Sicherheitsrates, nur im Völkergewohnheitsrecht vorhandene Strafnormen heranzuziehen.

> *"[T]he Security Council has elected to take a more expansive approach to the choice of the applicable law than the one underlying the statute of the Yugoslav*

---

604 Preliminary Report der Expertenkommission, UN Doc. S/1994/1125, §§ 91 f.

605 ICTR, The Prosecutor v. Akayesu, Trial Chamber Judgement, 2 September 1998, Case no. ICTR-96-4-T, § 639.

Tribunal, and included within the subject-matter jurisdiction of the Rwanda Tribunal international instruments regardless of whether they were considered part of customary international law or whether they have customarily entailed the individual criminal responsibility of the perpetrator of the crime. Article 4 of the statute, accordingly, includes violations of Additional Protocol II, which, as a whole, has not been universally recognized as part of customary international law, and for the first time criminalizes common Article 3."[606]

Es war damit Angelegenheit des ICTR, klarzustellen, dass auch seine Entscheidungen wie die des ICTY auf im Völkergewohnheitsrecht verankerten Straftatbeständen beruhen. Im Fall Akayesu führte das ICTR aus, obwohl nicht alle Bestimmungen des Zusatzprotokolls II gewohnheitsrechtlich anerkannt seien, gelte dies doch für seine grundsätzlichen Vorgaben. "All of the guarantees, as enumerated in article 4 [AP II] reaffirm and supplement common article 3"[607], so dass Art. 4 ZP II ebenso wie Art. 3 GAbk. elementare Menschenrechte schütze und damit zum *ius cogens*[608] zu zählen sei.

Das ICTY und ICTR verfolgen im Rahmen der individuellen strafrechtlichen Verantwortlichkeit in nicht-internationalen bewaffneten Konflikten eine einheitliche Linie. Diese erstreckt sich auch auf die vom ICTY getroffene Grundaussage, dass das humanitäre Völkerrecht zwar an der Dichotomie der Regelungsbereiche festhält, eine Annäherung beider Konfliktarten aber im Rahmen der Kerninhalte der Verbrechenstatbestände stattfindet.[609] So sei beispielsweise zwischen dem Verbot der „vorsätzliche[n] Tötung" in den Art. 50, 51, 130 und 147 GAbk. und dem in Art. 3 GAbk. verwendeten Begriff der „Tötung" kein qualitativer Unterschied festzustellen. Im Rahmen der Anklagen sei also materiellrechtlich immer gleich zu verfahren.[610] Gleiches wurde in den Rechtssachen Celebici und Furundzija für das Verbot der Folter entschieden. Sowohl in internationalen als

---

606 UN Secretary General's report on the Rwanda Statute, UN Doc. S/1995/134, § 12.

607 ICTR, Akayesu, TC, 2 September 1998, Case no. ICTR-96-4-T, § 610; siehe auch ICTR, The Prosecutor v. Furundzija, Trial Chamber Judgement, 10 December 1998, Case no. IT-95-17/1, § 44.

608 ICJ, Corfu Channel Case, Merits, ICJ Reports 1949, § 215, zitiert in ICJ, Nicaragua v. United States of America, Judgement 27. Juni 1986 – Merits, § 218. Diese Position wurde wiederholt in The Prosecutor v. Aleksovski, Trial Chamber Judgement, 25 June 1999, Case no. IT-95-14/I-AR73, § 50; The Prosecutor v. Furundzija, Trial Chamber Judgement, 10 December 1998, Case no. IT-95-17/1, §§ 137, 143 f.; The Prosecutor v. Kupreskic, Trial Chamber II Judgement, 14 January 2000, Case no. IT-95-16, § 534.

609 ICTY, Tadic, AC, 2 October 1995, Case no. IT-94-1-A, §§ 126, 67.

610 ICTY, The Prosecutor v. Delalić et al., Trial Chamber Judgement, 16 November 1998, Case no. IT-96-21-T, §§ 421 ff.; ICTR, Akayesu, TC, 2 September 1998, Case no. ICTR-96-4-T, §§ 589 f.

auch in nicht-internationalen bewaffneten Konflikten bildete das Folterverbot einen allgemeinen Grundsatz, der absolute Geltung beanspruche. Das Verbot sei nicht nur Teil des Völkergewohnheitsrechts, sondern darüber hinaus eine Regel des *ius cogens*.[611]

Auf der Grundlage von internationalen und nationalen Strafbestimmungen stellte die Verfahrenskammer in der Rechtssache Furundzija zudem heraus, dass internationales Recht Vergewaltigung und schwerwiegende sexuelle Belästigung unter Strafe stellt und zwar unabhängig von der vorliegenden Konfliktform.[612] In der Rechtssache Delalić erklärte auch die Verfahrenskammer des ICTY diese Strafbarkeit für unstreitig gegeben.[613]

b) Special Court for Sierra Leone (SCSL)

Im Juni 2000 bat die Regierung von Sierra Leone die Vereinten Nationen um Unterstützung bei der Strafverfolgung der Hauptverantwortlichen innerhalb der Revolutionary United Front (RUF), die zehn Jahre lang Bürgerkrieg in Sierra Leone geführt hatte.[614] Am 14. August 2000 beauftragte der UN-Sicherheitsrat mit der Resolution 1315[615] den UN-Generalsekretär, Verhandlungen über den Aufbau eines besonderen Strafgerichts einzuleiten. Ein fehlendes effektives Strafjustizsystem in Sierra Leone, so wurde von Seiten des Sicherheitsrates befürchtet, könne zu einer Bedrohung für Frieden und Sicherheit im Sinn des Art. 49 UN-Charta führen. Die Feststellung der Verantwortlichen wurde als oberste Prämisse zur Friedenssicherung eingestuft.[616]

Am 16. Januar 2002 wurde ein Abkommen mit der Regierung von Sierra Leone zur Gründung des Special Court for Sierra Leone (SCSL) geschlossen. Der SCSL sollte seinen Sitz in Freetown haben. Im Juli wurde der US-Amerikaner David Crane zum Hauptankläger ernannt und ein halbes Jahr später die Richter eingeschworen. Am 10. März 2003 wurden bereits die ersten Anklagen gegen mutmaßliche Kriegsverbrecher vor dem SCSL erhoben. Neben dem früheren Oberkommandierenden der RUF Sankoh, dem Anführer der Militärjunta des AFRC Koroma und weiteren hochrangigen Rebellenführern gehört zu den An-

---

611 ICTY, The Prosecutor v. Furundzija, Trial Chamber Judgement, 10 December 1998, Case no. IT-95-17/1, § 144.

612 ICTY, Furundzija, TC, 10 December 1998, Case no. IT-95-17/1, § 168.

613 ICTY, Delalić, TC, 16 November 1998, Case no. IT-96-21-T, § 476.

614 UN Doc. S/2000/786 vom 12. Juni 2000.

615 UN Doc. S/RES/1315 (2000) vom 14. August 2000.

616 Denis, in: Revue belge de droit international, Bd. 34, 2001, S. 236 (242).

geklagten auch der zu diesem Zeitpunkt amtierende Innenminister und frühere Kommandeur der regierungsnahen Kamjor-Milizen und Civil Defense Forces Sam Hinga Norman.[617]

aa) Konflikt in Sierra Leone

Der 1991 begonnene und zeitweise blutigste Bürgerkrieg auf dem afrikanischen Kontinent zwischen der Revolutionary United Front (RUF) und der Regierung Sierra Leones gilt seit Januar 2002 als beendet. Entstanden ist er aus einem Regionalkonflikt, da die Gründung der RUF im Jahr 1991 wesentlich von der liberianischen National Patriotic Front of Liberia (NPFL) und ihrem damaligen Führer, dem jetzigen Präsidenten Liberias, Charles Taylor, beeinflusst wurde.[618] Taylors Rebellengruppe führte Krieg gegen den liberianischen Präsidenten Samuel Doe. Sierra Leone unterstützte Doe. Dieses Engagement Sierra Leones, aber auch reiche Diamantenvorkommen[619] im Norden und Osten des Nachbarlandes, veranlassten Taylor, den Kampf von Liberia auf Sierra Leone auszuweiten.

Die RUF, die zunächst in erster Linie aus liberianischen NPFL-Kämpfern bestand, verfolgte das Ziel, die korrupte Regierung in Freetown zu stützen. Insbesondere im Osten und Süden des Landes erhielt sie große Unterstützung. Ihr Gründer und charismatische Leitfigur war Foday Sankoh. Er versprach seinen Anhängern neue Zukunftsperspektiven und erreichte damit vor allem Jugendliche aus den städtischen Randgebieten.

Im Frühjahr 1991 kam es in Sierra Leone durch einfallende Rebellengruppen aus Liberia zu Unruhen. Weder das schwache Regime des Präsidenten Momoh noch die verschiedenen Militärregierungen zwischen 1992 und 1996 konnten eine Ausweitung der Kämpfe verhindern. Im März 1996 konnte zwar eine zivile Regierung unter Ahmed Tejan Kabbah gewählt werden, jedoch wurde diese im Mai des folgenden Jahres durch einen Militärputsch wieder gestürzt. Wesentliche Unterstützung erhielten die Putschisten dabei von der RUF. Die Macht übernahm der Armed Forces Revolutionary Council (AFRC) unter der Führung von Major Johnny Paul Koroma. Präsident Kabbah floh ins Exil.

---

617 Linton, in: Criminal Law Forum, vol. 12, 2001, S. 185 (232).

618 Fritz/Smith, in: Fordham International Law Journal, vol. 25, 2001, S. 391 (394).

619 Denis, in: Revue belge de droit international, Bd. 34, 2001, S. 236 (237). Für weitere Gründe siehe Ayisse/Poulton, Bound to Cooperate: Conflict, Peace and People in Sierra Leone, 2000 (UN Doc. UNIDIR/2000/19).

Im Oktober 1997 beschloss der UN-Sicherheitsrat ein Öl- und Waffenembargo[620] gegen die Militärregierung in Sierra Leone. Die nigerianischen Truppen sowie kleinere Kontingente ghanaischer und guineischer Einheiten wurden unter das Oberkommando der ECOWAS Cease-fire Monitoring Group (ECOMOG) in Liberia gestellt und zur Durchsetzung des Embargos autorisiert. Die ECOMOG-Truppen wurden dabei von der Söldnerfirma Sandlines unterstützt, die die alte Regierung ursprünglich mit dem Schutz der Diamantenminen beauftragt hatte,[621] sowie von regierungsnahen Kamajor-Milizen. Letztere agierten gemeinsam mit weiteren Volksmilizen als Civil Defence Forces (CDF), die offiziell den Status von Hilfstruppen der Armee einnahmen. Im Februar 1998 vertrieben sie die Koalition aus AFRC und RUF wieder aus Freetown. Präsident Kabbah kehrte in sein Amt zurück.

Bereits im Januar 1999 unternahm die Koalition aus AFRC und RUF jedoch einen weiteren massiven Angriff auf die Hauptstadt Freetown, der ihnen zwar keinen militärischen Erfolg einbrachte, aber die politischen Fronten verhärtete. Als der nigerianische Präsident Obasanjo den Abzug der nigerianischen ECOMOG-Soldaten ankündigte, war Präsident Kabbah gezwungen Verhandlungen mit den Rebellen aufzunehmen. Am 7. Juli 1999 wurde in Lomé ein Friedensabkommen[622] unterzeichnet, das u. a. eine Beteiligung der RUF an der Regierung sowie eine Generalamnestie für die von den Rebellen verübten Verbrechen vorsah.

Im Folgenden zeigte sich jedoch, dass auch der hohe und von vielen Beobachtern kritisierte Preis des Lomé-Abkommens die RUF nicht zu einer Entwaffnung und Einstellung der Kampfhandlungen bewegen konnte. Um die Situation im Land zu stabilisieren und den Einfluss der Regierung in anderen Regionen Sierra Leones auszuweiten, beschloss der UN-Sicherheitsrat Ende 1999 die Entsendung einer Friedensmission (UNAMSIL) mit zunächst 6.000[623], später 11.000[624] und zuletzt 17.500[625] Mann aus über 30 Ländern. Hinzu kamen Truppen der ECOMOG. Der weiterhin brüchige Frieden wurde aber endgültig zerstört, als im

---

620 UN Doc. S/RES/1132 (1997) vom 8. Oktober 1997. Der Handel mit „Blutdiamanten" aus Sierra Leone wurde vom UN-Sicherheitsrat unter ein besonderes Sanktionssystem gestellt, UN Doc. S/RES/1306 (2000) vom 5. Juli 2000.

621 Biskup/Heintze, in: HuV-I 1997, S. 81 (81).

622 UN Doc. S/1999/777 vom 12. Juli 1999.

623 UN Doc. S/RES/1270 (1999) vom 22. Oktober 1999.

624 UN Doc. S/RES/1289 (2000) vom 7. Februar 2000.

625 UN Doc. S/RES/1346 (2001) vom 30. März 2001.

April 2000 die RUF über 500 UNAMSIL-Soldaten und zivile UN-Mitarbeiter als Geiseln nahm. Diese konnten erst nach einem Monat durch eine Intervention britischer Spezialtruppen befreit werden. Am 10. November 2000 vereinbarten schließlich die Regierung und die RUF in Abuja (Nigeria) erneut eine Waffenruhe,[626] die im Wesentlichen bis zur endgültigen Entwaffnung der Rebellen am 18. Januar 2002 hielt.

Der Bürgerkrieg in Sierra Leone zeichnete sich durch von allen Seiten begangene, teilweise äußerst grausame Kriegsverbrechen aus. Neben der Entführung und dem zwangsweisen Einsatz von über 3.000 Kindersoldaten sowie der Vergewaltigung tausender Mädchen und Frauen allein während der RUF/AFRC-Operation "No Living Thing" ab Mitte 1998 erzeugte vor allem die gezielte Verstümmelung von Zivilisten weltweites Aufsehen. Man geht davon aus, dass von den bis zu 4.000 Opfern von Zwangsamputationen nur ca. ein Viertel ihre Verletzungen überlebten.[627] Allein am 6. Januar 1999 und unmittelbar danach wurden bei einem Angriff der Rebellen auf Freetown ca. 5.000 Personen getötet oder verstümmelt, tausende Frauen vergewaltigt und entführt, sowie ca. 6.000 Häuser in Brand gesetzt. Die Zahl der in dem gesamten Konflikt umgekommenen Menschen schwankt zwischen 30.000 und 60.000, ca. 500.000 Menschen flohen.[628]

bb) Besonderheiten des SCSL

(1) Rechtsgrundlage, Struktur, materielles Recht

Anders als bei den beiden anderen *ad-hoc*-Gerichten hat der SCSL seine Rechtsgrundlage in einem Abkommen zwischen den Vereinten Nationen und der Regierung von Sierra Leone (Special Court Agreement (SCA) vom 16. Januar 2002), in dessen Anhang das Statut des Gerichtshofs (Special Court Statute – SCSt) als „integraler Bestandteil" aufgeführt ist.[629] Der Gerichtshof beruht damit auf einem bilateralen, völkerrechtlichen Vertrag zwischen einer internationalen

626 Enthalten in: UN Doc. S/2000/1091 vom 13. November 2000.

627 Hierbei wurden den Opfern zumeist eine oder beide Hände abgehackt. Dies geschah als symbolische Reaktion auf den Wahlkampfaufruf von Präsident Kabbah, wonach „die Zukunft in den Händen der Wähler liegt"; vgl. McDonald, in: HuV-I 2000, S. 11 (11).

628 FAZ Nr. 136 vom 14. Juni 2003, S. 6.

629 Seine Vorgaben wurden 2002 von der Regierung Sierra Leones umgesetzt: Special Court Agreement (Ratification) Act (2002) vom 19. März 2002.

Organisation und einem souveränen Staat und ist daher kein Organ der Vereinten Nationen.[630]

Nachteilig ist dabei, dass ein Vertrag im Gegensatz zu einer Resolution nach Kapitel VII UN-Charta keine Bindungswirkung für andere Staaten entfaltet, so dass insbesondere keine Auslieferungs-, Kooperations- und Herausgabepflichten entstehen können.[631] Im Fall Sierra Leones geht man aber davon aus, dass ein Großteil der im Verlauf des Konflikts erbeuteten Güter ins Ausland geschafft wurde.[632]

In struktureller Hinsicht besteht gegenüber den Tribunalen von Jugoslawien und Ruanda dahingehend eine Besonderheit, dass die Kammern des SCSL sowohl mit internationalen als auch mit nationalen Richtern besetzt sind. Es existiert eine Spruchkammer mit drei Richtern und eine Berufungskammer mit fünf Richtern, wobei die international berufenen Richter jeweils die Entscheidungsmehrheit haben (Art. 12, 18 SCSt). Überlegungen für eine gemeinsame Berufungsinstanz mit dem ICTY und dem ICTR wurden verworfen, da zum einen die Arbeitsüberlastung der Berufungsrichter, zum anderen aber auch rechtliche Gesichtspunkte gegen eine Kooperation sprachen. Denn der SCSL sollte gerade kein Organ der UNO sein. Zudem hat es über nationales Strafrecht von Sierra Leone zu entscheiden. Um dennoch eine einheitliche Rechtsanwendung des Völkerstrafrechts sicherzustellen, muss sich der SCSL gemäß Art. 20 Abs. 3 SCSt an der Rechtsprechung der beiden anderen Gerichte orientieren.

Materiellrechtlich ist der SCSL zuständig für Verbrechen gegen die Menschlichkeit (Art. 2 SCSt), Kriegsverbrechen im Sinne des gemeinsamen Art. 3 GAbk. und des II. ZP (Art. 3 SCSt), sowie weitere schwerwiegende Verletzungen humanitären Völkerrechts (Art. 4 SCSt). Das zusätzlich anzuwendende nationale Strafrecht beschränkt sich auf die Bereiche, in denen das Völkerstrafrecht nur ungenügende Regelungen trifft. Dazu zählen sexueller Missbrauch und die mutwillige Zerstörung von Häusern durch Brandstiftung gemäß Art. 5 SCSt.[633]

---

630 Linton, in: Criminal Law Forum, vol. 12, 2001, S. 185 (244); Romano/Boutruche, in: Revue générale de droit international public, Bd. 107, 2003, S. 109 (111).

631 McDonald, in: IRRC, vol. 84, 2002, S. 121 (126).

632 Beresford/Muller, in: Leiden Journal of International Law, vol. 14, 2001, S. 635 (640); Fritz/Smith, in: Fordham International Law Journal, vol. 25, 2001, S. 391 (394).

633 Romano/Boutruche, in: Revue générale de droit international, vol. 107, 2003, S. 109.

(2) Personale Zuständigkeit

Die Zuständigkeit *ratione personae* des SCSL beschränkt sich nach Art. 1 Abs. 1 SCSt auf die Haupttäter des Konflikts in Sierra Leone, („persons who bear the greatest responsibility").[634] Der IStGH ist im Gegensatz dazu nach Art. 1 Rom Statut für "persons for the most serious crimes of international concern" zuständig. Beiden Zuständigkeitsbereichen ist damit die Tendenz eigen, weniger schwere Verletzungen des Völkerrechts den nationalen Gerichten zu überlassen. Dabei wählen sie jedoch jeweils einen anderen Ansatz. Die für das SCSL gewählte Beschränkung, die in erster Linie eingeführt wurde, um Kosten zu sparen, rief scharfe Kritik hervor, wobei insbesondere die fehlende Definitionsschärfe des Art. 1 Abs. 1 SCSt bemängelt wurde.[635] Auch der UN-Generalsekretär wollte wie im Rahmen des IStGH alle Täter, denen schwerste Verbrechen vorgeworfen werden, vor das Sondergericht von Sierra Leone stellen. Durchgesetzt hat sich jedoch der UN-Sicherheitsrat, der nur Täter in Befehlspositionen verfolgen wollte.[636]

Auch wenn danach einfache Soldaten vor den nationalen Gerichten Sierra Leones angeklagt werden können, bleibt dennoch die Frage der Gleichbehandlung hoch- und niederrangiger Soldaten im Hinblick auf ihre strafrechtliche Verantwortlichkeit bestehen. Denn zum einen wurde der SCSL geschaffen, um das schlecht ausgestattete Justizsystem Sierra Leones zu unterstützen[637] und um auch solche Straftaten anzuklagen, die nur nach Völkerstrafrecht, nicht aber nach dem Strafrecht Sierra Leones existieren[638]. Zum anderen gilt die Amnestie des Lomé Abkommens gerade nicht für Anklagen vor dem SCSL, wohl aber für einfache Täter vor nationalen Gerichten.[639] Insbesondere aus Sicht der Opfer bleibt die Beschränkung auf die Hauptverantwortlichen des Bürgerkrieges daher höchst unbefriedigend.[640] Zwar kann man einwenden, dass die Tat selbst nicht ungesühnt bleibt, da zumindest der Täter hinter dem Täter angeklagt wird. Jedoch muss die dafür erforderliche Beweiskette zwischen der Einzeltat und dem Hauptverantwortlichen immer auch hergestellt werden können. Es wird daher

634 Erneut aufgegriffen wird die Vorgesetztenverantwortlichkeit unter Kapitel 4 IV.1.

635 Beresford/Muller, in: Leiden Journal of International Law, vol. 14, 2001, S. 635 (644); Fritz/Smith, in: Fordham International Law, vol. 25, 2001, S. 391 (413).

636 Dahm/Delbrück/Wolfrum, Völkerrecht, Bd. I/3, S. 1143.

637 Denis, in: Revue belge de droit international, vol. 34, 2001, S. 236 (272).

638 Linton, in: Criminal Law Forum, vol. 12, 2001, S. 185 (231).

639 Wetzel, in: HuV 2003, S. 147 (155).

640 Beresford/Muller, S. 635 (644).

her auch zum Teil angenommen, dass es sich hier nicht um eine Strafverfolgungsvoraussetzung handeln kann, sondern um eine Richtungsvorgabe für das Ermessen der Anklagebehörde.[641]

2. *Kodifikation der Bürgerkriegsverbrechen im Rom Statut des IStGH*

a) *Straftatenkatalog*

Als 1998 in Rom das Statut des Internationalen Strafgerichtshof (IStGH) verabschiedet wurde, dessen Regelungen am 1. Juli 2002 in Kraft traten, wurde zum ersten Mal auch eine allgemeingültige Kodifikation zu Kriegsverbrechen in nicht-internationalen bewaffneten Konflikten geschaffen.

Insgesamt nennt Art. 8 Abs. 2 Rom Statut vier Kategorien von Kriegsverbrechen:

(1) Abs. 2 a) „schwere Verletzungen der Genfer Abkommen vom 12. August 1949 [...] gegen die nach dem jeweiligen Abkommen geschützten Personen oder Güter";

(2) Abs. 2 b) „andere schwere Verstöße gegen die [...] im internationalen bewaffneten Konflikt anwendbaren Gesetze und Gebräuche";

(3) Abs. 2 c) „im Falle eines bewaffneten Konflikts, der keinen internationalen Charakter hat, schwere Verstöße gegen den gemeinsamen Artikel 3 der vier Genfer Abkommen vom 12. August 1949, [...] gegen Personen, die nicht unmittelbar an den Feindseligkeiten teilnehmen" und

(4) Abs. 2 e) „andere schwere Verstöße gegen die [...] Gesetze und Gebräuche im bewaffneten Konflikt, der keinen internationalen Charakter hat".

Die ersten beiden Kategorien treffen Regelungen für internationale bewaffnete Konflikte, insgesamt sind 33 strafbare Verletzungshandlungen gegen das humanitäre Völkerrecht aufgeführt. Mit sechzehn strafbaren Handlungen beziehen sich Punkt 3) und 4) dagegen auf nicht-internationale bewaffnete Konflikte. Damit besteht hinsichtlich der Regelungsdichte zu beiden Konfliktformen ein Verhältnis von etwa 2:1. Auch das Rom Statut erhält so die bestehende Ordnung des humanitären Völkerrechts aufrecht.[642]

---

641 Cryer, in: International and Comparative Law Quarterly, vol. 50, 2001, S. 435 (441); Smith, A Response to „A'Special Court' for Sierra Leone's War Crimes", abrufbar unter: www.globalpolicy.org.

642 Siehe Kapitel 2 II.2.

Die sechzehn möglichen Verletzungshandlungen für nicht-internationale bewaffnete Konflikte sind dabei inhaltlich nahezu deckungsgleich mit den entsprechenden Bestimmungen für internationale Konflikte. Einzig Abs. 2 c) iv) über „Verurteilungen und Hinrichtungen ohne vorhergehendes Urteil eines ordentlich bestellten Gerichts“ findet keine Entsprechung, er ähnelt aber Abs. 2 a) vi) über den „vorsätzliche[n] Entzug des Rechts eines Kriegsgefangenen oder einer anderen geschützten Person auf ein unparteiisches ordentliches Gerichtsverfahren“ in internationalen Konflikten. Es bleiben vierzehn Verletzungshandlungen[643], die zwar als Kriegsverbrechen in internationalen bewaffneten Konflikten strafbar sind, nicht jedoch in innerstaatlichen Auseinandersetzungen unter die Kriegsverbrechensdefinition des Art. 8 Abs. 2 Rom Statut fallen. Da aber diese Ver-

---

643 1) (a) (v) Nötigung eines Kriegsgefangenen oder einer anderen geschützten Person zur Dienstleistung in den Streitkräften einer feindlichen Macht;
2) (a) (viii) Geiselnahme;
3) (b) (ii) vorsätzliche Angriffe auf zivile Objekte, das heißt auf Objekte, die nicht militärische Ziele sind;
4) (b) (v) der Angriff auf unverteidigte Städte, Dörfer, Wohnstätten oder Gebäude, die nicht militärische Ziele sind, oder deren Beschießung, gleichviel mit welchen Mitteln;
5) (b) (vi) die Tötung oder Verwundung eines die Waffen streckenden oder wehrlosen Kombattanten, der sich auf Gnade oder Ungnade ergeben hat;
6) (b) (vii) der Missbrauch der Parlamentärflagge, der Flagge oder der militärischen Abzeichen oder der Uniform des Feindes oder der Vereinten Nationen sowie der Schutzzeichen der Genfer Abkommen, wodurch Tod oder schwere Verletzungen verursacht werden;
7) (b) (xiv) die Erklärung, dass Rechte und Forderungen von Angehörigen der Gegnerpartei aufgehoben, zeitweilig ausgesetzt oder vor Gericht nicht einklagbar sind;
8) (b) (xv) der Zwang gegen Angehörige der Gegnerpartei, an den Kriegshandlungen gegen ihr eigens Land teilzunehmen, selbst wenn sie bereits vor Ausbruch des Krieges im Dienst des Kriegführenden standen;
9) (b) (xvii) die Verwendung von Gift oder vergifteten Waffen;
10) (b) (xviii) die Verwendung erstickender, giftiger oder gleichartiger Gase sowie aller ähnlichen Flüssigkeiten, Stoffe oder Vorrichtungen;
11) (b) (xix) die Verwendung von Geschossen, die sich im Körper des Menschen leicht ausdehnen oder flachdrücken [...];
12) (b) (xx) die Verwendung von Geschossen, Stoffen und Methoden der Kriegführung, die geeignet sind, überflüssige Verletzungen oder unnötige Leiden zu verursachen, oder die unter Verstoß gegen das internationale Recht des bewaffneten Konflikts ihrer Natur nach unterschiedslos wirken [...];
13) (b) (xxiii) die Benutzung der Anwesenheit einer Zivilperson oder einer anderen geschützten Person, um Kampfhandlungen von gewissen Punkten, Gebieten oder Streitkräften fernzuhalten;
14) (b) (xxv) das vorsätzliche Aushungern von Zivilpersonen als Methode der Kriegführung [...].

brechen ebenso gut auch im Rahmen von nicht-internationalen Konflikten begangen werden können, ist das Rom Statut nicht den Vorgaben des ICTY in der Rechtssache Tadic gefolgt, gleiche Sachverhalte nicht allein aufgrund der Konfliktform unterschiedlich zu behandeln. Die Verfasser des Rom Statuts waren darauf bedacht, Beschränkungen ihrer Souveränitätsrechte im Umgang mit Rebellen durch das Völkerstrafrecht zu entgehen. Dies zeigt sich nicht zuletzt in Art. 8 Abs. 3 Rom Statut, der „die Verantwortung einer Regierung, die öffentlichen Ordnung im Staate aufrechtzuerhalten oder wiederherzustellen oder die Einheit und territoriale Unversehrtheit des Staates mit allen rechtmäßigen Mitteln zu verteidigen", unberührt lässt. Der Effekt fehlender Beschränkungen ist jedoch für beide Seiten eines Konflikts von Vorteil. Für die Rebellen bedeutet er einen größeren straflosen Handlungsspielraum, für die Staaten mehr Souveränität. Die fehlenden Straftatbestände für nicht-internationale Konflikte bewirken also, dass diese Konflikte wenig human, da straflos geführt werden können. Das International Centre for Human Rights and Democratic Development (ICHR-DD) hat diese Situation folgendermaßen kommentiert:

> *"The shorter list of crimes for internal wars and the additional threshold are not consistent with the principle that certain crimes, regardless of where they are committed, are so heinous that they should be punished by the international community."*[644]

b) Neue Anwendungshürde

Während Art. 8 Abs. 2 d) den Anwendungsbereich des Abs. 2 c), d. h. die Strafbarkeit wegen „schwerer Verstöße gegen den gemeinsamen Artikel 3 der vier Genfer Abkommen", einschränkt und zwar auf solche Konflikte, die keine „innere[n] Unruhen und Spannungen wie Tumulte, vereinzelt auftretende Gewalttaten oder andere ähnliche Handlungen" darstellen und so die Anwendungshürde des Art. 3 GAbk. in das Rom Statut integriert, ist für die andere Kategorie der Kriegsverbrechen in nicht-internationalen bewaffneten Konflikten eine neue Anwendungshürde vorgesehen. Art. 8 Abs. 2 f) nennt für die in Abs. 2 e) normierten strafbaren Handlungen, „schwere Verstöße gegen die [...] Gesetze und Gebräuche im bewaffneten Konflikt, der keinen internationalen Charakter hat", eine bislang unbekannte Voraussetzung.[645] Erfasst werden nur solche bewaffne-

---

644 ICHRDD, The Rome Statute for an International Criminal Court: The Beginning of the End of Impunity – A Summary of the Main Provisions, abrufbar unter: www.ichrdd.ca.

645 ICHRDD, The Rome Statute for an International Criminal Court: The Beginning of the End of Impunity – A Summary of the Main Provisions, abrufbar unter: www.ichrdd.ca.

ten Konflikte, „die im Hoheitsgebiet eines Staates stattfinden, wenn zwischen den staatlichen Behörden und organisierten bewaffneten Gruppen oder zwischen solchen Gruppen ein lang anhaltender bewaffneter Konflikt besteht".

Nun hat Art. 1 Abs. 1 ZP II schon immer einen bestimmten Organisationsgrad der Rebellengruppen vorgesehen,[646] der nun auch in Art. 8 Abs. 2 f) Rom Statut vorausgesetzt wird. Ersetzt wird aber die Voraussetzung des Art. 1 Abs. 1 ZP II der „Kontrolle über einen Teil des Hoheitsgebiets" durch das Erfordernis lang anhaltender Kämpfe. Dieses Merkmal zielt zwar ebenso wie ZP II darauf ab, eine Äquivalenz zur staatlichen Kriegsführung im Sinne eines völkerrechtlich ebenbürtigen Gegners herzustellen. Während aber das Erfordernis einer Gebietskontrolle in ZP II in den asymmetrischen Strategien in innerstaatlichen Konflikten meist nicht mehr erfüllt wird,[647] ist gerade die Dauerhaftigkeit der Kampfhandlungen ein charakteristisches Merkmal gegenwärtiger Konflikte. Unter den Aspekten strategischer Defensive und Kapitalisierung der Gewalt in Ressourcenkriegen wurde dieser Gesichtspunkt bereits früher behandelt.[648] Hier soll daher nur darauf verwiesen sein.

Zu diesem ersten Anpassungspunkt des Rom Statuts tritt hinzu, dass Art. 8 Abs. 2 f) nun auch Konflikte zwischen nichtstaatlichen Gruppen erfasst und damit eine Vielzahl moderner Konflikte berücksichtigt, an denen Staatstruppen gar nicht mehr beteiligt sind.[649] Art. 1 Abs. 1 ZP II setzt stattdessen eine Staatsbeteiligung an einem Konflikt voraus.

Das Rom Statut hat damit die Möglichkeit der Anwendbarkeit der Kriegsverbrechen gegenüber den humanitären Bestimmungen des ZP II ausgeweitet. Terrorakte fallen jedoch weiterhin aufgrund ihrer charakteristischen punktuellen Angriffe aus dem Anwendungsbereich heraus. Zudem beschränkt sich die neue Anwendungsschwelle auf die Kriegsverbrechen nach Art. 8 Rom Statut, möglicherweise kann sie aber als Vorlage für das gesamte humanitäre Völkerrecht in nicht-internationalen bewaffneten Konflikten dienen. Dafür muss sie aber zunächst ihre Praktikabilität beweisen. Problematisch dürfte dabei immer bleiben, dass sowohl die Anwendungsvoraussetzungen des Art. 8 Rom Statut für innerstaatliche Konflikte als auch Art. 3 GAbk. und Art. 1 Abs.1 ZP II auf ein gleichwertiges Verhältnis zwischen Staat und Rebellenbewegung abstellen, das

646 Siehe Kapitel 3 II.2.
647 Siehe Kapitel 3 II.2.a).
648 Siehe Kapitel 1 III.5.a) und Kapitel 2 III.2.b).
649 Siehe Kapitel 3 II.1.

letztere durch die Erfüllung der Merkmale Organisation, Gebietskontrolle oder die Fähigkeit, lang andauernde Kampfhandlungen durchzuführen, herstellen müssen.[650] Art. 8 Abs. 1 Rom Statut beschränkt so auch die Rechtsprechungsbefugnis des IStGH auf solche Kriegsverbrechen, die „als Teil eines Planes oder einer Politik oder als Teil der Begehung solcher Verbrechen in großem Umfang verübt werden".

III. Auswirkungen auf den Rechtsstatus

"There is a huge contrast between international practice qualifying non-state actors as violators of international law on the one hand and international practice actually holding these actors accountable for their acts on the other hand"[651], so formulierte es Liesbeth Zegveld im Jahr 2002 und meinte damit sowohl Diskrepanzen in der strafrechtlichen Zurechnung von Verletzungshandlungen im Sinne einer Vorgesetztenverantwortlichkeit als auch das Fehlen einer kollektiven deliktischen Haftung nichtstaatlicher Gruppen selbst. Indem sie als Oberbegriff die „Verantwortlichkeit"[652] wählte, sah sie auf staatlicher Handlungsseite drei Verantwortungsebenen eröffnet:

Zunächst existieren Fällen, in denen Individuen, die ein Verbrechen verübt haben, strafrechtlich verantwortlich sind. Auf der zweiten Ebene können Vorgesetzte gemäß den Prinzipien der Vorgesetztenverantwortlichkeit zur Rechenschaft gezogen werden. Und zuletzt kann der Staat selbst verantwortlich sein, indem er sich die Handlungen seiner Organe zurechnen lassen muss. Diese letztgenannte Haftungsebene zählt dabei nicht zur Haftung im Sinne des Strafrechts, da Völkerrechtsverbrechen nur von Individuen begangen werden können, sie ist vielmehr Teil des Völkerdeliktsrechts. Während es im Rahmen des Völkerstrafrechts um punitive Mechanismen geht, bedeutet eine deliktische Haftung des Staates die Wiederherstellung des völkerrechtskonformen Zustandes.[653] Damit sind die ersten beiden Verantwortungsebenen im Zusammenhang mit dem bereits Behandelten zu sehen, die dritte Ebene einer kollektiven Verantwor-

---

650 Siehe Kapitel 3 II.

651 Zegveld, Bruges Colloquium, Relevance of International Humanitarian Law to Non-State Actors, 25-26 October 2002, S. 153 (153).

652 Ebenda.

653 Dahm/Delbrück/Wolfrum, Völkerrecht, Band I/3, S. 995; Ipsen, in: Ipsen, Völkerrecht, vor § 39 Rn. 1 ff.; Jescheck, in: EPIL, vol. II, 1982, S. 1119 (1120 f.); Werle, Völkerstrafrecht, Rn. 96.

tung von Rebellengruppen und Organisationen bildet einen weiteren Fragenkreis, der die brisante Problematik der Völkerrechtssubjektivität berührt.

Im Rahmen einer individuellen strafrechtlichen Verantwortlichkeit kann die Völkerrechtssubjektsproblematik als überwunden gelten. Denn spätestens seit dem Zweiten Weltkrieg ist anerkannt, dass Kriegsverbrechen von Einzelpersonen begangen werden. Seit der Entscheidung des Jugoslawientribunals in der Rechtssache Tadic gilt nun auch das gleiche für die Täter in nicht-internationalen bewaffneten Konflikten.[654] Das Individuum ist Adressat der Strafbestimmungen.[655] Sollen jedoch strafrechtlich relevante Handlungen zugerechnet werden, so schreibt Zegveld:

> *"International responsibility is commonly considered to be a state-like feature, as the main subjects of the law."*[656]

Und wieder ist der Grund ein altes Problem:

> *"The international order is unfavourable towards according international legal status to non-state actors."*[657]

Die vorliegende Arbeit befasst sich daher an dieser Stelle mit der Zurechnungsproblematik, zum einen im Rahmen einer Vorgesetztenverantwortlichkeit nichtstaatlicher Befehlshaber, zum anderen wird die Möglichkeit einer kollektiven Deliktshaftung substaatlicher Gruppierungen behandelt. Die zentrale Frage lautet, ob es neben der von Zegveld herausgestellten dreistufigen Haftung auf Staatsseite[658] eine parallele Haftung auf nichtstaatlicher Seite gibt und wenn ja, wie diese in der Praxis Umsetzung findet.

1. Vorgesetztenverantwortlichkeit

a) Anwendungsvoraussetzungen

Das Prinzip der Vorgesetztenverantwortlichkeit, d. h. die strafrechtliche Haftung eines Täters für die Verletzung einer ihm aus seiner übergeordneten Position erwachsenden Garantenpflicht durch Unterlassen,[659] war bis in die neunziger

---

654 Siehe Kapitel 4 II.3.b)bb).

655 Triffterer, in: Gössel (Hrsg.), Gedächtnisschrift für Zipf, S. 493 (505 ff.).

656 Zegveld, Bruges Colloquium, Relevance of International Humanitarian Law to Non-States Actors, 25-26 Ocotber 2002, S. 153 (153).

657 Ebenda.

658 Ebenda.

659 Ambos, Der Allgemeine Teil des Völkerstrafrechts, S. 366.

Jahre für die Befehlshaber der staatlichen Armeen vorbehalten. So stellt etwa das US-amerikanische Field Manual 22-100 apodiktisch fest: "The military commander has complete and overall responsibility for all activities within its unit".[660] Es war daher ein weiter Weg vom In Re Yamashita Fall[661] - dem Präzedenzfall für Kriegsverbrechen und Vorgesetztenverantwortlichkeit in internationalen Konflikten – bis hin zu Art. 28 („Verantwortlichkeit militärischer Befehlshaber und anderer Vorgesetzter") und Art. 33 („Anordnungen Vorgesetzter") des Rom Statuts, die unterschiedslos für beide Arten von Konflikten gelten. Maßgeblich für den Schritt, das Prinzip der Vorgesetztenverantwortlichkeit auf nicht-internationale Konflikte zu erweitern, war die Entscheidung des ICTR im Fall Akayesu, in der das Gericht erstmals diesen Grundsatz auf einen nicht-internationalen Konflikt, den Bürgerkrieg in Ruanda, anwandte:

> *"The Tribunal has found that the Accused had reason to know and in fact knew that acts of sexual violence were occurring on or near the premises of the bureau communal and that he took no measures to prevent these acts or punish the perpetrators of them [...] Although the evidence supports a finding that a superior/subordinate relationship existed between the Accused and the Interahamwe who were at the bureau communal, the Tribunal notes that there is no allegation in the Indictment the Interahamwe, who are referred to as "armed forces militia" were subordinates of the accused. This relationship is a fundamental element of the criminal offense set forth in Article 6 (3). The amendment of the Indictment with additional charges pursuant to Article 6 (3) could arguably be interpreted as implying an allegation of the command responsibility required by Article 6 (3). In fairness to the Accused, the Tribunal will not make this inference. Therefore, the Tribunal finds that it cannot consider the criminal responsibility of the Accused under Article 6 (3)."*[662]

Eine Verurteilung Akayesus scheiterte danach an den tatsächlichen Gegebenheiten und nicht etwa an rechtsdogmatischen Schwierigkeiten, das Prinzip der Vorgesetztenverantwortlichkeit auf nicht-internationale bewaffnete Konflikte zu erweitern.

Das ICTR konnte sich in dieser Entscheidung aber auf ein verbliebenes staatliches Element stützen, denn der Angeklagte war als Angehöriger der paramilitärischen Verbände der Regierungsseite zuzuordnen. Dass diese Eigenschaft aber nicht notwendig Voraussetzung für die Anwendung des Prinzips der Vorgesetz-

660 Field Manual 22-100, supra, § 22.

661 327 U.S. 1, 90 L ed 499 (1946); Lael, The Yamashita Precedent: War Crimes and Command Responsibility.

662 CTR, The Prosecutor v. Akayesu, TC, 2 September 1998, Case no. ICTR-96-4-T, § 691.

tenverantwortlichkeit sein muss, wurde in einem anderen Fall, dem Fall Aleksovksi, diesmal vor dem ICTY entschieden:

> *"Any person acting de facto as a superior may be held responsible under Article 7(3). The decisive criterion in determining who is a superior according to customary international law is not only the accused's formal legal status but also his ability, as demonstrated by his duties and competence, to exercise control."*

Damit ist das Prinzip der Vorgesetztenverantwortlichkeit weitestgehend von seinen staatsorientierten Voraussetzungen losgelöst. Es gilt für militärische Befehlshaber und zivile Vorgesetzte, in internationalen und nicht-internationalen bewaffneten Konflikten.

Notwendig bleibt aber weiterhin, in Anlehnung an staatliche Armeestrukturen, eine Befehlskette. Kurz gesagt, bedarf es für die Befehlsverantwortlichkeit ein bestimmtes Maß an Organisation innerhalb einer paramilitärischen Gruppierung oder einer Rebellenbewegung. Denn nur wenn der Vorgesetzte, die effektive Kontrolle über seine Untergebenen[663], d. h. "[the] material ability to prevent and punish the commission of the offences"[664], besitzt, kann auf objektiver Seite eine Zurechnungskette hergestellt werden. Art. 28 Rom Statut nimmt daher Bezug auf "military commander or person effectively acting as a military commander". Nun mag man sich schwer tun, Anführer einer substaatlichen Gruppierung als Kommandanten einzustufen und will diesen Terminus allein den Befehlshabern staatlicher Armeen vorbehalten. So sind die Anführer nichtstaatlicher Kampfverbände zumindest von der Formulierung "person effectively acting as a military commander" erfasst. Die Ausweitung des Prinzips der Vorgesetztenverantwortlichkeit auf nicht-internationale Konflikte wurde damit mit dem Rom Statut in Einklang mit der Rechtsprechung des ICTY und des ICTR vertraglich vollzogen.

b) *Praktische Anwendung*

Da nun die dogmatischen Voraussetzungen für eine strafrechtliche Verfolgung substaatlicher Befehlshaber vorliegen, könnte hinsichtlich der Aufarbeitung der Kriegsverbrechen in Bürgerkriegen optimistisch in die Zukunft geblickt werden. In Wahrheit ist aber wohl eher Skepsis angebracht, da bislang kaum Verfahren

---

663 ICTY, The Prosecutor v. Delalić et al., Appeal Chamber Judgement, 20 February 2001, Case no. IT-96-21-A, § 196; Ambos, Der Allgemeine Teil des Völkerstrafrechts, S. 676.

664 ICTY, Delalić, AC, § 256.

gegen nichtstaatliche Akteure stattgefunden haben. Die Tribunale für Jugoslawien und Ruanda befassten sich schwerpunktmäßig mit den Kriegsverbrechen staatlicher Machthaber. Die Anklägerin des Jugoslawientribunals Carla del Ponte versprach jedoch im Jahr 2002 Besserung. Ihre Aufgabe sei es, die politische und militärische Führung beider Seiten strafrechtlich zu belangen.

aa) Beispiel Bosnien-Herzegowina (ICTY)

Am 15. November 2004 begann der erste Prozess gegen drei frühere Mitglieder der Kosovo Liberation Army. Die Angeklagten Fatmir Limaj, Haradin Bala und Isal Musliu haben sich nicht schuldig im Sinne der Anklage erklärt, die ihnen Verbrechen gegen die Menschlichkeit und Verletzungen der Gesetze und Gebräuche des Krieges im Zusammenhang mit den Ereignissen in einem Lager im Zentralkosovo nahe des Dorfes Lapusnik vorwirft. Wie dieser Fall auch ausgehen mag, es ist der erste, in dem tatsächlich Angehörige einer Guerillabewegung[665] für Taten in ihrem Verantwortungsbereich angeklagt sind. Limaj war in dem Zeitraum von Mai bis Juli 1998 Kommandant der KLA für die Region Zentralkosovo, Musliu – so die Ankläger – war einer seiner Untergebenen, verantwortlich für das Dorf Lapusnik. Bala war Kommandant des Lagers selbst. Während dieser drei Monate – so wollen die Ankläger beweisen – wurden mehr als 30 Männer, die von Limaj Truppen gefangen genommen wurden, im Lager unter schrecklichen Bedingungen interniert, geschlagen und getötet.[666]

Die Verteidigung von Limaj und Musliu plant bereits die Vorgesetztenverantwortlichkeit ihrer Klienten mit der Behauptung zu entkräften, die Kosovo Liberation Army hätte zum fraglichen Zeitpunkt keine organisierten Strukturen besessen, ebenso wenig eine staatlichen Armeen vergleichbare Hierarchie. Ihre Mitglieder seien den Angeklagten nicht aufgrund von Befehlen, sondern auf der Grundlage einer Vertrauensbasis in den Kampf gefolgt.[667] Nun ist dies letztendlich ein Beweisproblem, das nicht nur speziell die KLA betrifft, sondern auf viele Rebellenorganisationen zugeschnitten ist. Eine Strafverfolgung potenzieller substaatlicher Befehlshaber ist so unweit schwieriger als in internationalen Konflikten, in denen Armeen kämpfen, die gerade diesen Strukturprinzipien folgen.

665 Näheres zur Kosovo Liberation Army unter: www.fas.org/irp/world/para/kla.htm.

666 Farquhar, Tribunal Stages First Kosovar Trial, Institute for War and Peace Reporting, 14 November 2004, abrufbar unter: www.globalpolicy.org/intljustice/tribunals/yugo/2004/1114kosovar.htm.

667 Ebenda.

Für die KLA jedoch dürfte der Verteidigung der Beweis einer schlecht organisierten Truppe wohl kaum gelingen.[668]

bb) Beispiel Ruanda (ICTR)

Auch das Ruandatribunal legte seinen Schwerpunkt auf die Verfolgung von Genozidverbrechen, die durch den ruandischen Staat und von Individuen, die mit dem ruandischen Staat in Beziehung stehen, begangen wurden.[669] Die Rwanda Patriotic Front ist der Aufmerksamkeit des Tribunals bislang entgangen. Die frühere Anklägerin Carla del Ponte hatte zwar auch hier versprochen, Mitglieder der RPF zur Verantwortung zu ziehen. Bevor sie dieses Versprechen aber einlösen konnte, wurde sie einstimmig vom UN-Sicherheitsrat ihres Amtes enthoben. Ihr Nachfolger Hassan Bubacar Jallow zeigt keinen Eifer, die Absichten seiner Vorgängerin wahrzumachen. Del Ponte selbst macht Großbritannien und die USA, beides Alliierte der Tutsi-Regierung von Paul Kagame, der nun viele frühere Mitglieder der RPF angehören, für ihre Entfernung aus dem Amt verantwortlich.[670]

cc) Beispiel Uganda (IStGH)

Man kommt damit nicht umhin, anzunehmen, dass diese Tribunale in erster Linie geschaffen wurden, um staatliche Befehlshaber gerichtlich zu verfolgen. Es ist zu erwarten, dass sich auch der Internationale Strafgerichtshof (IStGH) auf diesen Bereich konzentrieren wird, denn das Gericht wird zuerst und vor allem eine Lücke des nationalen Rechts im Rahmen der Bestrafung staatlicher Organe schließen, eine Lücke, die jedoch im Vergleich zur Verantwortlichkeit substaatlicher Anführer weitaus geringer ist. Was jedoch seit 2004 stattfindet, sind Untersuchungen des IStGH zu Kriegsverbrechen und Menschenrechtsverletzungen im Zusammenhang mit dem neunzehnjährigen Bürgerkrieg in Uganda, u. a. mit dem Ziel den Anführer der Lord's Resistance Army (LRA), Joseph Kony, und andere führende Köpfe der LRA vor den Internationalen Strafgerichtshof zu stellen.[671]

---

668 www.fas.org/irp/world/para/kla.htm.

669 Zegveld, Bruges Colloquium, Relevance of International Humanitarian Law to Non-State Actors, 25-26 Octobre 2002, S. 153 (155).

670 Carroll, Genocide Tribunal 'Ignoring Tutsi Crimes', in: Guardian, January 13, 2005, abrufbar unter: www.globalpolicy.org/intljustice/tribunals/rwanda/2005/0113tutsicrimes.htm.

671 Ssenyonjo, in: Journal of Conflict and Security Law, vol. 10, 2005, S. 405 (405).

dd) Beispiel Sierra Leone (SCSL)

Mit der Gründung des Special Court for Sierra Leone (SCSL) wird vielleicht nun die verbleibende Lücke ausgefüllt. Es stellt die Bestrafung der Führungsriege aller am Bürgerkrieg in Sierra Leone beteiligten Parteien in Aussicht und wäre damit das erste Gericht, das schwerpunktmäßig substaatliche Befehlshaber zur Verantwortung zieht.[672] Tatsächlich hat der Ankläger des SCSL bislang 13 Personen angeklagt, darunter Charles Taylor, den ehemaligen Präsidenten von Liberia, Foday Sankoh, Anführer der RUF, Johnny Paul Koroma, aber auch Hinga Norman, Koordinator der CDF. Neun Personen befinden sich in der Haftanstalt des Gerichtshofs und warten auf ihren Prozess: sechs davon gehören zu RUF/AFRC und drei zu den CDF.[673]

Trotz dieser Erfolge hat das Sondergericht für Sierra Leone aber mit Schwierigkeiten zu kämpfen, die auch hier die praktische Durchführung der Verfahren gegen die Hauptverantwortlichen des Bürgerkrieges in Sierra Leone unmöglich machen. So starb Foday Sankoh, der brutale Rebellenführer, in Haft. Sam ‚Mosquito' Bockarie, Sankohs Kommandant, wurde bei dem Versuch, die Grenze Liberias zum Staat Elfenbeinküste zu überqueren, ins Gesicht geschossen, so dass es eine Zeitlang dauerte, seine Leiche zu identifizieren. Der Aufenthaltsort von Johnny Paul Koroma, der anderen Schlüsselfigur des Bürgerkrieges, ist unbekannt und bleibt Gegenstand wilder Spekulationen. UN-Beobachter glauben, er sei in Liberia getötet worden oder halte sich im Dschungel versteckt. Es gibt jedoch auch Meldungen, dass er immer wieder in den Nachtclubs von Freetown gesichtet werde. Zumindest seine Familie lebt hier weiterhin unbehelligt. Johnny Paul Koroma wird vom Ankläger daher auch bis zum Beweis des Gegenteils als noch am Leben betrachtet. Charles Taylor, der frühere liberianische Präsident, den viele beschuldigen, den Konflikt in Sierra Leona erst entfacht zu haben, lebt im Exil in Nigeria, außerhalb der Reichweite des Gerichtshofs.[674] "Without those four, the court has lost a lot of its reason for being", sagt Andrew Koroma, Eigentümer mehrerer Radiostationen in Sierra Leone,[675] eine Aussage, die wohl auf die Arbeit aller internationaler Ge-

---

672 Siehe zur Kritik an der begrenzten personalen Zuständigkeit des SCSL: Kapitel 4 III.1.b)bb)(2).

673 Schweizerische Gesellschaft gegen Straflosigkeit, abrufbar unter: www.trial-ch.org/de/justiz_sierra4.htm.

674 Nichols, Truth Challenges Justice in Freetown, in: Washington Times, 5 January 2005, abrufbar unter: www.globalpolicy.org/intljustice/tribunals/sierra/2005/0105freetown.htm.

675 Ebenda.

auf die Arbeit aller internationaler Gerichtshöfe zutrifft, so dass sich die Frage stellt, ob es Alternativen zu diesen Straftribunalen gibt.

c) Weitere Durchsetzungsmodelle

Eine Option könnte die Bestrafung von Einzeltätern durch die substaatlichen Gruppen selbst darstellen. Dieser Vorschlag, so ist schon jetzt abzusehen, wird jedoch wenig Unterstützung innerhalb der Staatengemeinschaft finden, da die Staaten sich allgemein schwer tun, derartige Souveränitätsrechte auf nichtstaatliche Gebilde zu übertragen.[676] Eine Übertragung von Jurisdiktionsgewalt käme schließlich einer Anerkennung von Völkerrechtssubjektivität gleich.

Als weitere Möglichkeit könnte dem betroffenen Staat eine Befugnis zur Strafverfolgung eingeräumt werden. Menschenrechtsvereinbarungen legen bereits heute Staaten die Ahndung von Menschenrechtsverletzungen auf. Das humanitäre Völkerrecht könnte sich in eine ähnliche Richtung bewegen. Jedoch kann eine solche Bestrafungsmöglichkeit nur unter Berücksichtigung der Kapazitäten eines Landes durchgeführt werden[677] und immer existiert die Befürchtung, dass die Staaten es vorziehen werden, den Täter wegen Landesverrats und nicht wegen Verletzungen des internationalen Rechts zu bestrafen.

Als letzte Option könnten dritte Staaten mit der Bestrafung substaatlicher Befehlshaber für Verletzungen des Völkerrechts auf der Grundlage einer universellen Gerichtsbarkeit beauftragt werden. Damit würde aber zugleich das Bestrafungssystem der schweren Verletzungen der Genfer Abkommen auf innerstaatliche Konflikte ausgeweitet, was die Berufungskammer des Jugoslawientribunals in der Rechtssache Tadic aber ausdrücklich unter Hinweis auf einen fehlenden Staatenkonsens abgelehnt hatte.[678]

Nun sind diese Varianten wenig viel versprechend, so dass anknüpfend an die bereits geschaffenen dogmatischen Rahmenbedingungen die weitere Entwicklung der Strafverfolgung von nichtstaatlichen Befehlshabern abzuwarten sein wird. Nicht nur im Hinblick auf die bislang schleppende Umsetzung des Prinzips der Vorgesetztenverantwortlichkeit in nicht-internationalen bewaffneten Konflikten, sondern auch in Bezug auf allgemeine strafpräventive Effekte sollten die positiven Auswirkungen auf die Einhaltung des humanitären Völker-

---

676 Siehe Kapitel 3 I.2.a).

677 Dies war gerade problematisch im Fall Sierra Leones: Kapitel 4 III.1.b).

678 Siehe Kapitel 4 II.2.

rechts dabei nicht überbewertet werden. Zwar wird so ermöglicht, Befehlshaber für Taten, an denen sie nicht unmittelbar beteiligt sind, einer Bestrafung zuzuführen. Die Taten selbst lassen sich aber kaum verhindern. Letztendlich bedarf es dafür eines Umdenkungsprozesses insgesamt, der nur mit der Schaffung einer kollektiven Rechtsbewusstseins eingeleitet werden kann. Dafür müssten die substaatlichen Gruppen selbst zur Verantwortung gezogen werden, so dass unabhängig von der effektiven Umsetzung der Vorgesetztenverantwortlichkeit immer noch eine Herausforderung für das humanitäre Völkerrecht bleibt.

2. Kollektive Verantwortlichkeit

a) Verantwortlichkeit der Staaten für völkerrechtswidrige Handlungen

Während das Prinzip der Vorgesetztenverantwortlichkeit auf nicht-internationale Konfliktkonstellationen und ihre Akteure ausgeweitet werden konnte, ist es bislang nicht gelungen, einen ähnlichen Konsens im Rahmen der kollektiven Haftung substaatlicher Gruppierungen zu erzielen. Zwar hat die Harvard Draft Convention on the International Responsibility of States for Injuries to Aliens einen Vorschlag für die Haftung von Rebellenbewegungen gemacht. Der Entwurf wählt aber als Haftungsbeginn den Zeitpunkt, ab dem die Rebellen selbst Staatsfunktionen erfüllen:

> *"In the event of a revolution or insurrection which brings about a change in the government of a State or the establishment of a new State, an act or omission of an organ, agency, official or employee of a revolutionary or insurrecting group is, for the purposes of Convention, attributable to the State in which the group established itself as the government."*[679]

Für Gruppen dagegen, die sich noch im Kampf gegen eine etablierte Regierung befinden, existiert keine Regelung. Art. 25 Rom Statut befasst sich nur mit Rebellen als Individuen; allenfalls die Konkretisierung der individuellen strafrechtlichen Verantwortlichkeit in Art. 25 Abs. 3 Rom Statut indiziert, dass es eine rechtliche Berücksichtigung als Kollektiv geben könnte:

---

679 Zitiert nach: Santos, The International Criminal Court and Rebel Groups; abrufbar unter: www.icbl.org/wg/nsa/library/iccrblgr.html.

„(3) In Übereinstimmung mit diesem Statut ist für ein der Gerichtsbarkeit des Gerichtshofs unterliegendes Verbrechen strafrechtlich verantwortlich und strafbar, wer

[...]

d) auf sonstige Weise zur Begehung oder versuchten Begehung eines solchen Verbrechens durch eine mit einem gemeinsamen Ziel handelnde Gruppe von Personen beiträgt. Ein derartiger Beitrag muss vorsätzlich sein und entweder

i) mit dem Ziel geleistet werden, die kriminelle Tätigkeit oder die strafbare Absicht der Gruppe zu fördern, soweit sich diese auf die Begehung eines der Gerichtsbarkeit des Gerichtshofs unterliegenden Verbrechen beziehen, oder

ii) in Kenntnis des Vorsatzes der Gruppe, das Verbrechen zu begehen, geleistet werden."

Die Idee einer kollektiven Haftung substaatlicher Gruppen hatte zuvor in einem Entwurf der Coalition for an International Criminal Court (CICC) zwar Beachtung gefunden: "Debate exists, however, on the criminal responsibility of legal persons (corporations)" wie auch über "applicable penalties for a person and legal person (or corporation) convicted of a crime".[680] Dieser Entwurf wurde jedoch nicht in das Rom Statut übernommen. Stattdessen folgte man dem Konzept des ICTY, für den im Rahmen seiner personalen Zuständigkeit gilt: "the tribunal has jurisdiction only in respect of natural persons; there is to be no repetition of the trials of organisations which occured at Nuremberg"[681]. Gemäß Art. 25 Abs. 4 Rom Statut bleiben die Bestimmungen über „die Verantwortung der Staaten nach dem Völkerrecht" daher unberührt.

Art. 10 der Resolution 56/83 zur "Verantwortlichkeit der Staaten für völkerrechtswidrige Handlungen" knüpft ebenfalls an den Zeitpunkt der Regierungs- bzw. Staatsbildung an. Die International Law Commission hatte zwar im ersten Entwurf zur „Verantwortlichkeit der Staaten für völkerrechtswidrige Handlungen" deren Einbeziehung angestrebt. Art. 14 § 3 lautete:

"[The non-responsibility of the state for acts of insurgents] is without prejudice to the attribution of the conduct of the organ of the insurrectional movement to that movement in any case in which such attribution may be made under international law".[682]

---

680 CICC, The Draft Statute, Rome Conference, June 1998.

681 Greenwood, in: International Affairs, vol. 69, 1993, S. 641 (652).

682 State Responsibility, Text of the draft articles provisionally adopted by the Commission on first reading, abrufbar unter: http://Icil.law.cam.ac.uk/ILCSR/Arts.htm.

Die Vorschrift wurde jedoch aus der letzten Version der Resolution 56/83, wie sie der UN-Generalversammlung vorgestellt und von ihr verabschiedet wurde, gestrichen. Der Sonderberichterstatter James Crawford sah für Bestimmungen, die sich nicht ausdrücklich mit Staaten befassten, keinen Raum. Zwar sei eine solche Haftung von Rebellenorganisationen ins Auge zu fassen. Bislang seien dahingehende Überlegungen aber besser in der Kommentierung als in den Normen der International Law Commission aufgehoben.[683] Verantwortlichkeit ist damit weiterhin im traditionellen Sinne zu verstehen, meint also Staatenverantwortlichkeit und zwar immer dann, wenn Verletzungen des internationalen Rechts dem Staat zugerechnet werden können.

b) Anwendungsschwierigkeiten bei Rebellengruppen

Mit dem Verlust des staatlichen Gewaltmonopols und dem Entstehen der Entstaatlichung der Gewalt stellt sich die Frage nach der Angemessenheit des Festhaltens an diesem System. Denn letztendlich funktioniert es auf der Vorstellung, dass die internationale Staatengemeinschaft nur ein Interesse an Staatshaftung hat, nicht jedoch an der Einbeziehung sonstiger Verbände. Das kann nur insoweit richtig sein, als es um Souveränitätsinteressen geht, muss aber dort enden, wo die Interessen eines friedlichen Zusammenlebens berührt werden. Denn hier steht erneut das Interesse des Souveräns als möglichst einziger Agitator auf der internationalen Ebene gegen die Bedürfnisse zur effektiven Durchsetzung des internationalen Rechts, das zunehmend und überwiegend anderen Akteuren begegnet. Eine Einbeziehung von Rebellengruppen kann aber nur dann erreicht werden, wenn Rebellengruppen als ganzes mit Rechten aber eben auch mit Pflichten, deren Verletzung eine Haftung nach sich zieht, belegt werden. Das wiederum bedeutet, die Anerkennung von Völkerrechtssubjektivität, so dass man sich in einem Rechtsteufelkreis bewegt, zu dessen Auflösung ein Staatenkonsens notwendig, aber nicht absehbar ist.

Fragt man dennoch hypothetisch, inwieweit eine Ausweitung der Regelungen zur „Verantwortlichkeit der Staaten für völkerrechtswidrige Handlungen" auf substaatliche Gruppen möglich wäre, so muss man feststellen, dass nicht nur der fehlende Wille der Staatengemeinschaft, sondern auch praktische Überlegungen eine entscheidende Hürde bilden. Angesichts der Diffusion von Gewalt ist es fraglich, wer Zurechnungsobjekt etwaiger Verletzungshandlungen sein soll.

---

683 Zegveld, Bruges Colloquium, Relevance of International Humanitarian Law to Non-State Actors, 25-26 October 2002, S. 153 (157).

Denn wie aufgezeigt wurde, kämpfen heute verschiedene, oftmals nicht ohne weiteres voneinander unterscheidbare Rebellengruppen gegeneinander.[684] Die internationale Praxis spricht lediglich von Mitgliedern nichtstaatlicher Gruppierungen, deren Handlungen die Verantwortlichkeit der Gruppe begründen können. So wird häufig auf die „Mitglieder von Al-Khaida"[685] Bezug genommen. Aber wer bildet den Kreis der Mitglieder? Nun gibt es, überspitzt formuliert, für die Zugehörigkeit zu diesen Gruppen keinen Mitgliedsausweis. Auch stellt sich die Frage, ob ihnen nur aktive Kämpfer oder aber auch Zivilisten angehören können. Wenn ja, was müsste deren Beitrag sein? Letztendlich kennt das internationale Recht dafür keine Lösung.

Unabhängig von diesem praktischen Problem bleibt die Frage nach einer Ausweitung der Regelungen zur Staatenverantwortlichkeit dennoch dort legitim, wo nichtstaatliche Gruppen staatsähnliche Merkmale aufweisen, d. h. ein Kollektiv mit einem bestimmten Organisationsgrad bilden. Denn in manchen Regionen mit zerfallenden Staaten ersetzen Rebellengruppen das entstandene Machtvakuum, das die Hoheitsgewalt nicht mehr auszufüllen in der Lage ist. Ob diese neuen Machtapparate auch über organschaftliche Strukturen, wie von Resolution 56/83[686] vorausgesetzt, verfügen, bleibt fraglich. Für manche zumindest, wie für die Taliban, in der Form, in der sie vor dem Jahr 2001 existierten, trifft dies zu. So heißt es in einem Schreiben des Weißen Hauses vom 4. Juli 1999 die Taliban seien "the political/military entity, headquartered in Kandahar (Afghanistan), that as of the date of this order exercises de facto control over the territory of Afghanistan [...], its agencies and instrumentalities, and the Taliban leaders".[687] Dabei vermeidet das Schreiben zwar, die Verwaltungseinheiten der Taliban als Organe zu bezeichnen, da dies nun mal Begriffe des Staatsorganisationsrechts sind. Dennoch lässt die Definition ohne Zweifel, dass die Taliban staatsähnliche Charakteristika aufweisen, eine Anwendung der Resolution 56/83 zumindest denkbar wäre.

---

684 Siehe Kapitel 3 II.1.

685 „Al-Kaida-Mitglied in Marburg verhaftet"; abrufbar unter: www.zeit.de/2005/21/kaida; „Al-Kaidas Nummer drei in Pakistan festgenommen"; abrufbar unter: www.zeit.de/2005/19/Al_Liby; „Ranghohes Al-Kaida-Mitglied getötet"; abrufbar unter: www.tagesschau.de/aktuell/meldungen/0,1185,OID5013692_REF3,00.html; "Al-Kaida-Mitglieder 62.512 Jahre Haft gefordert"; abrufbar unter: www.stern.de/politik/panorama/:Al-Kaida-Mitglieder-62.512-Jahre-Haft/536567.html.

686 UN General Assembly, Res. 56/83 vom 12. Dezember 2001.

687 Clinton, Executive Order: Sanction on Afghan Taliban, The White House, 4 July 1999, abrufbar unter: www.un.int/usa/99afg76a.htm.

Eine entsprechende Anwendung der Regeln zur „Verantwortlichkeit der Staaten" auf der Grundlage staatsähnlicher Strukturen stößt dort an ihre Grenzen, wo kleinere bewaffnete Gruppen zum Zurechnungsobjekt werden sollen. Denn diese weisen weder eine klare Organisationsstruktur auf, noch besitzen sie Kontrolle über ein bestimmtes Territorium. Die Inter-American Commission on Human Rights schlug daher auch in ihrem dritten Bericht über Völkerrechtsverletzungen in Kolumbien vor, für Kleingruppen sollte ein Zurechnungszusammenhang über die Individuen hergestellt werden. Diese Gruppen funktionierten "through their command and control structures, respect, implement and enforce the rules governing hostilities set forth in international humanitarian law"[688], nicht jedoch durch staatsähnliche Hierarchien.

Aber auch dann wenn man zu dem Ergebnis kommt eine Übertragung der Regelungen der Resolution 56/83 sei möglich, bleiben Fragen offen, wie die, in welcher Form zu verfahren ist, wenn Handlungen zuzurechnen sind, die der Einzelne außerhalb des Einflussbereichs der Gruppe oder im Widerspruch zu etwaigen Befehlen begangen hat. Für Staaten gilt nach Art. 7 Resolution 56/83, dass Ungehorsam ihn nicht vor seiner Verantwortung schützt. Kann das gleiche auch für Rebellenorganisationen gelten?

Als letzter Punkt bleibt problematisch, dass kein Forum existiert, vor dem substaatliche Gruppierungen zur Verantwortung gezogen werden könnten. Bislang hat noch nicht einmal ein internationales Gremium ein Mandat, die Anwendung des Völkerrechts durch die verschiedenen substaatlichen Organisationen zu beobachten. Denn wiederum bedeutet internationale Beaufsichtigung internationale Einmischung, der die souveränen Staaten insgesamt ablehnend gegenüberstehen. Jedoch haben verschiedene internationale Gremien wie der UN-Sicherheitsrat, die UN Commission on Human Rights und die Inter-American Commission on Human Rights aus eigener Initiative ihren Aufgabenbereich auf Aktionen nichtstaatlicher Gruppen ausgeweitet. So begrüßenswert diese Vorgänge auch sind, letztlich bleiben die Handlungsmöglichkeiten dieser internationalen Beobachter ohne offiziellen Auftrag sehr eingeschränkt. So hat die Inter-American Commission on Human Rights zwar durch substaatliche Gruppierungen begangene Menschenrechtsverletzungen und Verletzungen des humanitären Völkerrechts in ihren Bericht aufgenommen, die formellen Regelungen aber unverändert gelassen, so dass sie zwar Verletzungen des humanitären Rechts fest-

688 Inter-American Commission on Human Rights, Third Report on the Human Rights Situation in Colombia, OEA/Ser.L/V/II:102, Doc. 9 rev. 1, 26 February 1999.

stellen kann, aber ohne rechtliche Konsequenzen. Es ist vorgesehen, dass sie ihren Bericht an "the government of the member state in question"[689] weiterleitet, um mögliche Informationen zu erhalten und die Regierung zur Zusammenarbeit zu bewegen. Eine Kontaktaufnahme mit einer Rebellengruppe ist dagegen formell nicht vorgesehen. Nicht überraschend hat die Kommission daher auch auf ihre Schwierigkeiten im Rahmen von Verletzungen durch substaatliche Gruppen hingewiesen:

> *"If the commission, in violation of its mandate, were to agree to process a denunciation involving some alleged acts of terrorism, in doing so it would implicitly place terrorist organizations on an equal footing with governments, as the Commission would have to transmit the denunciation to the subversive organization which allegedly is responsible for the act and request that it make such observations as it deems appropriate. Undoubtedly, such organizations would be very pleased to be dealt with as if they were governments. But, what government in the hemisphere could tolerate an implicit recognition of quasi-governmental status for an organization of this kind?"*[690]

Bislang bleiben die vorangestellten Überlegungen aber alle rein hypothetisch, denn gemäß Art. 10 Resolution 56/83 greift eine Verantwortlichkeit für nichtstaatliche Gruppen erst im späteren Verlauf eines Konflikts ein, wenn diese einen neuen Staat (Abs. 2) oder eine neue Regierung (Abs. 1) bilden. Wo also eine unbeabsichtigte Regelungslücke fehlt, ist kein Raum für etwaige Analogien. Nun mag man sagen, dies spiele keine Rolle, wenn nur die Machtübernahme abzuwarten sei. Damit lässt man aber außer Betracht, dass viele Gruppen eine solche Übernahme der Regierungsgeschäfte gar nicht anstreben.[691] Darunter fallen die allein aus ökonomischen Motiven agierenden Warlords, aber in erster Linie auch alle terroristischen Gruppen.[692] Die letztgenannten streben gerade nur eine stetige Schwächung der etablierten Regierung an, nicht jedoch deren Ablösung, so dass Art. 10 Resolution 56/83 sie zu keinem Zeitpunkt erfassen wird.

---

689 Regulations of the Inter-American Commission on Human Rights, Basic Documents Pertaining to Human Rights in the Inter-American System, OEA/Ser.L.V/II.82 doc. 6 rev. 1 at 103 (1992), Art. 62 a.

690 Inter American Commission on Human Rights, Report on the Situation of Human Rights in the Republic of Colombia, OEA/Ser.L/V/II.53 doc. 22, 30 June 1981.

691 Siehe Kapitel 2 III.2.b).

692 Siehe Kapitel 3 II.2.a).

V. Zusammenfassung der Rechtsprechungsentwicklung

Ausgehend von der Entwicklung des Völkerstrafrechts der letzten Jahrzehnte ist von mehreren Seiten eine Verbindung zu der Frage gezogen worden, inwieweit die Regeln des humanitären Völkerrechts auf nicht-internationale bewaffnete Konflikte ausgeweitet wurden. Die Entwicklung des Völkerstrafrechts vollzieht sich dabei in rasanter Geschwindigkeit, betrachtetet man im Gegensatz dazu, die ansonsten zögerliche Fortbildung des übrigen humanitären Völkerrechts. So ist auf der Grundlage einer menschenrechtsorientierten Argumentation des Internationalen Straftribunals für das ehemalige Jugoslawien eine Strafbarkeit von Kriegsverbrechen für diese Konflikte entstanden. Für den gemeinsamen Art. 3 GAbk. und für die in Zusatzprotokoll II enthaltenen grundlegenden Prinzipien des Opferschutzes hat das Gericht einen Strafcharakter anerkannt und zusätzlich nichtstaatliche Kriegsverbrecher in den Adressatenkreis völkerrechtlicher Straftatbestände einbezogen. Dies beendete zumindest zum Teil eine selektive Behandlung gleicher Sachverhalte; das ICTY zweifelte an, weshalb in nicht-internationalen bewaffneten Konflikten andere Regeln für die Strafbarkeit von Verstößen gelten sollten als in internationalen Auseinandersetzungen.

Bei der Herstellung gleicher Strafbarkeitsvoraussetzungen waren dem Gericht zugleich Grenzen gesetzt, nämlich dort wo kein Völkergewohnheitsrecht für nicht-internationale bewaffnete Konflikte existierte. Das ICTY bestätigte den gewohnheitsrechtlichen Charakter des gemeinsamen Art. 3 GAbk. und stellte ihn für fundamentale Bestimmungen des Zusatzprotokolls II fest. Daneben erstrecken sich laut Aussage des Gerichts auch eine Reihe von Regelungen zu Kampfmitteln und Kampfmethoden auf innerstaatliche Konfliktsituationen. Diese betreffen Bereiche wie "[the] protection of civilians from hostilities, in particular from indiscriminate attacks, protection of civilian objects, in particular cultural property, protection of all those who do not (or no longer) take active part in hostilities, as well as prohibition of means of warfare proscribed in international armed conflicts and ban of certain methods of conducting hostilities"[693].

Eine Schwierigkeit hat das ICTY dabei mit seiner Feststellung von Völkergewohnheitsrecht in diesen Bereichen beseitigen können. Das von ihm gefundenen Völkergewohnheitsrechts für nicht-internationale bewaffnete Konflikte findet unabhängig vom Ratifizierungsstand der Normen Anwendung. Dennoch spiegelt sich in ihm weiter die Souveränitätsproblematik des humanitären Völkerrechts

---

693 ICTY, Tadic, AC, 2 October 1995, Case no. IT-94-1-AR72, § 127.

wieder, denn dem gefundenen Völkergewohnheitsrecht ist gemeinsam, dass es keine detaillierten Regelungen, sondern vielmehr nur grundlegende Bestimmungen im Sinne des Opferschutzes trifft. Zudem hat das Völkerstrafrecht auch die Anwendungshürden des nicht-internationalen humanitären Völkerrechts, die aufgrund der Akzessorietät von humanitärem Völkerrecht und Kriegsverbrechen auch im Völkerstrafrecht berücksichtigt werden müssen, bislang nahezu unangetastet gelassen. Die einzige Ausnahme bildet Art. 8 Abs. 2 (f) des Rom Statuts. Die vielfältigen Schwierigkeiten, mit denen das Völkerstrafrecht im Bereich der Kriegsverbrechen zu kämpfen hat, sind daher untrennbar mit den Anwendungsproblemen des humanitären Völkerrechts für nicht-internationale bewaffnete Konflikte verbunden. Daneben existieren Probleme im Rahmen der Durchsetzung und praktischen Umsetzung der neuen Strafbefehle, die auch nicht durch die Schaffung neuer Straftribunale für Ruanda und Sierra Leone überwunden werden konnten. Nur wenige Strafverfahren wurden bislang tatsächlich gegen substaatliche Akteure bzw. gegen ihre Anführer durchgeführt. Es stellte sich heraus, dass die gefundene individuelle strafrechtliche Verantwortlichkeit nicht die Erfassung von Rebellengruppen im Sinne einer kollektiven Verantwortlichkeit ersetzen konnte. Zwar werden nun auch Befehlsstrukturen innerhalb substaatlicher Gruppierungen für eine Zurechnung von strafbaren Handlungen berücksichtigt, faktisch liegt der Schwerpunkt der Arbeit der Straftribunale jedoch weiter im Bereich der Strafbarkeit staatlicher Befehlshaber. Eine Erfassung substaatlicher Gruppen im Sinne eines haftbaren Kollektivs scheiterte zudem vollständig am Willen der Staatengemeinschaft.

Im Vergleich mit der übrigen Entwicklung des humanitären Völkerrechts nimmt die Arbeit der Straftribunale im Bereich nicht-internationaler bewaffneter Konflikte eine Vorbildfunktion ein. Aus rechtsstaatlicher Sicht kann sie aber nur als Anfang begriffen werden. Denn letztlich begrenzen staatliche Interessen weiterhin den Anwendungsumfang des humanitären Völkerrechts in nicht-internationalen bewaffneten Konflikten. Dies gilt sowohl für die Anzahl der anwendbaren Normen als auch für die Anwendungshürden des humanitären Völkerrechts und für den Adressatenkreis dieser Bestimmungen. Von einer äquivalenten Behandlung gleicher Sachverhalte ist das Völkerrecht daher noch weit entfernt.

KAPITEL 5

Multilaterale Vereinbarungen seit 1977

Seit der Kodifizierung der Genfer Abkommen im Jahr 1949 und der Zusatzprotokolle I und II zu den Genfer Abkommen aus dem Jahr 1977 hat es keine diplomatischen Konferenzen mehr gegeben, die in vergleichbarer Weise große Bereiche des humanitären Völkerrechts aufgearbeitet hätten. Stattgefunden haben aber seit 1977 verschiedene Vertragsverhandlungen zum humanitären Völkerrecht, in denen Fragen der Anwendbarkeit des Rechts erörtert wurden und deren Diskussionsstoff Nachweise für ein wachsendes Rechtsbewusstsein der Staaten zur Einbeziehung nicht-internationaler bewaffneter Konflikte in den Anwendungsbereich des humanitären Völkerrechts liefert. Ebenso zeigen Vorschläge zur Ausweitung eines zwingenden Bestrafungsmodells im Sinne der schweren Verletzungen der Genfer Abkommen ein zaghaftes Bewusstsein für mehr Kriminalisierung auf Kosten staatlicher Souveränität auch in nicht-internationalen bewaffneten Konflikten. Die Frage, in welchem Umfang sich dieses Rechtsbewusstsein in den Kodifikationen tatsächlich niedergeschlagen hat, bildet die Grundlage der folgenden Untersuchung.

I. Anwendungsbereiche

1. Inhumane-Waffen-Konvention von 1980

Das Übereinkommen über das Verbot oder die Beschränkung des Einsatzes bestimmter konventioneller Waffen, die übermäßige Leiden verursachen oder unterschiedslos wirken können (Inhumane-Waffen-Konvention) wurde am 10. Oktober 1980 in Genf verabschiedet. Die Bestimmungen der Konvention erweitern sowohl das humanitäre Völkerrecht im Bereich des Haager Rechts als auch das Abrüstungsrecht, wobei sie das Ziel verfolgen, den Gebrauch inhumaner, konventioneller Waffen in bewaffneten Konflikten auf das Äußerste zu beschränken.

Zu dem Übereinkommen gehören vier Zusatzprotokolle zu speziellen Waffen und Kampfmethoden. Während die ersten drei Protokolle gemeinsam mit der Konvention im Jahr 1980 verabschiedet wurden, ist das IV. Zusatzprotokoll über blindmachende Laserwaffen erst am 13. Oktober 1995 auf der ersten Review Conference zur Inhumanen-Waffen-Konvention erarbeitet worden. Protokoll I betrifft den Einsatz konventioneller Waffen, die nichtlokalisierbare Splitter verursachen, Protokoll II den Einsatz von Minen und Sprengfallen – mittlerweile wurde es am 3. Mai 1996 in einer neuen Fassung verabschiedet – und Protokoll III behandelt den Einsatz von Brandwaffen.

Nach dem ursprünglichen Wortlaut der Inhumanen-Waffen-Konvention folgte diese bei der Festlegung ihres Anwendungsbereichs den Vorgaben der Genfer Abkommen und ihrer beiden Zusatzprotokolle. Art. 1 sah vor, dass das Übereinkommen und die dazugehörigen Protokolle in den Situationen Anwendung finden, „die in dem den Genfer Abkommen vom 12. August 1949 zum Schutz der Kriegsopfer gemeinsamen Artikel 2 bezeichnet sind, einschließlich jeder in Artikel 1 Absatz 4 des Zusatzprotokolls I zu diesen Abkommen beschriebenen Situation". Damit hielt sie ausdrücklich an der Trennung des humanitären Völkerrechts in internationale und nicht-internationale bewaffnete Konflikte fest.

Die Protokolle, in der Form von 1980, nehmen hingegen keinerlei Bezug auf einen konfliktabhängigen Geltungsbereich. Dadurch sahen sich einige Autoren in der Vergangenheit zu der Schlussfolgerung veranlasst, die Regelungen der Zusatzprotokolle seien auch auf nicht-internationale bewaffnete Konflikte anwendbar.[694] Letztendlich war diese allein auf das Schweigen der Protokolle gestützte Argumentation aber im Hinblick auf den offensichtlichen Widerspruch zu Art. 1 Inhumane-Waffen-Konvention nicht haltbar.[695]

a) *Protokoll über blindmachende Laserwaffen*

Seit 1980 hat sich der Rahmen der Vertragsbestimmungen zu inhumanen Waffen in zweierlei Hinsicht erweitert. Ein wenn auch noch relativ kleiner Schritt wurde mit der Verabschiedung des IV. Zusatzprotokolls über den Einsatz blindmachender Laserwaffen am 13. Oktober 1995 vollzogen. Zwar ist auch hier der Wortlaut des Protokolls wie schon bei den anderen drei Protokollen hinsichtlich seines Anwendungsbereichs unbestimmt, erkennbar wird aber eine wachsende Rechtsüberzeugung der Staaten, nicht-internationale bewaffnete Konflikte sukzessive in den Regelungsbereich über inhumane Waffen einzubeziehen. Deutlich wird dies in Art. 1 S. 2 IV. Zusatzprotokoll, wonach sich die Hohen

694 Plattner, in: IRRC 1990, S. 551 ff.

695 Das IKRK hat eine Stellungnahme veröffentlicht, wonach die Konvention und ihr Zusatzprotokolle nur auf internationale bewaffnete Konflikte anwendbar sind: Statement by the ICRC of 20 October 1993, in: ICRC Review 1994, S. 56 (57 f.); Dörmann, in: HuV-I 1995, S. 203 (204).

Vertragsparteien verpflichten, blindmachende Laserwaffen „weder an einen Staat noch an eine nichtstaatliche Einrichtung“ weiterzugeben. Damit bleiben zwar allein die Staaten Adressaten des IV. Zusatzprotokolls und dieser konkreten Verpflichtung, zugleich spricht aus der Formulierung aber die Absicht, die Beschaffungsquellen für inhumane Waffen ebenso für nichtstaatliche Akteure abzuschneiden.

Auf der Vienna Conference, auf der das Laserwaffenprotokoll verhandelt wurde, befürworteten viele Staaten sogar einen noch viel weitergehenden Schritt, nämlich das Protokoll in allen Arten von Konflikten bzw. unter allen Umständen zur Anwendung zu bringen.[696] Am Ende wurde diese Streitfrage aber mit Rücksicht auf die bevorstehenden Verhandlungen zu Neuerungen im Minenprotokoll zurückgestellt und nach deren Abschluss nie wieder aufgenommen. Damit blieb der Anwendungsbereich des Laserwaffenprotokolls *de lege lata* durch Art. 1 der Inhumanen-Waffen-Konvention von 1980 definiert.[697] Bei der Signatur bzw. bei der Ratifizierung des Protokolls äußerten aber erneut verschiedene Staaten, das neue Protokoll in allen Konfliktformen, unter allen Umständen und wenn es der Sinn und Zweck des Protokolls erfordere, zur Anwendung zu bringen.[698] Damit bewegten sie sich auf einer Linie mit der wenige Wochen zuvor ergangenen Entscheidung des ICTY in der Rechtssache Tadic, in der das Tribunal die Absurdität eines legitimen Einsatzes von blindmachenden Laserwaffen gegen die eigene Bevölkerung gegenüber einem Verbot im internationalen Kontext herausstellte:

> *"[E]lementary considerations of humanity and common sense make it preposterous that the use by States of weapons prohibited in armed conflicts between themselves be allowed when States try to put down rebellion by their own nationals on their own territory."*[699]

b) *Protokoll über Minen, Sprengfallen und andere Vorrichtungen*

Die zweite wichtige Entwicklung setzte mit der Überarbeitung des II. Zusatzprotokolls über Minen, Sprengfallen und andere Vorrichtungen ein. Zwar sollte die Review Conference in erster Linie die Bestimmungen über Landminen verbessern. In den vorbereitenden Treffen waren die Erwartungen dennoch sehr hoch,

---

696 Zöckler, in: YIHL, vol. 1, 1998, S. 333 (338).

697 Ebenda.

698 Deklarationen Australiens, Deutschlands, Griechenlands, Irlands, Liechtensteins, Schwedens und der Schweiz; siehe Zöckler, S. 333 (338 f.).

699 ICTY, Tadic, AC, 2 October 1995, Case no. IT-94-1-AR72, § 119.

auch eine Erweiterung des Anwendungsbereichs des Landminenprotokolls auf nicht-internationale bewaffnete Konflikte zu erreichen. Die Vorschläge, in denen diese Erwartungen zum Ausdruck kommen, liefern daher auch einen wichtigen Nachweis über die jüngste Übung und Rechtsüberzeugung der Staaten in Bezug auf die Anwendung des humanitären Völkerrechts in nicht-internationalen Auseinandersetzungen.

Ein Vorschlag sah beispielsweise vor, nicht nur den Anwendungsbereich des II. Zusatzprotokolls, sondern auch den der Inhumanen-Waffen-Konvention auszuweiten. Bis zur Review Conference schaffte er es allerdings nicht.[700] Stattdessen brachte das Final Experts Meeting zwei auf das zu überarbeitende Protokoll beschränkte Alternativen vor, wovon die erste vorsah, das Protokoll II "in all circumstances" in Kriegs- und Friedenszeiten zur Anwendung zu bringen. Die zweite Alternative dagegen schränkte den Geltungsbereich des Protokolls ein, indem es neben internationalen Konflikten solche zulassen wollte, die im Gebiet einer der Hohen Vertragspartei stattfinden, vorausgesetzt, die Hürden des gemeinsamen Art. 3 GAbk. in Bezug auf „innere Unruhen" würden überschritten.[701]

Dies löste unter den Staatenvertretern heftigen Streit aus und führte aufgrund des souveränitätssensiblen Hintergrundes zu der Erklärung einiger Staaten, falls diese Vorschläge akzeptiert würden, müsste sichergestellt werden, dass sie keinen Präzedenzfall für das übrige humanitäre Völkerrecht schafften.[702] Umso herausragender ist damit, dass der zweite Alternativvorschlag tatsächlich in das II. Protokoll Aufnahme gefunden hat. So heißt es jetzt in Art. 1 Abs. 2:

> *„Dieses Protokoll findet neben den in Artikel 1 des Übereinkommens bezeichneten Situationen auf die in dem den Genfer Abkommen vom 12. August 1949 gemeinsamen Artikel 3 bezeichneten Situationen Anwendung. Es findet keine Anwendung auf Situationen innerer Unruhen und Spannungen wie Tumulte, vereinzelt und sporadisch auftretende Gewalttaten und sonstige Handlungen ähnlicher Art, die nicht als bewaffnete Konflikte gelten."*

Darüber hinaus formuliert das geänderte Landminenprotokoll nicht nur Verpflichtungen für die Staaten. Adressaten dieser Pflichten sind nun auch nichtstaatliche Akteure:

---

700 Lightfoot, in: Fordham Int'l L.J., vol. 18, 1995, S. 1526 (1549 f., Fn. 199).

701 Dörmann, in: HuV-I 1995, S. 203 (204); Lightfoot, S. 1526 (1550); Rydberg, in: ASIL Proc. 90 (1996), S. 384 (386 f.).

702 Rydberg, in: ASIL Proc. 90 (1996), S. 384 (387).

„Im Fall eines bewaffneten Konflikts, der keinen internationalen Charakter hat und sich im Hoheitsgebiet einer der Hohen Vertragsparteien ereignet, ist jede der am Konflikt beteiligten Parteien verpflichtet, die Verbote und Beschränkungen dieses Protokolls anzuwenden."[703]

Die Hoffnung aber, dass mit dem Landminenprotokoll Aufständischen ein neuer Status im Sinne einer Völkerrechtssubjektivität eingeräumt worden wäre, macht Art. 1 in seinem sechsten Absatz sogleich zunichte:

„Die Anwendung dieses Protokolls auf die an einem Konflikt beteiligten Parteien, die nicht Hohe Vertragsparteien sind, welche das vorliegende Protokoll angenommen haben, ändert weder ausdrücklich noch stillschweigend ihre Rechtsstellung oder die Rechtsstellung eines umstrittenen Gebiets."

Bemerkenswert im Zusammenhang mit dieser Souveränitätsrechte bewahrenden Regelung ist ein Vorschlag, der an der Review Conference zirkulierte und wonach bestimmte Verstöße gegen das Protokoll als schwere Verletzungen behandelt werden sollten:

"The provisions of the Geneva Conventions of 12 August 1949 relating to measures of the repression of grave breaches shall apply to breaches and grave breaches of this Protocol during armed conflicts. Each party to a conflict shall take appropriate measures to prevent and suppress breaches of this Protocol. Any act or omission occurring during armed conflict in violation of this Protocol, if committed wilfully or wantonly and causing death or serious injury to the civilian population, shall be treated as a grave breach."[704]

Ein ausdrücklicher Verweis auf die schweren Verletzungen der Genfer Abkommen wurde in Protokoll II jedoch nicht übernommen. Die Vertragsparteien tragen aber nach Art. 14 Abs. 1 die Pflicht, alle geeigneten Schritte zu ergreifen, um Verstöße gegen das Protokoll „durch Personen oder in Gebieten unter ihrer Hoheitsgewalt oder Kontrolle zu verhüten und zu unterbinden". Zu diesen Maßnahmen nach Abs. 1 gehört die Bestrafung all derjenigen Personen, die „im Zusammenhang mit einem bewaffneten Konflikt und entgegen diesem Protokoll vorsätzlich Zivilpersonen töten oder ihnen schwere Verletzungen zufügen" (Art. 14 Abs. 2). Dabei erinnert die Formulierung durchaus an die schweren Verletzungen der Genfer Abkommen. Im Ergebnis lässt sie aber offen, ob Art. 14 als zwingende Bestimmungen zur Umsetzung einer universellen Strafgerichtsbarkeit zu verstehen ist, die auch in Konflikten im Sinne von Art. 3 GAbk.

---

[703] Art. 1 Abs. 3 Landminenprotokoll.

[704] Art. 14 Abs. 2 Dokument CCW/CONF.I/WP.4Rev.1, 22 January 1996, p. 13.

anzuwenden wäre, oder ob die Maßnahmen in das Ermessen der Staaten gestellt sind. Vor dem Hintergrund der Tadic-Entscheidung des ICTY ist jedoch von der letztgenannten Alternative auszugehen.[705]

c) *Zusatzartikel 1 vom 21. Dezember 2001*

Ein umfassender Durchbruch in Bezug auf die Erweiterung der Bestimmungen der Inhumanen-Waffen-Konvention erfolgte am 21. Dezember 2001 mit Zusatzartikel 1, der den Anwendungsbereich der Konvention und ihrer Protokolle reformiert.[706] Neben dem ohnehin schon in Art. 1 Inhumane-Waffen-Konvention enthaltenen Verweis auf den Anwendungsbereich des Art. 2 GAbk. für internationale bewaffnete Konflikte, übernimmt Absatz 2 des Zusatzartikels 1 zusätzlich den Wortlaut des Art. 1 Abs. 2 Protokoll II über Minen, Sprengfallen und anderen Vorrichtungen. Damit sind die Konvention und ihre Protokolle nun insgesamt auf solche Situationen, die im den Genfer Abkommen gemeinsamen Art. 3 bezeichnet werden, anwendbar. Jedoch gilt ebenso wie in Protokoll II weiterhin die Einschränkung, dass weder Souveränitätsrechte der Staaten durch die Anwendung der humanitären Bestimmungen beschränkt werden dürfen (Zusatzartikel 1 Abs. 4) noch ein Rechtsstatus für nichtstaatliche Konfliktbeteiligte begründet werden soll (Zusatzartikel 1 Abs. 6).

2. *Verbot von Antipersonenminen von 1997*

Das Übereinkommen über das Verbot des Einsatzes, der Lagerung, der Herstellung und der Weitergabe von Antipersonenminen und über deren Vernichtung wurde 1997 infolge einer allgemeinen Unzufriedenheit über die als unzulänglich empfundenen Neuregelungen des Landminenprotokolls geschlossen.[707] Dabei lässt es aber selbst wichtige Fragen zur Anwendbarkeit und innerstaatlichen Durchführung der Regelungen offen.

Unklar bleibt zum einen, ob die Vertragsstaaten eine Ausweitung der Regelungen über Antipersonenminen auf nicht-internationale bewaffnete Konflikte vorgesehen haben. Das Übereinkommen übernimmt zumindest den konservativen Ansatz, nach dem nur Staaten Parteien des Vertrages werden können (Art. 16)

---

705 Siehe Kapitel 4 II.2.

706 Abrufbar unter: www.globalsecurity.org/military/library/policy/int/convention_conventional-wp.

707 Goose, in: YIHL, vol. 1, 1998, S. 269 ff.

und auch nur Staaten die Verpflichtungen des Vertrages treffen (Art. 1). Damit ist zwar noch nicht abschließend der Anwendungsbereich des Übereinkommens festgestellt, die Bestimmungen indizieren aber in einem Vergleich mit Art. 1 Abs. 3 des Landminenprotokolls eine restriktive Auslegung. Im Ergebnis lässt der Wortlaut des Art. 1 über das Verbot von Antipersonenminen mit seiner sehr weiten Formulierung, jeder Vertragsstaat habe „unter keinen Umständen jemals a) Antipersonenminen einzusetzen, b) […] zu entwickeln, herzustellen", die wahre Absicht der Verfasser nicht erkennen. Für diese Regelungslücke ist das Abkommen daher auch kritisiert worden. Die Frage der Anwendung auf nichtstaatliche Akteure bleibt unbestimmt.[708]

Ebenso wenig wollte man im Rahmen der Fragen zur innerstaatlichen Durchführung souveränitätsempfindliche Bereiche antasten. Art. 9 des Übereinkommens über das Verbot von Antipersonenminen überlässt die Entscheidung, welches die geeigneten Maßnahmen gegen Verstöße des Übereinkommens sind, den Vertragsstaaten selbst:

> *„Jeder Vertragsstaat trifft alle geeigneten gesetzlichen, verwaltungsmäßigen und sonstigen Maßnahmen, einschließlich der Verhängung von Strafen, um jede Tätigkeit, die einem Vertragsstaat aufgrund dieses Übereinkommens verboten ist und von Personen oder in Gebieten unter seiner Hoheitsgewalt oder Kontrolle vorgenommen wird, zu verhüten und zu unterbinden."*

Unklar bleibt damit, ob mit den Bestimmungen zum Verbot von Antipersonenminen ein echter Fortschritt im Zusammenhang mit der Erweiterung des humanitären Völkerrechts auf nicht-internationale bewaffnete Konflikte erzielt worden ist oder ob es sich nicht in Wahrheit um einen Rückschritt gerade zu den Regelungen des Landminenprotokolls handelt, die man verbessern wollte.

3. *Chemiewaffenkonvention von 1993*

Im Gegensatz dazu spricht man im Zusammenhang mit dem Übereinkommen über das Verbot der Entwicklung, Herstellung, Lagerung und des Einsatzes chemischer Waffen und über die Vernichtung solcher Waffen (Chemiewaffenkonvention), das am 13. Januar 1993 in Paris unterzeichnet wurde, von einer entscheidenden Fortentwicklung des humanitären Völkerrechts. Denn das Übereinkommen soll zu jeder Zeit Anwendung finden. Nach Art. 1 Abs. 1 verpflichtet sich jeder Vertragsstaat „unter keinen Umständen jemals a) chemische Waf-

---

708 Goose, S. 269 (289).

fen zu entwickeln, herzustellen, auf andere Weise zu erwerben, zu lagern oder zurückzubehalten".

Der weite Anwendungsbereich erklärt sich vor dem Hintergrund, dass hier Elemente des Haager Rechts mit denen des Abrüstungsrechts kombiniert wurden. Jeder Vertragsstaat hat die Pflicht, „alle in seinem Eigentum oder Besitz [...] befindlichen Einrichtungen zur Herstellung chemischer Waffen [...] zu vernichten". Dabei bleiben jedoch Zweifel, ob tatsächlich die Einbeziehung nicht-internationaler bewaffneter Konflikte gewollt war. So findet sich die Formulierung „unter keinen Umständen" ebenso in den oben genannten Regelungen über das Verbot von Antipersonenminen, deren Anwendungsbereich gerade umstritten ist. Das vorliegende Chemiewaffen-Abkommen enthält auch anders als Protokoll II über Minen, Sprengfallen und anderen Vorrichtungen keinen Hinweis auf nichtstaatliche Akteure und ihre Verpflichtungen.[709] Festzuhalten bleibt, dass das Chemiewaffen-Abkommen nicht notwendig einen bewaffneten Konflikt voraussetzt. In den Fällen, in denen aber ein bewaffneter Konflikt existiert, ist noch nicht entschieden, ob er zwingend internationaler Natur sein muss. Der Wortlaut lässt diese Frage offen.

II. Zusammenfassung der Vertragsentwicklung

Im Bereich des Völkervertragsrechts für nicht-internationale bewaffnete Konflikte entwickelt sich das humanitäre Völkerrecht nur langsam. Die Bestimmungen der Inhumanen-Waffen-Konvention und ihrer vier Protokolle sind seit der Erweiterung in Zusatzartikel 1 vom 21. Dezember 2001 nun auch auf nicht-internationale bewaffnete Konflikte anwendbar. Die Anwendungshürden des Vertrags zum Verbot von Antipersonenminen und der Chemiewaffenkonvention bleiben in dieser Frage dagegen indifferent.

Auf den genannten Konferenzen existierte zwar der Wille einzelner Staaten, die Frage der Anwendbarkeit zugunsten nicht-internationaler bewaffneter Konflikte zu lösen, erneut scheiterte eine derartige Lösung aber an Bedenken bezüglich einer Adressatenstellung der Aufständischen. Noch die fortschrittlichsten Bestimmungen der Verträge, d. h. Zusatzartikel 1 der Inhumanen-Waffen-Konvention und Art. 1 Protokoll II, sind geprägt von der restriktive Haltung der Staatengemeinschaft gegenüber einem Normbefehl für alle Konfliktparteien. Sie

---

709 Art. XVIII, XIX und XX.

beziehen sich auf die Anwendungsvoraussetzungen des gemeinsamen Art. 3 GAbk., der eine solche Durchsetzungsverpflichtung für nichtstaatliche Kriegsakteure gerade nicht enthält, und stellen daneben fest, dass eine über Art. 3 GAbk. hinausgehende Neuerung im Hinblick auf die Rechtsstellung der am Konflikt Beteiligten nicht gewollt sei. Es besteht damit zwar ein wandelndes Rechtsbewusstsein, nicht-internationale bewaffnete Konflikte in zunehmendem Umfang in den Anwendungsbereich des humanitären Völkerrechts einzubeziehen. Seine Umsetzung erfolgte aber in stark restriktiver Form. Einen anderen Schluss lassen zumindest die hier aufgezeigten Kodifikationen nicht zu.

KAPITEL 6

Die Studie des IKRK zum Völkergewohnheitsrecht in bewaffneten Konflikten

Im Frühjahr 2005 veröffentlichen Jean-Marie Henckaerts und Louise Doswald-Beck eine Studie zum Stand des Völkergewohnheitsrechts in bewaffneten Konflikten.[710] Diese Studie geht zurück auf eine Initiative der 26. Internationalen Konferenz vom Roten Kreuz,[711] die im Dezember 1995 ein Expertenteam[712] mit ihrer Ausarbeitung betraut hatte. Dieses legte zehn Jahre später nach eingehender Untersuchung und Expertenbefragung seinen Bericht vor.

Der Studie waren Überlegungen vorangegangen, die sich mit der Frage befassten, wie den bewaffneten Konflikten der Gegenwart zu begegnen sei. Es bestand Einigkeit darüber, dass humanitäre Krisen nicht aus der Inadäquanz des humanitären Völkerrechts resultierten, vielmehr fehlende Akzeptanz und Durchsetzung der bestehenden Regeln sowie die Unwissenheit über ihre Existenz die Schwachpunkte des Rechts bildeten.[713] Der Schlussbericht der International Conference for the Protection of War Victims von 1993 spricht daher auch von "necessity to make the implementation of humanitarian law more effective" und ruft zu diesem Zweck die Schweizer Regierung an, "to convene an open-ended intergovernmental group of experts to study practical means of promoting full respect for and compliance with that law, and to prepare a report for submission to the States and to the next session of International Conference of the Red Cross and Red Crescent".[714]

Diese dort genannte Intergovernmental Group of Experts for the Protection of War Victims kam zu Beginn des Jahres 1995 zusammen und sprach eine Reihe

---

710 Henckaerts/Doswald-Beck, Customary International Humanitarian Law, 2 volumes, vol. I Rules, vol. II Practice (2 Parts).

711 26th International Conference of the Red Cross and Red Crescent, Geneva 3-7 December 1995, Resolution 1, International humanitarian law: From law to action; Report on the follow-up to the International Conference for the Protection of War Victims, in: IRRC, vol. 310, 1996, S. 58 ff.

712 Das Steering Committee bestand aus Georges Abi-Saab, Salah El-Din Amer, Ove Bring, Eric David, John Dugard, Florentino Feliciano, Horst Fischer, Françoise Hampson, Theodor Meron, Djamchid Momtaz, Milan Šahović und Raúl Emilio Vinuesa.

713 Henckaerts, in: IRRC, vol. 857, 2005, S. 175 (176).

714 International Conference for the Protection of War Victims, Geneva, 30 August - 1 September 1993, Final Declaration, in: IRRC, vol. 296, 1993, S. 381 ff.

von Empfehlungen zur effektiveren Durchsetzung des humanitären Völkerrechts aus, die insbesondere präventive Maßnahmen vorsah, anhand derer eine bessere Kenntnis und Durchführung des Rechts gewährleistet werden sollte. Die II. Empfehlung der Intergovernmental Group of Experts sieht vor:

> *"The ICRC be invited to prepare, with the assistance of experts in IHL representing various geographical regions and different legal systems, and in consultation with experts from governments and international organizations, a report on customary rules of IHL applicable in international and non-international armed conflicts, and to circulate the report to States and competent international bodies."*[715]

Als Resultat präsentiert sich nun die Studie des IKRK zum Stand des Völkergewohnheitsrechts in bewaffneten Konflikten.

I. Methodik

1. Grundsätzliche Herangehensweise

Als mit den Arbeiten an der Studie begonnen wurde, musste zunächst entschieden werden, was den Ausgangspunkt für die Ermittlung der völkergewohnheitsrechtlichen Regeln bilden sollte. Möglich wäre es gewesen, jede einzelne Vertragsregelung auf ihre gewohnheitsrechtliche Natur zu untersuchen, jedoch mit dem Ergebnis, dass in nur sehr eingeschränktem Umfang, nämlich nur im Rahmen des Vertragsrechts, ermittelt worden wäre. Um aber auch über die Verträge hinaus bestehendes Völkergewohnheitsrecht zu erfassen, wurde als Untersuchungsgrundlage die Staatenpraxis gewählt. Das bedeutet zugleich im Verhältnis zu den Verträgen, dass sie, falls eine Vertragsregel nicht in der Studie Erwähnung gefunden hat, sie dennoch Teil des Völkergewohnheitsrechts sein kann.[716] So ist für die große Mehrheit der Bestimmungen der Genfer Abkommen von 1949, einschließlich des gemeinsamen Art. 3, und der Haager Konventionen anerkannt, dass sie zum Völkergewohnheitsrecht gehören.[717] Zudem sind die Genfer Abkommen mit ihren 192 Vertragsstaaten auch als Vertragrecht universell gültig. Soweit die Studie neben der Staatenpraxis daher Vertragsrecht auf-

---

715 Meeting of the Intergovernmental Group of Experts for the Protection of War Victims, Geneva, 23-27 January 1995, Recommendation II, in: IRRC, vol. 310, 1996, S. 84 ff.

716 Doswald-Beck, in: SZIER/RSDIE 2005, S. 471 (473).

717 ICJ, Legality of the Threat or Use of Nuclear Weapons, Advisory Opinion, 8 July 1996, abrufbar unter: www.icj-cji.org/icjwww/is/iunan/iunanframe.htm; ICJ, Nicaragua v. United States of America, Judgment, 27 June 1986 – Merits, § 218.

greift, konzentriert sie sich auf solche Bestimmungen, die bislang nicht universell ratifiziert worden sind, insbesondere auf die Zusatzprotokolle I und II zu den Genfer Abkommen, die Haager Konvention zum Schutz von Kulturgut bei bewaffneten Konflikten und eine Reihe spezieller Abkommen zum Einsatz bestimmter konventioneller Waffen.[718]

Im Oktober 1996 begannen umfassende Nachforschungen. Diese stützen sich sowohl auf nationale als auch auf internationale Quellen und konzentrierten sich auf sechs Teilgebiete. Diese sind "principle of distinction, specifically protected persons and objects, specific methods of warfare, weapons, treatment of civilians and person hors de combat und implementation".

Da der Zugang zu nationalen Quellen im Land selbst leichter ist, wurden Forscher und Forschungsgruppen aus fast 50 Staaten (neun in Afrika, elf in Amerika, 15 in Asien, einen in Australien und elf in Europa) gebeten, Berichte über ihre jeweilige Staatenpraxis abzufassen.[719] Ausgewählt wurden diese Staaten sowohl im Hinblick auf ihre geografische Lage als auch aufgrund der Verbreitung jüngst aufgetretener Konflikte.[720] Zusätzlich wurden Militärrichtlinien und die nationale Gesetzgebung herangezogen, wobei insbesondere die Sammlung des ICRC Advisory Service in International Humanitarian Law von Nutzen war.

Daneben trugen sechs Teams, unterteilt nach den Teilgebieten der Studie, die Staatenpraxis aus internationalen Quellen zusammen.[721] Gesucht wurde nach wiederkehrenden Verhaltensweisen im Rahmen der Arbeit der Vereinten Nationen und anderer internationaler Organisationen, wie der African Union, dem Europarat, dem Gulf Cooperation Council, der Europäischen Union, der Arabi-

718 Henckaerts/Doswald-Beck, Customary International Humanitarian Law, vol. I, S. xxx.

719 Afrika: Algerien, Angola, Botswana, Ägypten, Äthiopien, Nigeria, Ruanda, Südafrika und Simbabwe; Amerika: Argentinien, Brasilien, Kanada, Chile, Kolumbien, Kuba, El Salvador, Nikaragua, Peru, die Vereinigten Staaten und Uruguay; Asien: China, Indien, Indonesien, Iran, Irak, Israel, Japan, Jordanien, Republik Korea, Kuwait, Libanon, Malaysia, Pakistan, Philippinen und Syrien; Australien; Europa: Belgien, Bosnien Herzegowina, Kroatien, Frankreich, Deutschland, Italien, Niederlande, Russland, Spanien, das Vereinigte Königreich und Jugoslawien.

720 Henckaerts, in: ICRC, vol. 857, 2005, S. 1 (11).

721 Principle of distinction: Georges Abi-Saab (rapporteur) und Jean-François Quéguiner (researcher); Specifically protected persons and objects: Horst Fischer (rapporteur) und Gregor Schotten und Heike Spieker (researchers); Specific methods of warfare: Theodor Meron (rapporteur) und Richard Desgagné (researcher); Weapons: Ove Bring (rapporteur) und Gustaf Lind (researcher); Treatment of civilians and persons hors de combat: Françoise Hampson (rapporteur) und Camille Giffard (researcher); Implementation: Eric David (rapporteur) und Richard Desgagné (researcher).

schen Liga, der Organization of American States, der Organization of the Islamic Conference und der Organisation für Sicherheit und Zusammenarbeit in Europa.

Um die Nachforschungen zu komplettieren, schaute das IKRK in seine eigenen Archive, in denen Berichte zu bewaffneten Konflikten der letzten Jahrzehnte lagern (21 in Afrika, zwei in Amerika, acht in Asien und acht in Europa).[722] Dabei wurden insbesondere solche herausgegriffen, die noch nicht durch die nationalen Berichte abgedeckt waren. Im Wege dieser dreigliedrigen Vorgehensweise – Nachforschungen in nationalen, internationalen und IKRK Quellen – konnte Staatenpraxis aus allen Teilen der Welt Berücksichtigung finden.

Die so ermittelte Staatenpraxis wurde anschließend im Hinblick auf die Kriterien Einheitlichkeit, Verbreitung und Repräsentativität untersucht. Die Regeln, auf die diese Kriterien zutrafen, wurden beibehalten, andere, in deren Fällen die Aussagen zu vage bzw. die Staatenpraxis zu unbestimmt waren, wurden gestrichen.[723] Die auf dieser Grundlage erfolgte Ermittlung des Völkergewohnheitsrechts hielt sich dabei – auch um ein möglichst großes Einverständnis herzustellen – an die Vorgaben des IGH, d. h. an die von ihm verwendeten Bewertungskriterien im Fall North Sea Continental Shelf.[724]

An einigen Stellen der Studie hat auch die Praxis zum Menschenrechtsschutz Eingang in die Bewertung gefunden. Damit sollte kein Beweis für Gewohnheitsrecht im Rahmen der Menschenrechte erbracht werden, vielmehr wurden diese Bestimmungen unterstützend zum Nachweis von humanitärem Völkergewohnheitsrecht, insbesondere im Rahmen nicht-internationaler bewaffneter Konflikte, herangezogen.[725] Damit folgte man zugleich dem sich seit der Tadic Entschei-

---

722 Afrika: Angola, Burundi, Tschad, Tschad-Libyen, Demokratische Republik Kongo, Dschibuti, Eritrea-Jemen, Äthiopien (1973-1994), Liberia, Mozambique, Namibia, Nigeria-Kamerun, Ruanda, Senegal, Senegal-Mauretanien, Sierra Leone, Somalia, Somalia-Äthiopien, Sudan, Uganda und West Sahara; Amerika: Guatemala und Mexiko; Asien: Afghanistan, Kambodscha, Indien (Jammu und Kaschmir), Papua Neu Guinea, Sri Lanka, Tadschikistan, Jemen und Jemen-Eritrea (auch unter Afrika erfasst); Europa: Armenien, Aserbaidschan (Nagorno-Karabakh) Zypern, das ehemalige Jugoslawien (Jugoslawien (1991-1992), Bosnien-Herzegowina (1992-1996), Kroatien (1992-1995)), Georgien (Abchasien), Russland (Tschetschenien) und Türkei.

723 Doswald-Beck, in: SZIER/RSDIE 2005, S. 471 (473).

724 ICJ, North Sea Continental Shelf Case, Judgement, 20 February 1969, ICJ Reports 1969, p. 3 ff.

725 Henckaerts/Doswald-Beck, Customary International Humanitarian Law, vol. I, S. xxx.

dung[726] abzeichnenden menschenrechtsorientierten Bewertungsansatz für die Frage der Anwendbarkeit des humanitären Völkerrechts. In der Studie findet sich dieser Bezug auf die Menschenrechte in erster Linie unter dem Titel "Fundamental Guarantees".

2. Gesammelte Praxis

Die Quellen der Staatenpraxis galt es nicht nur nach geografischen Gesichtspunkten auszuwählen, zusätzlich musste die Frage geklärt werden, ob neben verbalen Akten auch physische Akte wie das tatsächliche Verhalten der Streitkräfte in den gegenwärtigen Kampfgebieten als Beleg für eine Staatenpraxis zulässig sein sollten. Im Grundsatz wurde entschieden:

> *"Both physical and verbal acts of States constitute practice that contributes to the creation of customary international law".*[727]

Jedoch bestanden hinsichtlich des Kampfverhaltens als zulässiger Beleg weiterhin Bedenken. Fraglich war insbesondere, ob das zur Verfügung stehende Material eine zuverlässige Quelle lieferte.[728] Letztendlich folgte man der Vorgehensweise der internationalen Gerichte, die sich im Rahmen der Ermittlung der Staatenpraxis auf solche Quellen beschränken, die den Staaten zurechenbar sind und damit als offiziell gelten können. Somit enthält zwar auch die Studie des IKRK eine Reihe von Nachweisen zu physischen Akten, aber eben auf offizielle Quellen begrenzt. Ansonsten stützt sie sich im Rahmen ihrer Quellenauswahl im Einklang mit der Rechtsprechung des ICTY auf "such elements as official pronouncements of states, military manuals and judicial decisions"[729]. Damit folgt die Studie auch der Rechtsprechung des IGH, der ebenfalls in verschiedenen Entscheidungen wie dem Fisheries Jurisdiction Fall[730], dem Nicaragua

---

726 Siehe Kapitel 4 II.

727 Henckaerts/Doswald-Beck, Customary International Humanitarian Law, vol. I, S. xxxii.

728 Doswald-Beck, in: SZIER/RSDIE 2005, S. 471 (474).

729 ICTY, The Prosecutor v. Tadic, Decision on the defence motion of interlocutory appeal on jurisdiction, 2 October 1995, Case no. IT-94-1-AR72, § 99.

730 ICJ, Fisheries Jurisdiction Case (United Kingdom v. Iceland), Joint separate opinion of Judges Forster, Bengzon, Jiménez de Aréchaga, Singh and Ruda, 25 July 1974, p. 47, abrufbar unter: www.icj-cji.org/icjwww/is/iai/iaiframe.htm; Separate opinion of Judge Dillard, 25 July 1974, p. 56-58; Separate opinion of Judge De Castro, 25 July 1974, p. 81-88; Separate opinion of Judge Waldock, 25 July 1974, p. 119-120; Dissenting opinion of Judge Gros, 25 July 1974, p. 135; Dissenting opinion of Judge Petrén, 25 July 1974, p. 161.

Fall[731] und dem Gabčíkovo-Nagymaros Project Fall[732] offizielle Stellungnahmen maßgeblich berücksichtigte.

Daneben gewinnen die vom ICTY angesprochenen Entscheidungen internationaler Gerichtshöfe an Bedeutung. Dabei ist jedoch zu beachten, dass solche Entscheidungen zwar subsidiäre Quellen des Völkerrechts bilden,[733] aber dennoch keine Staatenpraxis begründen können. Internationale Gerichte sind anders als nationale Gerichte keine Organe von Staaten. Ihre Entscheidungen liefern aber wichtige Hinweise auf die Existenz einer gewohnheitsrechtlichen Regelung, so dass sie als Leitfaden fungieren können. Im Falle einer Kollision solcher Entscheidungen mit offiziellen Stellungnahmen der Staaten müssen sich jedoch die letztgenannten durchsetzen.[734]

Ebenfalls gering gewichtet, aber dennoch in die Quellenreihe aufgenommen, wurden die Praxis internationaler Organisationen und offizielle Stellungnahmen des IKRK. Die Praxis des IKRK ist gerade deshalb relevant, da das Komitee das Mandat erhielt, "to work for the faithful application of international humanitarian law applicable in armed conflicts and [...] to prepare any development therefore"[735].

Dagegen wurde explizit herausgestellt, dass das Verhalten bewaffneter Rebellengruppen keinen Beitrag für das Entstehen von Völkergewohnheitsrecht leistet. Es mag zwar Hinweise auf die Akzeptanz des humanitären Völkerrechts in nicht-internationalen bewaffneten Konflikten liefern, bleibt aber schon allein begrifflich vom Bereich der Staatenpraxis ausgeschlossen.[736]

---

731 ICJ, Nicaragua v. United States of America, Judgement, 27 June 1986 – Merits, § 189.

732 ICJ, Case concerning the Gabčíkovo-Nagymaros Project (Hungary v. Slovakia), Judgement, 25 September 1997, ICJ Reports 1997, p. 39 ff.

733 Art. 38 (1) (d) IGH-Statut.

734 Henckaerts/Doswald-Beck, Customary International Humanitarian Law, vol. I, S. xxxiv.

735 Statutes of the International Red Cross and Red Crescent Movement, adopted by the 25th International Conference of the Red Cross, Geneva, 23-31 October 1986, Art. 5 (2) (c), (g).

736 Henckaerts/Doswald-Beck, S. xxxvi.

3. *Bewertung der Staatenpraxis und der Rechtsüberzeugung*

Die sich an die Sammlung der Staatenpraxis anschließende Bewertung erfolgte anhand der Kriterien Einheitlichkeit, Verbreitung und Repräsentativität, die im Ergebnis festlegen sollte, ob ein Verhalten nach Völkergewohnheitsrecht verboten, erforderlich oder erlaubt ist.

Da nahezu 200 Staaten existieren, war es unmöglich die Staatenpraxis und Rechtsüberzeugung jedes Einzelnen zu jeder Frage zu berücksichtigen. Daher wurde für die Ermittlung der Einheitlichkeit der Staatenpraxis auf eine vollständige Uniformität verzichtet und stattdessen auf die tatsächliche Beteiligung abgestellt:

> *"Different States must not have engaged in substantially different conduct, some doing or asserting one thing and some another".*[737]

Das Erfordernis der Einheitlichkeit ist daher dann gegeben, wenn sich eine repräsentative Anzahl an Staaten in einem bestimmten Bereich konsistent verhält. Das bedeutet, dass sich die fraglichen Verhaltensweisen weitestgehend gleichen müssen:

> *"[T]oo much importance need not be attached to a few uncertainties or contradictions".*[738]

Abweichungen in Einzelfällen beeinträchtigen somit nicht die Einheitlichkeit, vielmehr sind diese Fälle als Völkerrechtsverletzungen einzuordnen.

Ähnliches gilt für die Verbreitung und Repräsentativität: Es genügt, wenn die Praxis das Verhalten all derjenigen Völkerrechtsubjekte umfasst, die sich an ihr beteiligen können oder deren Interessen berührt sind.[739] Dabei sollten diese Staaten jedoch die verschiedenen geografischen Regionen und gesellschaftspolitischen Systeme repräsentieren.[740] Aus diesem Grund wurden im Rahmen der Studie auch sehr große Anstrengungen darauf verwandt, Staatenpraxis aus allen Teilen der Welt zusammenzutragen und sich nicht nur auf einige bedeutsame Länder zu beschränken. Es gab zwar Diskussionen im Rahmen der Studie, ob nicht die Praxis solcher Staaten, die regelmäßig in bewaffnete Konflikte invol-

---

737 Doswald-Beck, in: SZIER/RSDIE 2005, S. 471 (475).

738 ICJ, Fisheries Case (United Kingdom v. Norway), Judgement, 18 December 1951, ICJ Reports 1951, p. 131.

739 ICJ, North Sea Continental Shelf Case, Judgement, 20 February 1969, ICJ Reports 1969, p. 42 f.

740 Heintschel von Heinegg, in: Ipsen, Völkerrecht, § 16 Rn. 11.

viert sind wie die Vereinigten Staaten, stärker gewichtet werden sollte als die Praxis anderer Länder. Dies wurde jedoch mit dem Argument, dass alle Staaten ein rechtliches Interesse an der Durchsetzung des humanitären Völkerrechts hätten und daher gleich zu behandeln seien, abgelehnt. Allenfalls in Bereichen, die den Einsatz spezieller Waffen betreffen, wurde den verschiedenen Kapazitäten der Staaten Rechnung getragen.[741]

Zusätzlich fand die so genannte Vertragspraxis im Rahmen der Bewertung und Gewichtung der Staatenpraxis Berücksichtigung. Mit Vertragspraxis ist insbesondere der Ratifizierungsstand der Verträge gemeint aber auch im Rahmen der Vertragsverhandlungen geäußerte Vorbehalte oder andere Stellungnahmen. So berücksichtigt die Studie, dass die Genfer Abkommen von 1949 von 192 Staaten ratifiziert worden sind, dass das Tribunal von Nürnberg den gewohnheitsrechtlichen Charakter des Haager Rechts von 1907 festgestellt hat und dass die Verbrechensdefinition im Rom Statut allgemein als Völkergewohnheitsrecht anerkannt ist. Der Ratifizierungsstand der Zusatzprotokolle von 1977 (162 Staaten ZP I, 157 Staaten ZP II) ist ebenfalls in die Bewertung eingeflossen, jedoch bedurfte es hier aufgrund ihrer Vertragsgeschichte[742] weiterer Nachweise, um die gewohnheitsrechtliche Natur einer Norm zu untermauern. Über den Ratifizierungsstand eines jeden Vertrages hinaus wurde zusätzlich berücksichtigt, dass immer auch vertragsfremde Staaten sich entsprechend den vertraglichen Geboten und Verboten verhalten müssen und alle Beteiligten der Überzeugung sein müssen, zu dieser Verhaltensweise rechtlich verpflichtet zu sein.[743]

Im Hinblick auf die *opinio iuris* war es nicht immer möglich, die Elemente von Staatenpraxis und Rechtsüberzeugung strikt zu trennen. Existiert eine eindeutige Praxis, indiziert sie meist auch die Existenz einer entsprechenden Rechtsüberzeugung. Das subjektive Element des Völkergewohnheitsrechts erlangt in der Regel erst in den Fällen Bedeutung, in denen die Praxis entweder mehrdeutig ist oder die gebotene Verhaltenweise ein Unterlassen erfordert.[744] So wird ein Untätigbleiben in den seltensten Fällen von einer Stellungnahme begleitet sein, warum von einer Rechtsverletzung abgesehen wurde. Ebenso wenig wird ein rechtskonformes Verhalten eine Reaktion anderer Staaten hervorrufen. Ob daher ein Unterlassen das Resultat einer Rechtsüberzeugung ist, hängt von verschiede-

---

741 Doswald-Beck, in: SZIER/RSDIE 2005, S. 471 (475).

742 Siehe Kapitel 2 II.2. und 3.

743 Bos, A Methodology of International Law, S. 229 f.; Scheuner, in: Hahn (Hrsg.), FS F.A. Mann, S. 409 (427).

744 Heintschel von Heinegg, in: Ipsen Völkerrecht, § 16 II.4. b).

nen Umständen ab: Das Untätigbleiben eines Staates kann das Ergebnis einer Kontroverse aus früheren Konflikten sein, wie der großflächige Einsatz von Brandwaffen in Vietnam und deren Rückgang in späteren Konflikten, oder aber auch seine Ursache allein im Unvermögen eines Staates haben, z. B. das Fehlen des erforderlichen technischen oder technologischen Wissens. Somit musste im Rahmen der Studie sorgfältig geprüft werden, ob ein Unterlassen eher zufällig bzw. rein politisch motiviert war oder ob es einem allgemeinen Rechtsbewusstsein entstammte, denn nur dann konnte von Völkergewohnheitsrecht ausgegangen werden.

Auch im Rahmen der *opinio iuris* gelten die Mehrheitserfordernisse wie schon für die Staatenpraxis, d. h. es kommt nicht auf die Rechtsüberzeugung jedes einzelnen Staates an, sondern auf eine allgemeine Grundposition, so dass sie nicht bei jedem einzelnen Mitglied der Staatengemeinschaft festgestellt werden musste.[745] Weicht aber die Rechtsüberzeugung besonders betroffener Staaten von der der Mehrheit ab, kann keine völkergewohnheitsrechtliche Regel entstehen. Beispielsweise gehört so das Verbot des Einsatzes von Antipersonenminen trotz der großen Zahl an Ratifizierungen des Ottawa Abkommens nicht zum Völkergewohnheitsrecht.[746]

4. *Entstehen von Völkergewohnheitsrecht*

In der folgenden inhaltlichen Darstellung der gewohnheitsrechtlichen Regelungen wird häufig festzustellen sein, dass die Formulierungen eng an die Begriffswahl der Verträge, insbesondere an die der jüngst verabschiedeten Verträge, angelehnt sind. Dennoch wurde mit der Studie ein eigenständiger Rechtsbereich niedergeschrieben; die hier aufgestellten Regeln sind nicht die gleichen wie in den Verträgen. Man hat sich allerdings der Vertragssprache bedient, um im Ergebnis ein möglichst großes Einverständnis bzw. einen gemeinsamen Nenner herzustellen. Denn im Rahmen der Staatenpraxis bedienen sich die Staaten in der Regel einer anderen Sprache als in den Verträgen. Auf internationalen Konferenzen wird man selten die Wortwahl der Kodifikationen wieder finden und noch seltener wird ein Verhalten eines Staates oder einer Rebellengruppe unter Bezugnahme auf eine Vertragsnorm als verboten oder erforderlich erklärt werden. Auch Militärrichtlinien und nationale Gesetzgebung geben nicht not-

---

745 Heintschel von Heinegg, in: Ipsen, § 16 II.3. m.w.N.

746 Doswald-Beck, in: SZIER/RSDIE 2005, S. 471 (476).

wendig die Vertragssprache wieder. Diese wurde daher im Rahmen der Studie als Leitfaden für geschriebenes Recht verwandt. Wo es aber bislang kein Vertragsrecht gibt, bleibt allein die Wortwahl der Staatenpraxis relevant.[747]

Weiter ist anzumerken, dass das Entstehen von Gewohnheitsrecht keine Praxis von langer Dauer erfordert. Aufgrund der modernen Kommunikation und der schnellen Entwicklungen kann eine einheitliche, verbreitete und repräsentative Praxis innerhalb weniger Jahre entstehen. Bestätigt wurde dies vom IGH im North Sea Continental Shelf Fall.[748] Im Folgenden wird daher aufgezeigt werden, dass die meisten der in den letzten 30 Jahren entwickelten gewohnheitsrechtlichen Regeln auf den Einfluss von Verhandlungen und der Annahme von Verträgen zurückgehen oder das Ergebnis einer vertragsunabhängigen verdichteten Praxis sind. Letztere resultiert aus einem gestiegenen Bewusstsein für globale Ereignisse und einer wachsenden Intoleranz gegenüber bestimmten Verhaltensformen. Insbesondere der UN-Sicherheitsrat hat zunehmend Resolutionen in diesen Bereichen verabschiedet und damit eine aktivere Rolle im Zusammenhang mit bewaffneten Konflikten übernommen.[749] Diese Tendenzen gemeinsam mit Aktionen regionaler Organisationen und einzelner Staaten haben allein in jüngster Zeit einige der wichtigsten gewohnheitsrechtlichen Regelungen hervorgebracht.

II. Ausgewählte Regelungen

1. Unterscheidungsprinzipien

a) Zivilisten und Kombattanten

Eines der wichtigsten Prinzipien des humanitären Völkerrechts ist die Unterscheidung zwischen Kombattanten und Zivilisten. Es geht zurück auf die Haager Landkriegsordnung, die bestimmt:

> *„Die bewaffnete Macht der Kriegsparteien kann sich zusammensetzen aus Kombattanten und Nichtkombattanten."*[750]

---

[747] Doswald-Beck, S. 471 (477).
[748] ICJ, North Sea Continental Shelf Case, Judgement, 20 February 1969, ICJ Reports 1969, p. 43.
[749] Doswald-Beck, in: SZIER/RSDIE 2005, S. 471 (477).
[750] Art. 3 HLKO.

Art. 43 Abs. 2 ZP I hat den Kombattantenbegriff aufgegriffen und modernisiert.[751] Aus diesen Vertragsbestimmungen und unter zusätzlicher Heranziehung offizieller Stellungnahmen und anderer aufgezeichneter Praxis konnte die Studie des IKRK den gewohnheitsrechtlichen Charakter des Unterscheidungsprinzips für internationale Konflikte problemlos feststellen.[752]

Ganz anders verhielt es sich dagegen, als man hierzu Gewohnheitsrecht für nicht-internationale bewaffnete Konflikte zu ermitteln suchte, da kein Vertragsrecht existiert, das das Unterscheidungsprinzip zwischen Kombattant und Zivilist aufgreift. Zwar beziehen sich der gemeinsame Art. 3 zu den Genfer Abkommen und ZP II auf „Streitkräfte"[753] und ZP II erfasst auch „abtrünnige Streitkräfte oder andere organisierte bewaffnete Gruppen"[754], sie lassen die Begriffe selbst aber undefiniert.

Da das Recht jedoch die beiden Gruppen, Zivilisten und Kombattanten, nennt und jeweils verschiedene Rechtsfolgen an sie knüpft, besteht die Notwendigkeit, Rebellen bzw. Rebellengruppen einer der beiden zuzuordnen. Eine Rolle spielt dabei nicht nur die Frage nach der Legitimität des Angriffsobjekts – Zivilisten im Sinne des humanitären Völkerrechts dürfen keinesfalls zum Ziel militärischer Angriffe gemacht werden[755] – ,sondern in erster Linie die Frage nach dem Rechtsstatus der Kämpfer. Denn die Befugnis zu militärischen Schädigungshandlungen haben nur rechtmäßige Kombattanten, d. h. sie können weder für die Teilnahme an den Feindseligkeiten noch für einzelne Akte, die nicht gegen das humanitäre Völkerrecht verstoßen, zur Rechenschaft gezogen werden.[756]

Es wurde aufgezeigt, dass die Rechtsgemeinschaft sich bislang dagegen sperrt, Rebellen bzw. Rebellengruppen irgendeinen Rechtsstatus zuzuerkennen. Allein punitive Zweckmäßigkeitserwägungen im Rahmen des Völkerstrafrechts haben dazu geführt, Pflichten an sie zu adressieren.[757] Ein anderes Ergebnis würde daher auch hier überraschen. Denn in letzter Konsequenz käme die Zuerkennung eines Kombattantenstatus der Legitimierung des bewaffneten Kampfes einer

---

751 Fischer, in: Ipsen, Völkerrecht, § 68 VII.1.

752 Henckaerts/Doslwald-Beck, Customary International Humanitarian Law, vol. I, S. 12: "No official contrary practice was found."

753 Art. 1 Abs. 1 ZP I.

754 Ebenda.

755 Henckaerts/Doswald-Beck, Customary International Humanitarian Law, vol. I, Rule 1: "Attacks must not be directed against civilians."

756 Henckaerts/Doswald-Beck, S. 384.

757 Siehe Kapitel 4 II.3.

Rebellengruppe gleich. Die Frage lautet daher: Ist ein nichtstaatlicher Akteur ein Kombattant im Sinne des Völkergewohnheitsrechts und damit mit Rechten ausgestattet? Oder ist er ein Zivilist, der, greift er zu den Waffen, seinen Schutz durch das Völkerrecht einbüßt? Entscheidend wird zugleich die Frage nach der Definition der Streitkräfte. Denn gemäß Art. 43 II ZP I gilt gewohnheitsrechtlich der als Kombattant, der Angehöriger der Streitkräfte ist. Beide Definitionen sind kaum trennbar. Umgekehrt gilt die Negativdefinition, Zivilsten sind all solche, die nicht den Streitkräften angehören.[758]

Dennoch soll hier zunächst allein der Begriff des Kombattanten auf seine praktische Anwendung in nicht-internationalen Konflikten untersucht werden. Personen, die unmittelbar an Feindseligkeiten in nicht-internationalen bewaffneten Konflikten teilnehmen, werden in der Praxis von Zeit zu Zeit als Kombattanten bezeichnet. So spricht beispielsweise eine Resolution der UN-Generalversammlung aus dem Jahr 1970 von "combatants in all armed conflicts"[759]. In jüngerer Zeit wurde der Begriff in der Cairo Declaration und im Cairo Plan of Action für beide Konfliktarten verwendet.[760] Die IKRK-Studie weist jedoch darauf hin, dass an dieser Stelle lediglich aus Praktikabilitätserwägungen ein gemeinsamer Oberbegriff gewählt wurde, um zu indizieren, dass diese Personen nicht den gleichen Schutz vor Angriffen besitzen wie Zivilisten. Keinesfalls wollte man aber einen Kombattanten- und Kriegsgefangenenstatus in nicht-internationalen bewaffneten Konflikten begründen.

Ein wahres Definitionschaos entsteht, betrachtet man die Fülle an unterschiedlichen Formulierungen, derer sich die Verträge bedienen, um Kämpfer in nicht-internationalen Konflikten zu erfassen. Die Studie nennt, "persons taking active part in the hostilities"[761]; "members of dissident armed forces or other organized armed groups"[762]; "persons who take a direct part in hostilities";[763] "civilians

---

758 Henckaerts/Doswald-Beck, Rule 5: "Civilians are persons who are not members of the armed forces."

759 UN General Assembly, Res. 2676 (XXV), 9 December 1970, preamble and § 5.

760 Cairo Declaration, Sections 68-69, and Cairo Plan of Action, sec. 82, both adopted at the Africa-Europe Summit held under the Aegis of the Organization of African Unity and the European Union, 3-4 April 2000.

761 Gemeinsamer Art. 3 GAbk.

762 Art. 1 Abs. 1 ZP II.

763 Art. 4 Abs. 1 ZP II.

who take a direct part in hostilities";[764] "civilians taking direct part in hostilities" und "combatant adversary"[765].

Die Praxis zum Kombattantenbegriff selbst ermöglicht daher keine Zuordnung, so dass allein die Frage nach der Definition der Streitkräfte bleibt. Legaldefiniert werden sie in Art. 43 Abs. 1 ZP I, der bestimmt, dass sich Streitkräfte einer Konfliktpartei „aus der Gesamtheit der organisierten bewaffneten Verbände, Gruppen und Einheiten [zusammensetzen], die einer Führung unterstehen, welche dieser Partei für das Verhalten ihrer Untergebenen verantwortlich ist". Nun ist diese Regelung Teil des Völkergewohnheitsrechts und muss sich daher nicht allein aufgrund ihres Kontextes mit ZP I auf internationale Konflikte beschränken, zumal von ihrer Formulierung nicht nur Staatstruppen erfasst sind. Jedoch legt die übrige Praxis, die sich in den Regelungen der Haager Konventionen und im III. Genfer Abkommen widerspiegeln, eine solche Beschränkung nahe. Art. 1 HLKO ist in seiner Wortwahl weiter als ZP I, indem er vorsieht, dass „[d]ie Gesetze, die Recht und die Pflichten des Krieges" nicht nur auf „das Heer", sondern auch auf „die Milizen und Freiwilligen-Korps" Anwendung finden. Er nennt dafür vier Voraussetzungen:

„1. dass jemand an ihrer Spitze steht, der für seine Untergebenen verantwortlich ist,

2. dass sie ein bestimmtes aus der Ferne erkennbares Abzeichen tragen,

3. dass sie die Waffen offen führen und

4. dass sie bei ihren Unternehmungen die Gesetze und Gebräuche des Krieges beobachten."

Diese Voraussetzungen könnten grundsätzlich auch Rebellengruppen erfassen – zumindest solche, deren Taktik sich nicht auf die Guerilla beschränkt. Der Wille der vertragsschließenden Staaten zeigt jedoch, dass sie nicht für alle Kampfverbände verallgemeinerbar sind. Man ging vielmehr davon aus, dass die staatlichen regulären Streitkräfte diese Kriterien per se erfüllten und wollte stattdessen eine Klarstellung für andere im Namen der Konfliktparteien kämpfende Verbände, die zu einer Vertragspartei „gehören"[766], vornehmen.[767] Auf diesem Weg sind auch Paramilitärs und ähnliche Kampfverbände vom Begriff der Streitkräfte erfasst. Beispiele hierzu bilden die Special Auxiliary Force zu Bischof

---

[764] Art. 8 Abs. 2 e) i) Rom Statut.

[765] Art. 8 Abs. 2 e) ix) Rom Statut.

[766] Art. 4 Nr. 1 und 2 III. GAbk.

[767] Henckaerts/Doswald-Beck, Customary International Humanitarian Law, vol. I, S. 15.

Muzorewas United African National Congress in Zimbabwe, die später, nachdem Muzorewa zum Staatspräsidenten ernannt worden war, den regulären Streitkräften einverleibt wurden, wie auch die India's Border Security Force in Assam.[768] Weitere bewaffnete Gruppen, die zum Begriff der Streitkräfte gezählt werden, sind die Philippine Constabulary und die spanische Guardia civil.[769]

Für andere Kampfverbände, für die kein Zurechnungszusammenhang zu einem Staat besteht, bleibt jedoch lediglich eine Einordnung unter den Zivilistenbegriff. Für die staatlichen Truppen allerdings findet auch in nicht-internationalen Konflikten das Unterscheidungsprinzip Anwendung.

b) Zivilisten, die unmittelbar an den Feindseligkeiten teilnehmen

Die Regelungen des Zusatzprotokolls II stehen im Einklang mit dem so eben gefundenen Ergebnis. Rebellen bzw. Rebellenbewegungen sind unter den Begriff der Zivilisten einzuordnen. Zwar war zu Beginn der Verhandlungen zu Zusatzprotokoll II noch die Definition angeklungen, "a civilian is anyone who is not a member of the armed forces or of an organized armed group",[770] sie wurde aber im Verlauf der Vertragsarbeiten fallen gelassen.[771] Damit steht fest, Rebellen sind keine rechtmäßigen Kombattanten. Es bleibt aber die Frage: Sind Rebellen damit zugleich auch legitime Angriffziele?

Grundsätzlich gilt nämlich, dass Zivilisten unter keinen Umständen Angriffsobjekte militärischer Operationen sein dürfen. Jedoch hat diese Regel nur so lange bestand, als Zivilisten nicht unmittelbar an Feindseligkeiten teilnehmen, wie Regel 6 der Studie und Art. 13 Abs. 3 ZP II besagen. Die Staatenpraxis ist aber insoweit nicht eindeutig, ob Rebellen bzw. bewaffnete Gruppen unter Regel 6 fallen oder ob sie unabhängig vom Begriff der unmittelbaren Teilnahme angegriffen werden können.[772] Klar ist damit, Angriffe auf Rebellen sind völkerrechtlich möglich, offen bleibt, ob solche Angriffe zu jedem Zeitpunkt erfolgen können. Klärungsbedarf besteht so hinsichtlich des Begriffs der unmittelbaren Teilnahme an Feindseligkeiten.

---

768 Diese Beispiele werden unter New Zealand, Military Manual, in: Henckaerts/Doswald-Beck, Customary International Humanitarian Law, vol. II, Ch. 1, sec. E, § 692 zitiert.

769 Philippines, Decree on the Constitution of the Integrated National Police, in: Henckaerts/Doswald Beck, vol. II, Ch. 1, sec. E, § 695; Spain, Military Criminal Code, § 696.

770 Draft Additional Protocol II, Article 25, as adopted by Committee III, in: Henckaerts/Doswald-Beck, vol. II, Ch. 1, sec. E, § 706.

771 Henckaerts/Doswald-Beck, § 706.

772 Henckaerts/Doswald-Beck, Customary International Humanitarian Law, vol. I, S. 19.

In ihrem Bericht über die Ereignisse um La Tablada in Argentinien hielt die Inter-American Commission on Human Rights fest, dass Zivilisten, die unmittelbar an den Kämpfen teilnehmen – als Individuen oder als Mitglied einer Gruppe – zu legitimen Angriffszielen werden, aber nur solange als sie aktiv in die Kämpfe involviert sind.[773] Letztendlich schafft dieses Kriterium der tatsächlichen Gewaltanwendung eine Disbalance zwischen der Behandlung der Rebellengruppen und der Regierungstruppen. Denn während Angriffe auf erstere nur rechtmäßig sind für "such time as they take a direct part in hostilities", können Regierungstruppen allein aufgrund ihrer Eigenschaft als Militärs zu jedem Zeitpunkt nach Völkerrecht angegriffen werden. Diese allein auf Definitionsschwierigkeiten beruhende Ungleichheit gäbe es nicht, wenn man Rebellen aufgrund ihrer Zugehörigkeit zu einer bewaffneten Gruppe behandelte bzw. sie vom Zivilistenbegriff ausschlösse.[774]

Schwierigkeiten entstehen insbesondere, da weder für den internationalen noch für den nicht-internationalen bewaffneten Konflikt definiert ist, wann eine unmittelbare Teilnahme an Feindseligkeiten überhaupt vorliegt.[775] Die Inter-American Commission on Human Rights will diesen Begriff wie folgt verstanden wissen:

> *"[A]cts which, by their nature or purpose, are intended to cause actual harm to enemy personnel and materiel."*[776]

Auch mehrere nationale Militärrichtlinien stellen auf den Gebrauch von Waffen und anderer Mittel ab, mit denen Menschen verletzt oder militärisches Gerät beschädigt werden soll.[777] Daneben existiert aber ebenso genügend Praxis, die sich an keine klaren Kriterien zur Auslegung des Begriffs der unmittelbaren Teilnahme hält, sondern vielmehr eine von Fall zu Fall unterschiedliche Beurteilung vornimmt.[778]

---

773 Inter-American Commission on Human Rights, Case 11.137 (Argentina), in: Henckaerts/Doswald-Beck, Customary International Humanitarian Law, vol. II, Ch. 1, sec. F, § 810.

774 Henckaerts/Doswald-Beck, Customary International Humanitarian Law, vol. I, S. 21.

775 Henckaerts/Doswald Beck, vol. I, S. 22.

776 Inter-American Commission on Human Rights, Third report on human rights in Colombia, in: Henckaerts/Doswald-Beck, vol. II, Ch. 1, sec. F, § 811.

777 Siehe Militärrichtlinien Australiens, in: Henckaerts/Doswald-Beck, vol. II, Ch. 1, sec. F, § 820; Belgiens, § 821; Ecuadors, § 822; El Salvadors, § 823; Indiens, § 824; der Niederlande, § 825; der USA, §§ 827 und 830 und Jugoslawiens, § 831.

778 Siehe gemeinsamer Art. 3 GAbk., in: Henckaerts/Doswald-Beck, Customary International Law, vol. II, Ch. 1, sec. F, § 754; Art. 51 Abs. 3 ZP I, § 755; Art. 13 Abs. 3 ZP II, § 756; Memorandum of Understanding on the Application of IHL zwischen Kroatien und

In ihrem Bericht über Menschenrechtsverletzungen in Kolumbien legt es die Inter-American Commission on Human Rights nahe, zwischen direkter und indirekter Teilnahme zu differenzieren:

> *"Civilians whose activities merely support the adverse party's war or military effort or otherwise only indirectly participate in hostilities cannot on these grounds alone be considered combatants."*[779]

Der Bericht über die Praxis Ruandas unterscheidet zwischen Handlungen, die eine direkte Teilnahme in internationalen und nicht-internationalen Konflikten begründen, und schließt solche aus, die nur eine logistische Unterstützung in nicht-internationalen Konflikten beinhalten. Ruandische Armeeoffiziere hatten auf die Fragen der Berichterstatter sich dahingehend geäußert, dass unbewaffnete Zivilisten in einem internationalen bewaffneten Konflikt dann ihren Zivilistenstatus einbüßen, wenn sie die Streitkräfte mit Nachschub oder Informationen versorgten. In einem nicht-internationalen Konflikt bleibe der Zivilistenstatus im Falle einer Unterstützung einer der Konfliktparteien aber bestehen. Gerechtfertigt wird diese unterschiedliche Ergebnis damit, dass in nicht-internationalen Konflikten die Zivilbevölkerung meist gezwungen ist, mit einer der Parteien, deren Gewalt sie unterliegen, zu kooperieren.[780]

Trotz dieser Beispiele bleibt die Praxis zur Definition der unmittelbaren Teilnahme aber unbestimmt. Ordnete man also Rebellen Regel 6 der Studie zu, bleibt die Frage, wann sie zu legitimen Angriffsobjekten werden. Das wird zumindest dann der Fall sein, wenn sie Waffen oder andere Mittel zur Gewaltan-

---

der SFRY, § 6, § 759; Agreement on the Application of IHL zwischen den Konfliktparteien in Bosnien-Herzegowina, para, 2.5, § 760; UN Secretary-General's Bulletin, Section 5.2, § 761; die Praxis Australiens, § 762; Belgiens, § 792; Benins, § 763; Kanadas, § 764; Kolumbiens, § 765; Kroatiens, § 766; der Dominikanischen Republik, § 767; Ecuadors, § 781; Frankreichs, § 769; Deutschland, § 770; Indiens, § 771; Indonesiens, § 772; Italiens, § 773; Jordanien, § 796; Kenia, § 774; Madagaskar, § 775; Malaysia, § 799; der Niederlande, § 776; Neuseelands, § 778, Spaniens, § 782; Schwedens, § 783; Togos, § 784; Großbritanniens, §§ 757 und 786; der USA, § 787-788 und 804-806; Jugoslawiens, § 789; Inter-American Commission on Human Rights, Case 11.137 (Argentina), § 810.

779 Inter-American Commission on Human Rights, Third report on human rights in Colombia, in: Henckaerts/Doswald-Beck, vol. II, Ch. 1, sec. F, § 811.

780 Report on the Practice of Rwanda, in: Henckaerts/Doswald-Beck, vol. II, Ch. 1, sec. F, § 850.

wendung einsetzen. Alle weiteren Fälle bedürfen zukünftig noch einer Klärung.[781]

c) *Zivile Objekte, unterschiedslose Angriffe und andere Schutzmaßnahmen*

Bislang konnten keine entscheidenden Veränderungen für nicht-internationale bewaffnete Konflikte aufgezeigt werden. Gleichwohl gibt es Bereiche, in denen die viel beklagten Regelungslücken des humanitären Völkerrechts durch Völkergewohnheitsrecht ausgefüllt wurden. Nicht überraschend ist dabei, dass eine Lückenschließung in erster Linie dort gelang, wo nicht die Subjektstellung der Rebellen bzw. Rebellengruppierungen in Frage stand, sondern es sich auf grundlegende Schutzbestimmungen für die Zivilbevölkerung zu einigen galt.

Ansatzweise finden sich solche Regelungen bereits im II. Zusatzprotokoll zu den Genfer Abkommen. Die Bestimmungen, die jetzt Eingang in die Studie des IKRK gefunden haben, waren sogar in einem Vertragsentwurf zum Zusatzprotokoll enthalten, dann aber zugunsten eines vereinfachten Gesetzestextes gestrichen worden. Als Folge blieben die übrigen Schutzbestimmungen des ZP II weit hinter den detaillierten Normen des ZP I[782] für internationale Konflikte zurück. Denn letztendlich begnügt sich ZP II mit der Aussage, dass „weder die Zivilbevölkerung als solche noch einzelne Zivilpersonen [...] das Ziel von Angriffen sein [dürfen], [...] sofern und solange sie nicht unmittelbar an Feindseligkeiten teilnehmen“[783]. Konkretisiert wird der Schutz dahingehend, dass „[d]ie Anwendung oder Androhung von Gewalt mit dem hauptsächlichen Ziel, Schrecken unter der Zivilbevölkerung zu verbreiten, [...] verboten“[784] ist. Die Studie des IKRK greift nun beide Bestimmungen auf und ordnet ihren Inhalt dem Völkergewohnheitsrecht zu. Zusätzlich – und hier liegt der im Vergleich wichtigere Beitrag – ermittelt sie Staatenpraxis, die nun die Lücken des ZP II schließt. Dabei führt sie Regelungen ein, die inhaltlich denen des ZP I entsprechen und die nun in Form des Völkergewohnheitsrechts Anwendung auf nicht-internationale Konflikte finden. Gemeint sind die Regeln 7-10 (distinction between ci-

---

781 Das IKRK hat zur Klärung des Begriffs unmittelbare Teilnahme verschiedene Expertentreffen abgehalten. Direct Participation in Hostilities under International Humanitarian Law, Report prepared by the International Committee of the Red Cross, Geneva, September 2003, abrufbar unter: www.icrc.org.

782 Teil IV Zivilbevölkerung: Art. 48-79 ZP I.

783 Art. 13 Abs. 1 und 3 ZP II.

784 Art. 13 Abs. 2 ZP II.

vilian objects and military objectives), Regeln 11-13 (indiscriminate attacks), Regel 14 (proportionality in attacks), Regeln 15-21 (precautions in attack) und Regeln 22-24 (precautions against the effects of attack).[785]

So wurde beispielsweise auf die Definition des Art. 52 Abs. 2 ZP I zu militärischen Zielen verwiesen, die sich in jüngerer Zeit in solchen Verträgen wieder fände, die auf beide Konflikttypen gleichermaßen anwendbar seien (beispielsweise in der Konvention zum Einsatz bestimmter konventioneller Waffen und in ZP II der Haager Konvention zum Schutz von Kulturgut in bewaffneten Konflikten).[786] Auch verschiedene nationale Militärrichtlinien definierten militärische Ziele gemäß Art. 52 Abs. 2 ZP I unabhängig von der Natur der Konflikte,[787] so dass die Definition Gewohnheitsrecht für internationale und nicht-internationale bewaffnete Konflikte darstellt.

Weiter gelang den Verfassern der Studie der Nachweis, dass unterschiedslose Angriffe nach Völkergewohnheitsrechts auch in nicht-internationalen bewaffneten Konflikten verboten sind. Die Rechtsprechung des ICTY[788], nationale Gesetzgebung[789], Militärrichtlinien[790] und offizielle Stellungsnahmen[791] führten allesamt zu dem gleichen Ergebnis. Zudem hatten verschiedene Staaten in der Vergangenheit unterschiedslose Angriffe unabhängig von der vorliegenden

---

785 Siehe auch Regeln 31-32 (humanitarian relief personnel and objects), Regel 32 (civilian journalists), Regeln 35-37 (protected zones), Regeln 46-48 (denial of quarter), Regeln 55-56 (access to humanitarian relief) und Regeln 57-65 (deception).

786 Amended Protocol II to the CCW, Article 2 (6), in: Henckaerts/Doswald-Beck, Customary International Humanitarian Law, vol. II, Ch. 2, sec. B, § 321; Second Protocol to the Hague Convention for the Protection of Cultural Property, Article 1 (f), § 322.

787 Siehe Militärrichtlinien Benins, Kanadas, Kolumbiens, Kroatien, Deutschlands, Italiens, Kenias, Madagaskars, Südafrikas und Togos, in: Henckaerts/Doswald-Beck, vol. II, Ch. 2, sec. B, § 328; Ecuadors, § 331 und Jugoslawiens, § 340.

788 The Prosecutor v. Tadic, Appeal Chamber Decision on the defence motion of interlocutory appeal on jurisdiction, 2 October 1995, Case no. IT-94-1-AR72, §§ 100-127; The Prosecutor v. Kordic & Cerkez, Decision on the Joint Defence Motion, 2 March 1999, Case no. IT-95-14/2-T, § 31; Kupreskic, TC, 14 January 2000, Case no. IT-95-17/1, § 524.

789 Siehe die Gesetzgebung Armeniens, in: Henckaerts/Doswald-Beck, vol. II, Ch. 3, sec. A, § 33; Weißrusslands, § 35; Belgiens, § 36; Bosnien-Herzegowinas, § 37, § 42; Estlands, § 45; Georgiens, § 46; Litauens, § 51; Nigers, § 55; Norwegens, § 56; § 58; Schwedens, § 59; Tadschikistans, § 60 und Jugoslawiens, § 62.

790 Siehe Militärrichtlinien Australiens, in: Henckaerts/Doswald-Beck, vol. II, Ch. 3, sec. A, §§ 12 und 14; Benins, § 12; Ecuadors, § 17; Deutschlands, § 18; Indiens, §§ 19-20; Italiens, § 22; Kenias, § 12; Südafrikas, §§ 12 und 27 und Togos, § 12.

791 Siehe Stellungnahmen Deutschlands, in: Henckaerts/Doswald-Beck, vol. II, Ch. 3, sec. A, § 76; Indiens, §§ 77-78; Malaysias, §§ 83-84 und Sloweniens, § 91.

Konfliktart verurteilt.[792] Die UNO und weitere internationale Organisationen kritisierten derartige Angriffe im Zusammenhang mit den nicht-internationalen Konflikten in Afghanistan, Bosnien-Herzegowina, Burundi, Tschetschenien, im Kosovo und im Sudan.[793]

Das Verbot von Angriffen, die unverhältnismäßige inzidente Verluste unter der Zivilbevölkerung und von zivilen Objekten zur Folge haben, gilt gemäß der Studie des IKRK ebenfalls völkergewohnheitsrechtlich für internationale und nicht-internationale bewaffnete Konflikte. Die Ausweitung auf letztgenannte konnte auf Militärrichtlinien[794], nationale Gesetzgebung[795] und offizielle Stellungnahmen[796] gestützt werden. Und auch hier hatten verschiedene Organisationen, wie die UNO und die EU, aber auch einzelne Staaten Angriffe, die unverhältnismäßig hohe und tief greifende Verluste zur Folge haben, im Rahmen innerstaatlicher Konflikte verurteilt.[797]

---

792 Siehe Stellungnahmen Bosnien-Herzegowinas, in: Henckaerts/Doswald-Beck, vol. II, Ch. 3, sec. A, § 66; Botswanas, § 66; des Irans, § 79; des Iraks, §§ 80-81; Malaysias, § 83; Sloweniens, § 91; Südafrikas, § 92; Großbritanniens, §§ 95-97; der USA, § 98 und Jugoslawiens, § 100.

793 Siehe UN Security Council, Res. 1199, in: Henckaerts/Doswald-Beck, vol. II, Ch. 3, sec. A, § 102; UN General Assembly, Res. 40/137, § 106, Res. 48/153, 49/196 und 50/193, § 107, Res. 51/112, § 108, Res. 53/164, § 109, Res. 55/116; § 110; UN Commission on Human Rights, Res. 1987/58 und 1995/74, § 111, Res. 1992/S-2/1 und 1993/7, § 112, Res. 1994/75 und 1995/89, § 113, Res. 1995/77, 1996/73, 1997/59 und 1998/67, § 114, Res. 1998/82, § 115, Res. 2000/58, § 116; Council of Europe, Declaration on Bosnia Herzegovina, § 126; Council of Europe, Parliamentary Assembly, Res. 1055, § 127; EC, Ministers of Foreign Affairs, Declaration on Yugoslavia, § 128; EC, Statement on the bombardment of Goražde and Declaration on Yugoslavia, § 129; EU, Council of Ministers, Council Regulation EC no. 1901/98, § 130, European Council, SN 100/00, Presidency Conclusions, § 131.

794 Siehe Militärrichtlinien Benins, in: Henckaerts/Doswald-Beck, Customary International Humanitarian Law, vol. II, Ch. 4, § 16; Kanadas, § 19; Kolumbiens, § 20; Kenias, § 31.

795 Siehe Gesetzgebung Armeniens, in: Henckaerts/Doswald-Beck, vol. II, Ch. 4, § 50; Weißrusslands, § 53; Belgiens, § 54; Kolumbiens, § 59; Deutschlands, § 65; Nigers, § 73; Spaniens, § 75 und Schwedens, § 76.

796 Siehe Stellungnahmen Jordaniens, in: Henckaerts/Doswald-Beck, vol. II, Ch. 4, § 97; Nigerias, § 103; Ruandas, § 108; Spaniens, § 110 und der USA, § 97.

797 UN Security Council, Res. 1160 und 1199, in: Henckaerts/Doswald-Beck, vol. II, Ch. 4, § 132 und Res. 1322, § 133; UN Commission on Human Rights, Res. 2000/58, § 134; EC, Ministers of Foreign Affairs, Declaration on Yugoslavia, § 137.

2. *Besonders geschützte Personen und Objekte*

a) *Schutz von Anlagen und Einrichtungen, die gefährliche Kräfte enthalten*

Es finden sich auch völkergewohnheitsrechtliche Bestimmungen in der Studie, die bereits in beiden Zusatzprotokollen zu den Genfer Abkommen angelegt waren. Im Zusammenhang mit völkerrechtlich besonders geschützten Objekten sind dies Art. 56 I ZP I und Art. 15 ZP II, die beide ein Angriffsverbot für solche Anlagen und Einrichtungen formulieren, „die gefährliche Kräfte enthalten", die im Falle ihrer Freisetzung „schwere Verluste unter der Zivilbevölkerung verursachen" können. Dieses Verbot gilt selbst dann, wenn es sich um „militärische Ziele" handelt.

Das Verbot hat Absolutheitscharakter – zumindest ist so der Wortlaut des Art. 15 ZP II zu verstehen – Art. 56 II ZP I dagegen nimmt einige Einschränkungen vor. Daraus folgt die Schwierigkeit, eine einheitliche Praxis zu ermitteln. Zwar war Art. 56 ZP I 1977 von den Staaten einstimmig angenommen worden[798] und findet sich in verschiedenen Militärrichtlinien[799] und nationalen Gesetzgebungen wieder[800]. Mehrere Staaten haben sich dem Verbot jedoch in seiner absoluten Form widersetzt. Zum Zeitpunkt der Ratifizierung des ZP I erklärten beispielsweise Frankreich und Großbritannien, einen absoluten Schutz solcher Einrichtungen und Anlagen nicht gewährleisten zu können, die militärischen Zwecken dienten.[801] Israel und die USA stellten heraus, dass das Verhältnismäßigkeitsprinzip das entscheidende Kriterium zur Rechtfertigung solcher

---

798 Henckaerts/Doswald-Beck, vol. II, Ch. 3, § 1; siehe zu Art. 15 ZP II, § 5.

799 Militärrichtlinien Argentiniens, in: Henckaerts/Doswald-Beck, vol. II, Ch. 13, § 11; Australiens, § 12; Belgiens, § 14; Benins, § 15; Kameruns, § 16; Kanadas, § 17; Frankreichs, §§ 21-23; Deutschlands, § 24; Kenias, § 29; der Niederlande, §§ 32-33; Neuseelands, § 34; Südafrikas, § 36; Spaniens, § 37; der Schweiz, §§ 38-39; Togos, § 40; Großbritanniens, § 41 und Jugoslawiens, § 46.

800 Siehe die Gesetzgebung Aserbaidschans, in: Henckaerts/Doswald-Beck, vol. II, Ch. 13, § 51; Ungarns, § 65 ("which result in heavy damage"); Litauens, § 69 ("knowing that it might have extremely grave consequences"); Sloveniens, § 76 („an attack on which be particularly dangerous"); und Spaniens, § 77 („considerable losses"); siehe auch die Gesetzesentwürfe Argentiniens, § 47; El Salvadors, § 61; Jordaniens, § 67 ("widespread loss of life or injury among the civilian population and damage to civilian property") und Nicaraguas, § 72.

801 France, reservations and declarations made upon Additional Protocol I, in: Henckaerts/Doswald-Beck, Customary International Humanitarian Law, vol. II, Ch. 13, § 4; United Kingdom, Reservations and declarations made upon Additional Protocol I, § 3.

Angriffe auf militärische Anlagen sei.[802] Damit gab es zwar eine kritische Haltung gegenüber möglichen Folgen der Angriffe, die aber durchaus mit dem Argument der militärischen Notwendigkeit beseitigt werden konnten. Im Ergebnis konnte daher kein Völkergewohnheitsrecht entstehen, das inhaltlich den Art. 56 I ZP I und Art. 15 ZP II entspräche.

Regel 42 der Studie ist zugleich ein Beispiel, dass Gewohnheitsrecht nicht in jedem Fall Regelungslücken schließt, sondern ein Regelungsrückschritt bilden kann, der in der Lage ist, Ratifizierungsprobleme zu überwinden. Denn die Untersuchungen ermittelten eine Staatenpraxis – einheitlich für internationale und nicht-internationale bewaffnete Konflikte – ‚die im Falle wichtiger militärischer Vorteile die Rechtmäßigkeit der Angriffe anerkennt, jedoch immer nur unter Einhaltung besonderer Vorsichtsmaßnahmen sowohl im Vorfeld als auch bei der späteren Durchführung, um zivile Verluste zu minimieren.[803] Der Stellenwert, der solchen Vorkehrungen dabei zugedacht wird, wird insbesondere in den Positionen Großbritanniens und der Vereinigten Staaten deutlich, die die Entscheidung über solche Angriffe nur auf höchster Ebene, "a high level of command" und "at appropriately high political levels", getroffen wissen wollen.[804]

Im Gegenzug soll Regel 42 aber nicht auf die in Art. 56 I ZP I und Art. 15 ZP II wie auch auf die von ihr selbst genannten Objekte beschränkt sein. Ebenso sollen Chemieanlagen und Ölraffinerien von ihrem Sorgfaltsgebot erfasst sein.[805] Neu ist auch, dass das Gewohnheitsrecht die Vorsichtsmaßnahmen nicht als einseitige Anforderung versteht, vielmehr müssen die Staaten Anlagen, die gefährliche Kräfte enthalten, getrennt von militärischen Objekten errichten und dürfen sie in keinem Fall als Schutzschilde für militärische Operationen missbrauchen.[806]

802 Report on the Practice of Israel, in: Henckaerts/Doswald-Beck, vol. II, Ch. 13, § 98; United States, Air Force Pamphlet, § 42, Naval Handbook, § 44, Annotated Supplement to the Naval Handbook, § 45, Remarks of the Deputy Legal Adviser of the Department of State, § 108.

803 Henckaerts/Doswald-Beck, Customary International Humanitarian Law, vol. I, S. 141.

804 United Kingdom, Reservations and declarations made upon ratification of Additional Protocol I, in: Henckaerts/Doswald-Beck, vol. II, Ch. 13, § 3; United States, Air Force Pamphlet, § 42.

805 Henckaerts/Doswald-Beck, vol. I, S. 141 f.

806 Henckaerts/Doswald-Beck, vol. II, Ch. 13, § 129-153.

b) Schutz der natürlichen Umwelt

Ein Einfluss der militärischen Opportunität auf die Staatenpraxis findet sich auch im Rahmen der Bestimmungen zum Schutz der natürlichen Umwelt (Regeln 43-45).

Regel 43 wendet dabei grundlegende Prinzipien des humanitären Völkerrechts auf den Schutz der Umwelt in allen Konflikten an. So ist hier ebenfalls zwischen zivilen und militärischen Objekten zu unterscheiden. Während für erstere ein generelles Angriffsverbot gilt, dürfen die letztgenannten nach Völkergewohnheitsrecht nur dann angegriffen werden, wenn militärische Notwendigkeit ein solches Vorgehen erfordert. Im Falle indirekter Auswirkungen auf die Umwelt ist das Verhältnismäßigkeitsprinzip zur Anwendung zu bringen. Der IGH stellte so auch im Nuclear Weapons Fall aus dem Jahr 1996 fest:

> *"States must take environmental considerations into account when assessing what is necessary and proportionate in the pursuit of legitimate military objectives."*[807]

Und für die NATO-Bombardierungen in Jugoslawien konnte das zu ihrer Beurteilung eingerichtete Komitee als Ergebnis festhalten, die Auswirkungen der Bombardements "[were] best considered from the underlying principles of the law if armed conflicts such as necessity and proportionality", "in order to satisfy the requirement of proportionality, attacks against military targets which are known or can reasonably be assumed to cause grave environmental harm may need to confer a very substantial military advantage in order to be considered legitimate".[808]

Regel 44 betrifft daneben allgemeine, im Falle eines Angriffs zu treffende Vorkehrungsmaßnahmen zum Schutz der natürlichen Umwelt. Staaten müssen danach im Vorfeld eines Angriffs auf ein militärisches Ziel nicht nur die Verhältnismäßigkeit ihre Handelns überprüfen (Regel 43), sondern zusätzlich Vorkehrungen treffen, um die Auswirkungen ihres Angriffs auf die Umwelt möglichst gering zu halten (Regel 44). Fehlende wissenschaftliche Erkenntnisse über solche Wirkungen befreien die Staaten dabei nicht von ihrer Verpflichtung.[809]

---

807 ICJ, Nuclear Weapons Case, Advisory Opinion, in: Henckaerts/Doswald-Beck, vol. II, Ch. 14, sec. A, § 62.

808 Committee Established to Review the NATO Bombing Campaign Against the Federal Republic of Yugoslavia, Final Report, in: Henckaerts/Doswald-Beck, vol. II, Ch. 14, sec. A, § 63.

809 Rule 44: "Lack of scientific certainty as to the effects on the environment of certain military operations does not absolve a party to the conflict from taking such precautions."

Während nun dieses "precautionary principle"[810] Teil einer einheitlichen Übung in internationalen Konflikten ist, konnte die Frage, ob Regel 44 auch Gewohnheitsrecht für nicht-internationale Konflikte darstellt, nicht hinreichend und zufrieden stellend beantwortet werden. Eine Anwendung wurde zumindest für die Fälle bejaht, in denen schädigende Umwelteinwirkungen Auswirkungen auf andere Staaten zeigten. Das könne aus der Anerkennung des ökologischen Gleichgewichts als ein "essential interest"[811] durch den IGH gefolgert werden, aus der Staaten die völkergewohnheitsrechtliche Verpflichtung trifft, im Rahmen von unter ihrer Hoheitsgewalt vorgenommenen Handlungen die Umwelt eines anderen Staates oder einer Region außerhalb ihrer Kontrolle zu schützen.[812]

Ob allerdings Regel 44 auch ohne diesen grenzüberschreitenden Faktor auf innerstaatliche Konflikte Anwendung findet, bleibt fraglich. Es existiert zwar Staatenpraxis, die in diese Richtung tendiert und auch umweltrechtliche Verträge finden auf das Verhalten eines Staates innerhalb seines Territoriums Anwendung. Völkergewohnheitsrecht ist daraus aber noch nicht entstanden.

Auch für die letzte Regel dieses Themenkomplexes, Regel 45, konnte nicht abschließend entschieden werden, ob sie neben internationalen Konflikten auch Gewohnheitsrecht für nicht-internationale Konflikte bildet. Für den internationalen Konflikt findet sich eindeutige Staatenpraxis.[813] Beispielsweise ist auf die Stellungnahme der USA auf der zweiten ENMOD Review Conference zu verweisen, die hier unmissverständlich erklärten:

> *"[T]he environment itself should not be used as an instrument of war."*[814]

Ob ein solches Angriffsverbot jedoch auch für nicht-internationale bewaffnete Konflikte existiert, bleibt abzuwarten. Zumindest die grenzüberschreitende Wirkung von Umweltschäden wie auch die Kollision der Vorschrift mit dem Unter-

---

810 Henckaerts/Doswald-Beck, Customary International Humanitarian Law, vol. I, S. 150.

811 ICJ, Gabcíkovo-Nagymaros Project, Judgement, in: Henckaerts/Doswald-Beck, Customary International Humanitarian Law, vol. II, Ch. 14, sec. B, § 121.

812 ICJ, Nuclear Weapons Case, Advisory Opinion, in: Henckaerts/Doswald-Beck, vol. II, Ch. 14, sec. B, § 120.

813 Siehe Militärrichtlinien Italiens, in: Henckaerts/Doswald-Beck, vol. II, Ch. 14, sec. B, § 10 und Südkoreas, § 80; Stellungnahmen Argentiniens, § 29 und Kolumbiens, § 85; Stellungnahmen im Nuclear Weapons Fall: Ägypten, § 88, Iran, § 93, Malaysia, § 97; Qatar, § 102 und Solomon Islands, § 103; Costa Rica, § 87; Ruanda, § 253; Sri Lanka, § 104 und Ukraine, § 261.

814 United States, statement to the Second ENMOD Review Conference, 1992, in: Henckaerts/Doswald-Beck, vol. II, Ch. 14, sec. C, § 316.

scheidungsprinzip aus Regel 43 lassen das Entstehen von Gewohnheitsrecht an dieser Stelle unumgänglich erscheinen.[815]

c) *Friedensmissionen und humanitäre Hilfsaktionen*

Oftmals sind internationale Organisationen in innerstaatliche Konflikte involviert, sei es auf rein humanitärer, unterstützender Basis oder militärisch in Form einer Friedensmission, in der Regel autorisiert durch die UNO. Von 1946 bis 2005 haben die Vereinten Nationen über sechzig friedenserhaltende Missionen unternommen, die vor allem ab 1988 in gehäufter Form durchgeführt wurden.[816] Zunächst ging es um die Sicherung des zwischenstaatlichen Friedens, ab 1988 wurden die Vereinten Nationen aber immer häufiger um Hilfe bei innerstaatlichen Konflikten gebeten. Allein für den Bereich der Friedensmission gewinnt daher die Frage an Bedeutung, welche Schritte im Rahmen des humanitären Völkerrecht unternommen wurden, um die Teilnehmer solcher Aktionen zu schützen.

Während bis vor kurzem hierzu keine Regelung im Völkervertragsrecht existierte, ordnet das Rom Statut nun Angriffe auf Personen und Einrichtungen, die Teil einer gemäß der UN-Charta durchgeführten Blauhelmmission sind, als Kriegsverbrechen ein.[817] Auch die Staatenpraxis behandelt das Personal und die Ausrüstung solcher Verbände ohne Ausnahme als zivile Objekte, solange sie nicht aktiv an den Feindseligkeiten teilnehmen.[818] Dieses Angriffsverbot ist Völkergewohnheitsrecht sowohl für internationale als auch für nicht-internationale bewaffnete Konflikte.

Daneben stellt sich die Frage, wie rein zivile Hilfsaktionen ohne Soldatenbeteiligung humanitärer Hilfsorganisationen durch das humanitäre Völkerrecht geregelt werden, d. h. auf der einen Seite wie das Personal und die Einrichtungen solcher Verbände geschützt werden und auf der anderen Seite wie die Durchführung ihrer Aktionen zu gewährleisten sind. Allein das Beispiel des Mengistu Regimes in Äthiopien zeigt, dass humanitäre Hilfe für die Zivilbevölkerung nicht in jedem Fall ein willkommenes Vorhaben sein muss und damit ohne schützende Normen funktioniert, sondern unter Umständen Kriegspläne ver-

---

815 Henckaerts/Doswald-Beck, Customary International Humanitarian Law, vol. I, S. 157.

816 Czempiel, in: DIE ZEIT (Hrsg.), Welt- und Kulturgeschichte, Bd. 16, S. 460 (465).

817 Artikel 8 Abs. 2 b) iii) und e) iii) Rom Statut, in: Henckaerts/Doswald-Beck, Customary International Humanitarian Law, vol. II, Ch. 9, § 4.

818 Henckaerts/Doswald-Beck, Customary International Humanitarian Law, vol. I, S. 112.

eiteln kann. So wird aus Äthiopien berichtet, dass das Verhindern eines Zugangs zu Nahrungsmitteln als Waffe gegen Oppositionsgruppen eingesetzt wurde, was soweit ging, die Lieferung humanitärer Hilfsgüter nach einer Hungersnot 1989 zu unterbinden.[819]

Solche Ereignisse sind auf die Staatenpraxis nicht ohne Einfluss geblieben, so heißt es, "after an international outcry against his policy, Mengistu reversed his decision"[820]. Der UN-Sicherheitsrat hat in weiteren Fällen die Parteien verschiedener Konflikte in Afghanistan, Angola, zwischen Armenien und Aserbaidschan, in Bosnien-Herzegowina, Burundi, im Kongo, in Georgien, im Kosovo, in Liberia, in Somalia und im Jemen zur Gewährleistung humanitärer Hilfe aufgerufen.[821] Daraus und aus anderer Praxis ist nun Völkergewohnheitsrecht entstanden, das den Schutz des Personals und der Einrichtungen von Hilfsorganisationen vorsieht, wie auch den ungehinderten Zugang zur Zivilbevölkerung gewährleistet wissen will.[822]

Auch Zusatzprotokoll I und II zu den Genfer Abkommen treffen für den letztgenannten Punkt eine Regelung, die aber immer auch eine Zustimmung der betroffenen Vertragspartei voraussetzt.[823] Nun erwähnt die gesammelte Staatenpraxis diese Voraussetzung nicht. Die Verfasser der IKRK-Studie gehen aber dennoch von ihrer völkergewohnheitsrechtlichen Gültigkeit aus:

> *"It is nonetheless self-evident that a humanitarian organisation cannot operate without the consent of the party concerned."*[824]

Der Einfluss der betroffenen Partei geht jedoch nicht soweit, eine Zustimmung willkürlich versagen zu können. Es besteht vielmehr in den Fällen, in denen die Zivilbevölkerung von einer Hungersnot bedroht ist und Hilfsorganisationen zu reagieren in der Lage sind, eine Verpflichtung, ihnen Zugang zu verschaffen.[825]

---

819 Henckaerts/Doswald-Beck, vol. I, S. 195.

820 Thomas P. Ofcansky/La Verle Berry, Ethiopia: A Country Study, in: Henckaerts/Doswald-Beck, vol. II, Ch. 17, sec. C, § 422.

821 UN Security Council, Res. 752, in: Henckaerts/Doswald-Beck, Customary International Humanitarian Law, vol. II, Ch. 17, sec. C, § 442; Res. 757, § 443; Res. 794, § 444; Res. 822, § 445; Res. 824, § 446; Res. 851, § 447 ; Res. 853, § 448; Res. 874, § 449; Res. 876, § 450; Res. 908, § 451; Res. 931, § 452; Res. 998, § 453; Res. 1004, § 454; Res. 1019, § 456; Res. 1059 und 1071, § 457; Res. 1083, § 459; Res. 1160, § 460; Res. 1199, § 461, Res. 1213, § 462; Res. 1239, § 463; Res. 1291, § 468; Res. 1333, § 471.

822 Regeln 31-32, Regel 55.

823 Art. 70 Abs. 1 ZP I und Art. 18 Abs. 2 ZP II.

824 Henckaerts/Doswald-Beck, Customary International Humanitarian Law, vol. I, S. 196 f.

825 Sandoz/Swinarski/Zimmermann, Commentary on the Additional Protocols, § 2805.

Jedoch dürfen betroffene Regierungen weiterhin Kontrolle über die Hilfsverbände ausüben[826] und letztgenannte sind gehalten, sich nationalem Recht und Sicherheitsbestimmungen unterzuordnen[827]. Dieses Völkergewohnheitsrecht gilt dabei unterschiedslos für internationale und nicht-internationale bewaffnete Konflikte.

3. Methoden der Kriegsführung

a) Täuschung

Die Regulierung von Kampfmethoden, die sich Elementen der Täuschung bedienen, gewinnt in der asymmetrischen Kriegsführung der nicht-internationalen bewaffneten Konflikte eine Brisanz, die mit der Situation in internationalen Konflikten keineswegs vergleichbar ist. Denn asymmetrische Kriegsführung erhält ihre Stärke aus Taktiken, die Überraschungseffekte, insbesondere Angriffe aus dem Hinterhalt, und Tarnung einsetzen. Wie bereits aufgezeigt wurde, kann sich die Guerilla – will sie einen Kampf erfolgreich führen – weder einen offenen Kampf noch das offene Tragen von Waffen oder Erkennungszeichen leisten. Sie lebt vielmehr aus dem Anschein, Teil der Zivilbevölkerung zu sein und zermürbt ihren Gegner mit ihrer Unauffindbarkeit.

Nun ist das Gebrauchen einer Kriegslist nach Völkergewohnheitsrecht nicht grundsätzlich verboten, solange sie keine Regeln des humanitären Völkerrechts verletzt.[828] Definiert wird eine solche List als "act[...] intended to confuse the enemy".[829] Die Militärrichtlinien Großbritanniens zählen einzelne legitime Kriegslisten auf, die sich so auch in der asymmetrischen Kriegsführung wieder finden. Dazu gehören Überraschungen, Hinterhalte, vorgetäuschte Angriffe, aber auch der Anschein von Inaktivität und das Vortäuschen einer größeren Verbandsstärke bei tatsächlich kleinen Kampfeinheiten.[830] Die Legitimität sol-

---

826 Art. 23 IV Genfer Konvention, in: Henckaerts/Doswald-Beck, vol. II, Ch. 17, sec. C, § 361; Art. 70 Abs. 3 ZP I, § 362; Militärrichtlinien Argentiniens, § 380; Australiens, § 383; Kanadas, § 384; Deutschlands, § 386; Kenias, § 388; der Niederlande, § 389, Neuseelands, § 390; Großbritanniens, § 394 und der USA, § 396.

827 Art. 71 Abs. 4 ZP I, in: Henckaerts/Doswald-Beck, vol. II, Ch. 17, sec. C, § 725.

828 Siehe Regel 57, anwendbar auf internationale und nicht-internationale bewaffnete Konflikte.

829 Henckaerts/Doswald-Beck, Customary International Humanitarian Law, vol. I, S. 204.

830 United Kingdom, Military Manual, in: Henckaerts/Doswald-Beck, Customary International Humanitarian Law, vol. II, Ch. 18, sec. B, § 46.

cher Taktiken endet jedoch dort, wo die Grenzen zur Perfidie überschritten werden.

> *„Als Heimtücke gelten [dabei] Handlungen, durch die ein Gegner in der Absicht, sein Vertrauen zu missbrauchen, verleitet wird, darauf zu vertrauen, dass er nach den Regeln des in bewaffneten Konflikten anwendbaren Völkerrechts Anspruch auf Schutz hat oder verpflichtet ist, Schutz zu gewähren."*[831]

Während das II. Zusatzprotokoll zu den Genfer Abkommen in Bezug auf solche heimtückischen Handlungen keine Regelung trifft,[832] erkennt nun das Rom Statut die gewohnheitsrechtliche Natur des Perfidieverbots für nicht-internationale bewaffnete Konflikte an, indem es das Verbot unter dem Kriegsverbrechen "killing or wounding treacherously a combatant adversary" erfasst.[833] Die Studie des IKRK hat diese Entwicklung aufgegriffen und als Verbot der unsachgemäßen Verwendung international anerkannter Embleme, einschließlich UNO Erkennungszeichen, dem Völkergewohnheitsrecht für internationale und nicht-internationale Konflikte zugeordnet.[834]

Daneben ermittelte sie auch Staatenpraxis, die das Tragen von Uniformen und Insignien des Feindes verbietet. Es existiert ein Beispiel aus dem chinesischen Bürgerkrieg, in dem die chinesische kommunistische Partei das Tragen der Uniformen der Roten Armee durch Soldaten der Nationalisten zur Diskreditierung der Roten Armee verurteilte.[835] Insgesamt waren jedoch die gefundenen Nachweise nicht ausreichend, um Gewohnheitsrecht zu begründen.[836]

Die Studie erfasst daneben das Verbot in internationalen und nicht-internationalen Konflikten Abkommen über eine Aussetzung der Kämpfe zu schließen mit dem Ziel, den auf diese Vereinbarung vertrauenden Feind mittels eines Überraschungsangriffs zu schwächen.[837] Obwohl man annehmen könnte, dass ein solches Vorgehen ohnehin bereits unter das Perfidieverbot fällt, zogen es die Verfasser der Studie vor, das Verbot in einer eigenen Regelung zu erfassen, da die Verletzung eines Waffenstillstandabkommens nicht direkt zu den Schutzbestimmungen des humanitären Völkerrechts gehört. Die Anwendung dieser Regel

---

831 Art. 37 Abs. 1 S. 2 ZP I.

832 Doswald-Beck, in: SZIER/RSDIE 2005, S. 471 (493).

833 Art. 8 Abs. 2 e) ix) Rom Statut.

834 Regel 60.

835 Report on the Practice of China, in: Henckaerts/Doswald-Beck, Customary International Humanitarian Law, vol. II, Ch. 18, sec. F, § 720.

836 Henckaerts/Doswald-Beck, Customary International Humanitarian Law, vol. I, S. 214.

837 Regel 64.

auf nicht-internationale Konflikte stützt sich dabei auf die Grundsätze von Treu und Glauben, auf Militärrichtlinien[838], nationale Gesetzgebung[839] und offizielle Stellungsnahmen[840]. Obwohl diese Praxis nicht sehr ausgedehnt ist, waren die Verfasser der Studie dennoch der Ansicht, dass eine allgemeine Erwartungshaltung existiert, solche Vereinbarungen zu respektieren.[841]

b) Kommunikation mit dem Feind

Unter der Überschrift "Specific methods of warfare" erfasst die Studie des IKRK u. a. die Möglichkeiten der Kommunikation mit dem Feind. Dies allein ist noch nicht bemerkenswert, da es sich bei diesen Bestimmungen, insbesondere bei den Parlamentärsregelungen, um seit langem anerkanntes Völkergewohnheitsrecht handelt, das zurückgeht auf die Haager Konventionen.[842] So haben traditionelle Kommunikationsmethoden wie die des Parlamentärs mit seinem Erkennungszeichen, der weißen Fahne, bis heute Gültigkeit,[843] ergänzt durch moderne Kommunikationsmittel wie das Telefon und das Radio.[844]

Ohne nun näher auf die Regeln 66-69 der Studie eingehen zu wollen, soll an dieser Stelle stattdessen der Anwendungsbereich der Normen hervorgehoben werden, der insoweit verwunderlich ist, als er auch ausdrücklich nicht-internationale bewaffnete Konflikte erfasst. Auf diesem Weg ist es möglich, dass die

838 Deutschland, Military Manual, in: Henckaerts/Doswald-Beck, vol. II, Ch. 18, sec. H, § 793.

839 Siehe Gesetzgebung Aserbaidschan, in: Henckaerts/Doswald-Beck, vol. II, Ch. 18, sec. H, § 810; Weißrusslands, § 811; Costa Ricas, § 814; Ecuador, § 815; El Salvadors, § 817; Äthiopiens, § 818; Nicaraguas, § 825; Spaniens, § 829; der Schweiz, § 830 und Venezuelas, § 831.

840 Siehe Stellungnahmen Chinas, in: Henckaerts/Doswald-Beck, vol. II, Ch. 18, sec. I, § 834 und Jugoslawiens, § 837.

841 Doswald-Beck, in: SZIER/RSDIE 2005, S. 471 (493).

842 Art. 33 Haager Konventionen, in: Henckaerts/Doswald-Beck, vol. II, Ch. 19, sec. A, § 124.

843 Siehe Militärrichtlinien Argentiniens, in: Henckaerts/Doswald-Beck, vol. II, Ch. 19, sec. A, § 98; Belgiens, §§ 99-101; Kameruns, § 102; Italiens, § 105; Nigerias, § 108 und Jugoslawiens, § 114.

844 Siehe Militärrichtlinien Belgiens, in: Henckaerts/Doswald-Beck, vol. II, Ch. 19, sec. A, § 4; Kanadas, § 8; Kroatiens, § 10; Deutschlands, § 12; Großbritanniens, § 25 und der USA, § 27, wie auch die Praxisberichte Kolumbiens, 31; Ruandas, § 36 und Simbabwe, § 41.

Staatsseite, also die Kommandanten der Streitkräfte[845], mit der Rebellenseite in Kontakt tritt. Der vordringliche Zweck ist dabei das Schließen von Vereinbarungen wie beispielsweise über die Suche nach Verwundeten, Kranken und Toten, den Austausch Gefangener oder die Gewährleistung medizinischer Hilfe.[846] In diesem Kontext überrascht weniger die Notwendigkeit einer solchen Kommunikation, als ihre rechtliche Legitimation. Die Studie selbst verhält sich zu dieser Frage in keiner Weise kritisch, sondern erklärt:

> *"No official contrary practice was found."*[847]

Die Regelungen zur Frage der Kommunikation mit dem Feind basierten auf dem Grundsatz von Treu und Glauben, der ebenfalls in nicht-internationalen Konflikten Anwendung fände.[848] Bislang stand jedoch die Möglichkeit einer Adressierung von Pflichten, aber auch von Rechten, an Rebellen nicht zur Diskussion. Sie ist mangels Völkerrechtssubjektivität nicht möglich. Die Anerkennung einer derartigen Rechtsstellung war auch mit den Regeln 66-69 der Studie nicht bezweckt, andernfalls hätte es einer Hervorhebung bedurft. Jedoch scheint es, als ob praktische Erwägungen und Bedürfnisse die Rechtsentwicklung einholen. Notwendig ist es mit Rebellen oder ihren Gruppierungen zu kommunizieren, ihr Rechtsstatus soll davon aber nicht verändert werden.

4. *Behandlung von Zivilisten und Personen hors de combat*

a) *Grundlegende Garantien*

Die meisten Militärbücher und andere Texte folgen bei der Frage, welche Regeln wann anwendbar sein sollen, der klassischen Einteilung in Verwundete, Kranke und Schiffbrüchige, Kriegsgefangene und Zivilisten in der Gewalt einer am Konflikt beteiligten Partei.[849] Die Verfasser der IKRK-Studie dagegen – be-

---

845 Einige Militärrichtlinien gehen davon aus, dass Kombattanten nicht mit dem Feind in Kontakt treten dürfen, z. B. Military Handbook of the Netherlands, in: Henckaerts/Doswald-Beck, Customary International Humanitarian Law, vol. II, Ch. 19, sec. A, § 20: „Only a commander may decide to negotiate with the adverse party".

846 Siehe Militärrichtlinien Belgiens, in: Henckaerts/Doswald-Beck, vol. II, Ch. 19, sec. A, § 5; Kanadas, § 8; Kroatiens, § 10; Deutschlands, § 12; Ungarns, § 13; Italiens, § 15; Kenias, 16; Südkoreas, § 17; Madagaskars, § 19; Nigerias, § 22; Spaniens, § 23; der Schweiz, § 24; Großbritanniens, §§ 25-26 und der USA, § 27.

847 Henckaerts/Doswald-Beck, Customary International Humanitarian Law, vol. I, S. 229.

848 Henckaerts/Doswald-Beck, vol. I, S. 228 f.

849 Vgl. die Genfer Abkommen von 1949.

einflusst vom Wortlaut des Art. 75 ZP I – entschieden sich dafür, ein Kapitel "Fundamental Guarantees" in die Studie aufzunehmen.[850] Dieses Kapitel listet grundlegende Regeln und Prinzipien auf, die alle Zivilisten, die nicht unmittelbar an den Feindseligkeiten beteiligt sind, sowie andere Personen, die sich hors de combat befinden, in internationalen und nicht-internationalen bewaffneten Konflikten gleichermaßen zu schützen.

Während der vom IKRK organisierten Expertentreffen kam die Frage auf, ob es nicht sachdienlich sein könnte, auch Menschenrechte, für die feststeht, dass sie in Zeiten von bewaffneten Konflikten Anwendung finden, mit in die Studie aufzunehmen. Fast alle Experten befürworteten zunächst ein solches Vorgehen und wollten dieser Thematik ein eigenes Kapitel widmen. Am Ende entschied man sich jedoch gegen ein Sonderkapitel, da es zu große Überschneidungen zwischen den fundamentalen Menschenrechten und den grundlegenden Schutzbestimmungen des humanitären Völkerrechts gab.[851]

In Kapitel 32 werden die Menschenrechte dennoch aufgegriffen, zwar nicht in der ursprünglich gedachten Form im Sinne von Gewohnheitsrecht im Rahmen der Menschenrechte, sondern zur Untermauerung grundlegender Schutzbestimmungen des humanitären Völkerrechts.[852] Dabei wird in erster Linie auf solche Menschenrechte Bezug genommen, die gemäß ihrer Vertragstexte unabdingbare Gültigkeit besitzen, aber auch auf solche, die zumindest in der Praxis, in der Rechtsprechung und in wissenschaftlichen Veröffentlichungen zu den Verträgen als unabdingbar angesehen werden.[853]

Die Einleitung zu Kapitel 32 erklärt, wie Menschenrechte auf bewaffnete Konflikte anwendbar sein können. Dabei gilt der Grundsatz, dass Menschenrechte zu jedem Zeitpunkt zu beachten sind, auch wenn verschiedene Menschenrechtskonventionen Einschränkungen „im Falle eines öffentlichen Notstandes"[854] als

850 Kapitel 32 der Studie.

851 Doswald-Beck, in: SZIER/RSDIE 2005, S. 471 (496).

852 Henckaerts/Doswald-Beck, Customary International Humanitarian Law, vol. I, S. 299.

853 Henckaerts/Doswald-Beck, vol. I, S. 300 f.

854 International Covenant on Civil and Political Rights, Article 4; European Convention on Human Rights, Article 15; American Convention on Human Rights, Article 27. African Charter on Human Rights enthält keine solche Klausel, aber Einschränkungen sind auch nach Art. 27 Abs. 2 möglich: "[T]he rights and freedoms of each individual shall be exercised with due regard to the rights of others, collective security, morality and common interest".

zulässig ansehen. Auch der IGH folgt dieser grundsätzlichen Linie im Nuclear Weapons Fall:

> *"The protection of the International Covenant of Civil and Political Rights does not cease in times of war, except by operation of Article 4 of the Covenant whereby certain provisions may be derogated from in a time of national emergency."*[855]

Daneben existiert ebenfalls eine einheitliche Staatenpraxis, die sich für eine fortgesetzte Anwendung der Menschenrechte in bewaffneten Konflikten ausspricht. Die UN-Generalversammlung hat beispielsweise in Resolution 2675 (XXV) von 1970 festgestellt:

> *"Fundamental human rights, as accepted in international law and laid down in international instruments, continue to apply fully in situations of armed conflict."*[856]

Seitdem ist eine Vielzahl an Resolutionen verabschiedet worden, in denen Menschenrechtsverletzungen in bewaffneten Konflikten aufs Schärfste kritisiert wurden wie beispielsweise in Afghanistan[857], im Irak[858], im Sudan[859], in Russland[860] und in Uganda[861]. Nach der irakischen Okkupation Kuwaits machte die UN-Menschenrechtskommission deutlich, "there is consensus within the international community that the fundamental human rights of all persons are to be respected and protected both in times of peace and during periods of armed conflict"[862].

---

855 ICJ, Nuclear Weapons Case, Advisory Opinion, in: Henckaerts/Doswald-Beck, Customary International Humanitarian Law, vol. II, Ch. 32, § 25.

856 UN General Assembly, Res. 2675 (XXV), 9 December 1970, Präambel und § 1.

857 UN General Assembly, Res. 52/145, 12 December 1997, § 2 ("notes with deep concern the intensification of armed hostilities in Afghanistan") und § 3 ("condemns the violations and abuses of human rights and humanitarian law").

858 UN Commission on Human Rights, Res. 1992/60, 3 March 1992, Präambel, §§ 3, 6 und 8 ("deep concern at the grave violations of human rights and fundamental freedoms during the occupation of Kuwait"), ("with grave concern the information to the effect that the treatment of prisoners of war and detained civilians does not conform to the internationally recognised principles of humanitarian law"); ähnlich auch UN General Assembly, Res. 46/135, 17 December 1991.

859 UN Commission on Human Rights, Res. 1996/73, 23 April 1996.

860 UN Commission on Human Rights, Res. 2000/58, 25 April 2000, Präambel, § 10 ("the need to […] observe international human rights and humanitarian law situations of conflict") und in § 4 der Aufruf an Russland "[to] investigate promptly alleged violations of human rights and breaches of international humanitarian law committed in the Republic of Chechnya".

861 UN Commission on Human Rights, Res. 1998/75, 22 April 1998.

862 UN Commission on Human Rights, UN Doc. E/CN.4/1992/26, 16 January 1992, § 33.

Gemäß dem IGH ist dennoch, trotz gleichzeitiger Anwendbarkeit von Menschenrechten und humanitärem Völkerrecht zu beachten, dass letzteres in Konfliktsituationen *lex specialis* bildet:

> *"The test of what is an arbitrary deprivation of life, however, then falls to be determined by the applicable lex specialis, namely, the law applicable in armed conflict which is designed to regulate the conduct of hostilities."*[863]

Gerade für diese Fälle geschaffen, unterstützt das humanitäre Völkerrecht den Schutz von Zivilisten, wenn wie bei Art. 4 Abs. 1 des Internationalen Paktes über bürgerliche und politische Rechte (IPbürgR) Menschenrechte infolge eines öffentlichen Notstandes außer Kraft gesetzt werden können.[864] Somit gewährleisten humanitäres Völkerrecht und Menschenrechte gemeinsam eine fortwährende Anwendung grundlegender Schutzprinzipien. Im Kontext bewaffneter Konflikte ist dies insbesondere für die Fälle von Bedeutung, in denen nicht feststeht, ob eine gewaltsame Auseinandersetzung die untere Anwendungsschwelle eines nicht-internationalen bewaffneten Konflikts überschritten hat. Hier wäre dann zumindest – mit Einschränkungen wie des Art. 4 IPbürgR – ein Schutz durch die Menschenrechte gewährleistet. Ob jedoch auch die grundlegenden Garantien des Kapitels 32 der IKRK-Studie eingreifen, lässt die Studie offen:

> *"It is beyond the scope of this study to determine whether these guarantees apply equally outside armed conflict although collected practice appears to indicate that they do."*[865]

Denn auch wenn hier Menschenrechte in die Untersuchung einbezogen worden sind, wurde dennoch Völkergewohnheitsrecht im Rahmen des humanitären Völkerrechts ermittelt.[866]

Die in Kapitel 32 aufgelisteten Garantien umfassen dabei nicht nur klassische Regelungen wie das Verbot von Folter (Regel 90), das Gebot einer humanen Behandlung (Regel 90), sondern auch erst in jüngerer Zeit postulierte Verbote wie das der Verschleppung (Regel 98). Einige der Regeln sind so abgefasst, dass sie die Kernaussagen verschiedener detaillierter Bestimmungen zusammenfassen, z. B. Regeln zur Inhaftierung (Regel 99), Zwangsarbeit (Regel 95) und zur

---

863 ICJ, Nuclear Weapons Case, Advisory Opinion, in: Henckaerts/Doswald-Beck, Customary International Humanitarian Law, vol. II, Ch. 32, § 926.

864 UN Human Rights Committee, General Comment no. 29 (Article 4 of the International Covenant on Civil and Political Rights), 24 July 2001, in: Henckaerts/Doswald-Beck, Customary International Humanitarian Law, vol. II, Ch. 32, § 3.

865 Henckaerts/Doswald-Beck, Customary International Humanitarian Law, vol. I, S. 299.

866 Ebenda.

Familie (Regel 105). Daher erscheinen manche Regelungen auch als völlig neuartig; das ist jedoch in keinem Fall zutreffend. Vielmehr wurden hier seit langem bestehende völkergewohnheitsrechtliche Bestimmungen allgemeinen Prinzipien zugeführt.

b) Kriegsgefangene

Regelungen über die „Behandlung der Kriegsgefangenen" existieren bislang nur im Rahmen internationaler Konflikte. Das Fehlen eines Kriegsgefangenenstatus für nicht-internationale Akteure ist dabei eine Konsequenz aus ihrer Zuordnung unter den Zivilistenbegriff. Den Kriegsgefangenenstatus genießen nämlich nur Kombattanten.[867]

Das III. Genfer Abkommen basiert auf dem Grundsatz, dass die durch den Kriegsgefangenenstatus (Art. 4 des III. GAbk.) geschützten Personen „jederzeit mit Menschlichkeit behandelt werden" müssen (Art. 13 Abs. 1 S.1 des III. GAbk.). Eine solche grundsätzliche Vorgabe findet sich nun auch im Völkergewohnheitsrecht für nicht-internationale bewaffnete Konflikte (vgl. Regel 118), ohne dass jedoch ein Status formuliert würde. Vielmehr werden Personen, denen die Freiheit entzogen wurde, gesondert neben der Kategorie der Kriegsgefangenen behandelt. Im Vergleich zum bislang vorhandenen Völkervertragsrecht enthalten sie aber nur wenige Neuerungen; so sind die meisten Regelungen bereits in Art. 5 ZP II vorgesehen. Lediglich Fragen hinsichtlich des Besuchsrechts des IKRK und der Erfassung persönlicher Daten bilden dazu eine Ausnahme.

Eine Rechtspflicht zur Aufzeichnung persönlicher Daten von Personen in Gefangenschaft findet sich auch im III. Genfer Abkommen.[868] Aus verschiedenen Quellen wurde nun eine solche Verpflichtung auch für nicht-internationale Konflikte entwickelt. Dazu zählt beispielsweise die Inter-American Convention on the Forced Disappearance of Persons, wie auch das Agreement on the Military Aspects of the Peace Settlement im Anhang des Dayton Abkommens.[869] Die UN-Generalversammlung verlangt von den Vertretern Jugoslawiens "[to] provide an updated list of all persons detained and transferred from Kosovo to other

---

867 Kimminich/Hobe, Einführung in das Völkerrecht, S. 459.

868 Henckaerts/Doswald-Beck, Customary International Humanitarian Law, vol. I, S. 440.

869 Inter-American Convention on the Forced Disappearance of Persons, Art. XI, in: Henckaerts/Doswald-Beck, Customary International Humanitarian Law, vol. II, Ch. 37, sec. F, § 289; Agreement on the Military Aspects of the Peace Settlement annexed to the Dayton Accords, Art. IX, § 290.

parts of the FRY, specifying the charge, if any, under which each individual is detained"[870]. Zweck dieser Regelung ist es, sicherzustellen, dass keine Person vermisst oder verschleppt werden kann,[871] sei es "with the very purpose of the right to liberty and security"[872] oder im Interesse der Verwandten und Angehörigen "[to] promptly learn of any arrest"[873].

In Bezug auf das Besuchsrecht des IKRK findet sich bereits im gemeinsamen Art. 3 GAbk. eine Regelung, die vorsieht, dass eine „unparteiische humanitäre Organisation" den Konfliktparteien „ihre Dienste anbieten" kann. Das Völkergewohnheitsrecht formuliert daraus nun eine Verpflichtung, die einen Zugang des IKRK zu Gefangenen in nicht-internationalen Konflikten vorsieht, der nach den Grundsätzen von Treu und Glauben nicht willkürlich verweigert werden darf.[874] Auf dieser Grundlage hat das IKRK immer wieder den Zugang zu Gefangenen in nicht-internationalen Konflikten gefordert, der ihnen so auch in Algerien, Afghanistan, Tschetschenien, El Salvador, Nicaragua, Nigeria, Ruanda und im Jemen von staatlicher Seite genehmigt wurde.[875] Daneben gibt es unzählige Beispiele, in denen auch Rebellengruppen dem IKRK ein Besuchsrecht für Personen, die von ihnen festgehalten wurden, erteilt haben.[876]

Weitere grundlegende Schutzinteressen wie der Kontakt zur Außenwelt und die Unterbringung von Frauen und Kindern werden von den Regeln 118-128 der Studie erfasst. Damit kann im Ergebnis festgehalten werden, dass trotz fehlen-

---

870 UN General Assembly, Res. 54/183, in: Henckaerts/Doswald-Beck, vol. II, Ch. 37, sec. F, § 337.

871 Henckaerts/Doswald-Beck, vol. I, S. 441.

872 European Commission and Court of Human Rights, Kurt v. Turkey, in: Henckaerts/Doswald-Beck, vol. II, Ch. 37, sec. G, § 341.

873 Inter-American Commission on Human Rights, Annual Report 1980-1981 und Reports on the situation of human rights in Argentina, Chile and Peru, in: Henckaerts/Doswald-Beck, vol. II, Ch. 37, sec. G, § 342.

874 Sandoz, in: GYIL, vol. 22, 1979, S. 352 (364 f.).

875 Siehe Praxis El Salvadors, in: Henckaerts/Doswald-Beck, Customary International Humanitarian Law, vol. II, Ch. 37, sec. H, § 390; Russlands, § 395; Ruandas, § 396; Afghanistans, § 388 und des Jemen, § 403.

876 Übereinkommen zwischen der griechischen Regierung und dem IKRK, in: Henckaerts/ Doswald-Beck, vol. II, Ch. 37, sec. G, § 357; Übereinkommen zwischen Kroatien und der SFRY über den Austausch von Gefangenen, § 360; Übereinkommen no. 3 über den IKRK Aktionsplan zwischen den Parteien des Konflikts in Bosnien-Herzegowina, sec. IV, § 361; Übereinkommen zwischen den Parteien des Konflikts in Bosnien-Herzegowina über die Freilassung und den Transfer der Gefangenen, Art. 8, § 362; Übereinkommen über die Anwendung des humanitären Völkerrechts zwischen den Parteien des Konflikts in Bosnien-Herzegowina, § 2.4, § 363.

dem Kriegsgefangenenstatus nicht-staatliche Akteure keine rechtlosen Gefangenen sind. Dennoch bleibt dieser Bereich wohl einer der wenigen, in denen sich die Regelungsbereiche für internationale und nicht-internationale bewaffnete Konflikte am wenigsten angenähert haben. Im Vergleich zu den detaillierten Normen des III. Genfer Abkommens wird den Gefangenen in nicht-internationalen Konflikten nur ein minimaler humanitärer Schutz gewährt, so dass die Behandlung von in Gefangenschaft geratenen Rebellen in der Hauptsache eine nationale Angelegenheit bleibt.

5. Durchführung

Teil VI der Studie, überschrieben mit dem Titel "Implementation", unterscheidet in seinen ersten beiden Kapiteln zwischen der Befolgung des humanitären Völkerrechts und seiner Durchsetzung. Während Kapitel 42 "Compliance with international humanitarian law" nicht nur innerstaatliche Konflikte erfasst, sondern auch Rebellengruppen als Adressaten seiner Bestimmungen benennt, wenden sich die Durchsetzungsregeln des Kapitel 43 mit ihren Pflichten auch in nicht-internationalen bewaffneten Konflikten allein an die Staaten.

a) Befolgung des humanitären Völkerrechts

Eine Aufforderung an Rebellen, die Bestimmungen des humanitären Völkerrechts in nicht-internationalen Konflikten zu respektieren, enthält bereits der gemeinsame Art. 3 GAbk. Sie wird von der Haager Konvention zum Schutz von Kulturgütern in bewaffneten Konflikten, wie auch vom II. Zusatzprotokoll der Konvention zum Einsatz bestimmter konventioneller Waffen aufgegriffen.[877] ZP II zu den Genfer Abkommen ist in seinem Wortlaut zwar nicht eindeutig, da jeder Bezug auf die Parteien des Konflikts gestrichen wurde, als Konkretisierung zum gemeinsamen Art. 3 der GAbk. muss sein Normbefehl sich jedoch ebenfalls sowohl an Staaten als auch an Rebellengruppen wenden.[878]

Die UNO und andere internationale Organisationen haben bei verschiedenen Gelegenheiten an die Verpflichtung der Parteien eines nicht-internationalen bewaffneten Konflikts erinnert, die Normen des humanitären Völkerrechts zur

877 Art. 19 Abs. 1 Haager Konvention zum Schutz von Kulturgut bei bewaffneten Konflikten; Art. 1 Abs. 3 ZP II der Konvention zum Einsatz bestimmter konventioneller Waffen.

878 Sandoz/Swinarski/Zimmermann, Commentary on the Additional Protocols, § 4442.

Anwendung zu bringen, so etwa in Afghanistan, Angola, Bosnien-Herzegowina, im Kongo und in Liberia.[879]

Der Reziprozität kommt hierbei lediglich eine Verstärkerfunktion zu. Sie ist keine rechtliche Voraussetzung zu Anwendung des humanitären Völkerrechts.[880] Die gemeinsamen Art. 1 und 3 der GAbk. sprechen von einer Anwendung „unter allen Umständen". Verschiedene Militärrichtlinien greifen zwar den Gedanken der Reziprozität auf. So ist zu lesen, der praktische Nutzten aus der Befolgung des humanitären Völkerrechts sei, dass auch der Gegner zu einem solchen Handeln ermutigt werde; unbedingt erforderlich für die Anwendung des Rechts sei eine gegenseitige Durchführung jedoch nicht.[881] Auch der Special Court of Cassation in den Niederlanden im Fall Rauter aus dem Jahr 1948 und das US-Militärtribunal von Nürnberg im Fall Von Leeb (1947/48) wiesen das Vorbringen der Verteidigung zurück, die Angeklagten seien von ihrer Verpflichtung, humanitäres Völkerrecht anzuwenden, befreit gewesen, da der Gegner es verletzt habe.[882]

Damit steht nach Völkergewohnheitsrecht fest, dass alle Parteien in internationalen und in nicht-internationalen bewaffneten Konflikten die Durchführung des humanitären Völkerrechts unter allen Umständen sicherzustellen haben, unabhängig vom Verhalten ihres Gegners und unabhängig von der eigenen Rechtsstellung. Letzteres ist durchaus bemerkenswert, da nun nach Völkergewohnheitsrecht eine Bindungswirkung auch für solche Konfliktbeteiligte eintritt, die mangels Beitrittsmöglichkeit zu den Verträgen ansonsten nicht existiert.

b) Durchsetzung des humanitären Völkerrechts

Anders verhält es sich dagegen im Rahmen des Normbefehls, das humanitäre Völkerrecht durchzusetzen. Denn hier bleiben allein die Staaten Adressaten der Regeln der Studie. Bereits der gemeinsame Art. 1 der GAbk. spricht die Ver-

879 UN Security Council, Res. 788, in: Henckaerts/Doswald-Beck, Customary International Humanitarian Law, vol. II, Ch. 40, sec. A, § 69; Res. 834, § 71; Res. 851, § 72; Res. 864, § 74; Res. 985, 1001, § 76; Res. 1041, 1059, § 78; Res. 1071, § 79; Res. 1083, § 80; Res. 1193, § 81 und Res. 1213, § 82.

880 Siehe Kapitel 3.

881 Siehe Militärrichtlinien Kanadas, in: Henckaerts/Doswald-Beck, vol. II, Ch. 40, sec. B, § 202; Deutschlands, §§ 206, 207; Israels, § 210 und der USA, §§ 215, 216.

882 Special Court of Cassation, Rauter, in: Henckaerts/Doswald-Beck, vol. II, Ch. 40, sec. B, § 218; Military Tribunal at Nuremberg, Von Leeb (High Command Trial), § 219.

pflichtung aus, „seine [des Genfer Abkommens] Einhaltung durchzusetzen".[883] Sein Wortlaut wird dahingehend ausgelegt, dass er nicht nur die Parteien eines Konflikts erfasst, sondern darüber hinaus auch alle übrigen Staaten verpflichten will, alles in ihrer Macht stehende zu tun, um das humanitäre Völkerrecht universell zur Anwendung zu bringen.[884] Im Jahr 1968 verabschiedete die International Conference on Human Rights in Teheran eine Resolution, die u. a. die Vertragsstaaten der Genfer Abkommen aufforderte, "to appreciate their responsibility to take steps to ensure the respect of these humanitarian rules in all circumstances by other States, even if they are not themselves directly involved in an armed conflict".[885]

Die Staatenpraxis zeigt zusätzlich, dass die Pflicht dritter Staaten, sich nicht auf die Vorgaben des gemeinsamen Art. 1 der GAbk. und des Art. 1 Abs. 1 ZP I beschränkt. Verschiedene Aufforderungen des IKRK im Zusammenhang mit dem Konflikt Rhodesien/Simbabwe (1979) und dem Iran-Irak Krieg (1983/84) beziehen sich auf Bestimmungen, die nicht in den Genfer Abkommen zu finden sind, aber in den Zusatzprotokollen. Sie richten sich jedoch an Konfliktparteien, die nicht Vertragstaaten der Zusatzprotokolle geworden sind.[886] Der IGH hielt daher auch im Fall Nicaragua fest, die Durchsetzungsverpflichtung sei nicht allein auf die Genfer Abkommen zurückzuführen, sondern auch "from the general principles of humanitarian law to which the Conventions merely give specific expression". Daher traf die USA die Verpflichtung, "not to encourage persons or groups engaged in the conflict in Nicaragua to act in violation of the provisions of Article 3 common to the four 1949 Geneva Conventions"[887].

Zur Erfüllung dieser Verpflichtung findet sich in der Staatenpraxis eine überragende Anzahl diplomatischer Proteste und kollektiver Maßnahmen mit denen dritte Staaten auf Konfliktparteien Einfluss nehmen versuchen.[888] Nicht vom

---

883 Gemeinsamer Art. 2 der GAbk., in: Henckaerts/Doswald-Beck, Customary International Humanitarian Law, vol. II, Ch. 41, sec. A, § 1.

884 Pictet, Commentaire III, S. 18; Sandoz/Swinarski/Zimmermann, Commentary on the Additional Protocols, § 45.

885 International Conference on Human Rights, Res. XXIII, in: Henckaerts/Doswald-Beck, vol. II, Ch. 41, sec. A, § 38.

886 ICRC, Conflict in Southern Africa: ICRC appeal, in: Henckaerts/Doswald-Beck, vol. II, Ch. 41, sec. A, § 52; Conflict between Iraq and Iran: ICRC appeal, § 53; Conflict between Iran and Iraq: Second ICRC appeal, § 54 und Press Release no. 1498, § 55.

887 ICJ, Nicaragua v. United States of America, Judgement, Merits, in: Henckaerts/Doswald-Beck, vol. II, Ch. 41, sec. A, § 46.

888 Ein Überblick findet sich in: IRRC, vol. 298, 1994, S. 9.

Auftrag des gemeinsamen Art. 1 GAbk. umfasst ist dabei der Einsatz von Gewalt. Art. 89 ZP I sieht so auch vor:

> *„Bei erheblichen Verstößen gegen die Abkommen oder dieses Protokoll verpflichten sich die Hohen Vertragsparteien, [...] in Zusammenarbeit mit den Vereinten Nationen und im Einklang mit der Charta der Vereinten Nationen tätig zu werden."*

Die Durchsetzungsverpflichtung meint damit ein Eingreifen von dritten Staaten auf diplomatischer Ebene. In internationalen Foren agieren aber weiterhin nur souveräne Staaten, so dass eine solche Pflicht in keinem Fall an substaatliche Gruppen adressiert werden kann. Die Pflicht der Staaten gilt sowohl für internationale als auch für nicht-internationale bewaffnete Konflikte.

III. Zusammenfassung der Entwicklung des Völkergewohnheitsrechts

Soweit die Bestimmungen des humanitären Völkerrechts heute der Kritik ausgesetzt sind, betrifft diese zumeist das Ungleichgewicht in der Anzahl der vorhandenen Vertragsnormen zwischen internationalen und nicht-internationalen bewaffneten Konflikten. Die Studie des IKRK hat nun den Umfang aufgezeigt, in dem das Völkergewohnheitsrecht über das bestehende Vertragsrecht hinausgeht, wobei insbesondere die Ausweitung der Bestimmungen auf nicht-internationale Konflikte die wichtigste Errungenschaft bildet. In den Bereichen zum Verhalten während der Feindseligkeiten und zur Behandlung von Zivilisten zeigt sich danach ein weitaus detaillierteres und vollständigeres Regelnetzwerk als nach Vertragsrecht. Damit lässt sich festhalten, dass der Schutz der Opfer vor massiv auftretender militärischer Gewalt die traditionellen geopolitischen und geomilitärischen Kategorien wie Zwischenstaatlichkeit aufgeweicht hat.

Dabei zeigt sich aber auch im Rahmen der Analyse der Staatenpraxis erneut das begrenzte Interesse der Staatenmehrheit, eine Anpassung des humanitären Völkerrechts an nicht-zwischenstaatliche bewaffnete Konflikte zu vollziehen. Dies gilt insbesondere für die Bereiche, die souveränitätsempfindliche Interessen berühren, so dass auch nach Völkergewohnheitsrecht keine Veränderung hinsichtlich des Rechtsstatus der Rebellen bzw. Rebellengruppen eingetreten ist. Die Studie legt diese Rechtsbereiche offen, die hier unter der Definition der Zivilisten und der unmittelbaren Teilnahme an Feindseligkeiten behandelt wurden. Insbesondere der Aspekt des fehlenden Kombattanten- und Kriegsgefangenenstatus untermauert das Fortbestehen der Angst der Staatenmehrheit, eine solche

Anerkennung würde zur Aushöhlung der Souveränität gegenüber der internationalen Staatengemeinschaft und ihrer Organisationen führen und zugleich eine Legitimation des revolutionären Kampfes bewirken. Ob daher die bislang gefundenen Regeln des Völkergewohnheitsrechts aus humanitärer und militärischer Sicht ausreichend sind oder ob es einer weiteren Fortentwicklung des humanitären Rechts bedarf, bleibt für die nächsten Jahre abzuwarten.

Das mit der Studie verbundene Anpassungsanliegen sollte nicht die Bedeutung des Vertragsrechts zurücknehmen, sondern es ergänzen und ein Bewusstsein für die Bestimmungen des humanitären Völkerrechts schaffen. Die Studie konnte aber zwei Probleme des Völkervertragsrechts überwinden: Die bereits angesprochenen rudimentären Regelungen wurden verdichtet, die Ratifizierungsproblematik, u. a. resultierend aus den Souveränitätsängsten, konnte überwunden werden. Ebenfalls formuliert wird nun eine Bindungswirkung des in nicht-internationalen Konflikten anwendbaren Völkergewohnheitsrechts für nicht-staatliche Konfliktparteien.

Die Studie gliedert sich nicht in die beiden Kategorien international und nicht-international. Dennoch hält sie an den Anwendungshürden des nicht-internationalen bewaffneten Konflikts fest und lässt damit bedauerlicherweise eines der großen Probleme des humanitären Völkerrechts unbeantwortet. Die Studie sollte daher auch nicht als Schlusspunkt betrachtet werden, sondern als Anfang eines Prozesses, der das Verständnis für die Prinzipien und Regeln des humanitären Völkerrechts verbessern soll, um letztendlich seine Durchführung zu fördern. In diesem Prozess kann die Studie die Grundlage für Diskussionen und Dialoge über Durchsetzung, Klarstellung und möglichen Weiterentwicklung des Rechts bilden. Denn trotz einer Ausweitung der Regeln für nicht-internationale bewaffnete Konflikte bleibt als Makel zurück, dass Fortschritte in erster Linie im Hinblick auf grundlegende Schutzbestimmungen erzielt worden sind, die Staatenpraxis ansonsten aber vor einem weitergehenden Verdichtungsprozess zurückweicht, worunter auch das weitere Fehlen eines Rechtsstatus der Rebellen zu fassen ist.

Ergebnisthesen

1. Seit der Mitte des 20. Jahrhunderts treten vermehrt Konflikte auf, die in keiner Weise den klassischen Strukturvorgaben des Kriegsvölkerrechts folgen, so dass sich auch das humanitäre Völkerrecht von ihnen lösen muss.

   a) Das humanitäre Völkerrecht ist aus Staatenkriegen und Staatsbildungsprozessen entstanden, wie sie von Beginn der Frühen Neuzeit bis zu den beiden Weltkriegen des 20. Jahrhunderts Europa geprägt haben. Herausgebildet hatte sich ein System, das auf Symmetrie und Reziprozität beruhte, zusammengehalten durch den Bonus eines Souveränitätsstatus. Dazu zählt auch das Recht zur Regelung innerer Angelegenheiten. Erst bei Erfüllung staatsähnlicher Attribute wurden Aufständische dem internationalen Rechtsbereich eingeordnet. Auch für sie galten damit die Postulate der Symmetrie und der gegenseitigen Rechtsbefolgung.

      Humanitäres Völkerrecht und tatsächliches Konfliktgeschehen standen so in enger Verbindung: Staatszentrierte Kriege wurden durch ein staatszentriertes Kriegsrecht geregelt.

   b) In der Mitte des 20. Jahrhunderts nahmen Bürgerkriege infolge neuer strategischer Planungen und steigendem soziologischen Konfliktpotenzial rasant zu. Damit wurde nicht nur das Merkmal der Zwischenstaatlichkeit aufgeweicht, auch die festen Formen des Staatenkrieges von der Entscheidungsschlacht bis hin zum Friedensschluss existierten fortan im modernen Guerillakampf nicht mehr. Soziologische Veränderungen diktieren seither die steigende Dominanz innerstaatlicher Konflikte. Staatsbildungsprozesse wurden abgelöst durch Staatszerfallskriege. Das europäische System der Symmetrie wurde beseitigt durch asymmetrische Konfliktkonstellationen, in denen nicht Reziprozität die Einhaltung des humanitären Völkerrechts garantiert, sondern die Irregularität zur Erfolgsstrategie geworden ist. Die Grundpfeiler des humanitären Völkerrechts finden somit in der Wirklichkeit kaum mehr eine Grundlage (Kapitel 1).

2. Die Unterscheidung zwischen bewaffnetem Konflikt und Frieden ist heute in den wenigsten Fällen noch auszumachen. Das Ende eines bewaffneten Konflikts wird meist von einer Minderheit vorgegeben. Im Falle ökonomischer Opportunität können die Kämpfe jederzeit wieder aufflackern. Die gewalt-

bedingten Todesraten gehen nach Beendigung eines Konflikts in vielen Regionen nicht zurück (Kapitel 1).

3. Innerstaatliche Konflikte haben sich als Konfliktmedium des 20. und 21. Jahrhunderts herausgebildet, ohne dass das humanitäre Völkerrecht diesem Konfliktphänomen adäquat angepasst worden ist. Die großen Reformbestrebungen des 20. Jahrhunderts, namentlich die Genfer Abkommen von 1949, betrafen zwischenstaatliche Konflikte. Der nicht-internationale bewaffnete Konflikt erhielt mit Art. 3 GAbk. lediglich eine Miniaturkonvention, deren Weiterentwicklung im Rahmen des Zusatzprotokolls II 1977 an den Ansprüchen der Souveränität aufgerieben wurde. Der normative Schwerpunkt liegt damit im Bereich internationaler bewaffneter Konflikte, deren Anteil am gegenwärtigen Kriegsgeschehen jedoch verschwindend gering ist. Die meisten der weltweit auftretenden Krisen finden innerhalb eines Staates statt. Es existiert damit eine Disbalance zwischen tatsächlichem Konfliktaufkommen und der Regelungsdichte des kodifizierten humanitären Völkerrechts (Kapitel 2).

   a) Staatenkriege sind infolge der Einführung intelligenter Waffen und der Herausbildung der US-amerikanischen Hegemonie undurchführbar geworden.

   b) Die Staatsmacht erlebt innerhalb ihres eigenen Territoriums einen Verlust ihrer Exekutivgewalt bis hin zum Staatszerfall. In diesen Regionen übernehmen substaatliche Kriegsakteure staatsähnliche Attribute, meist jedoch nicht mit dem Ziel der Regierungsübernahme, sondern zur Optimierung der Ausbeutung ökonomischer Ressourcen.

   c) Staaten beauftragen zunehmend private Sicherheitsunternehmen bzw. paramilitärische Verbände mit der eigenen Kriegsführung. Sie übernehmen so in innerstaatlichen Konflikten lediglich eine mittelbare Kriegsrolle, deren Nachweisbarkeit zur Rechtsfrage wird.

   d) Humanitäre Interventionen lassen neue Kriegsschauplätze mit staatlicher Beteiligung entstehen und haben so die Stellvertreterkriege des Ost-West-Konflikts abgelöst. Ihre wachsende Zahl führt zur Etablierung internationalisierter Konflikte, deren rechtliche Einordnung unklar bleibt und die Anwendung der humanitären Regelungen erschwert.

4. Die Durchsetzung des humanitären Völkerrechts durch die Konfliktparteien wird heute nicht mehr durch eine allgemeine Kriegsraison garantiert.

a) Die Kriegstheorien des 19. und 20. Jahrhunderts haben an Gültigkeit verloren, da Krieg heute nicht mehr zur Erreichung eines höheren politischen Zieles, sondern um seiner selbst willen geführt wird. Ressourcen- und Verwüstungskriege sind gerade durch ihre Dauerhaftigkeit gekennzeichnet. Ihre Effizienz liegt in der Schaffung eines Umfeldes aus Angst, das durch den Einsatz grausamster Mittel und Methoden entsteht und aufrechterhalten wird (Kapitel 3).

b) Durch die Weigerung der Staaten, Rebellenorganisationen einen Status im Völkerrecht zuzuerkennen, existiert kein Anreiz zur Befolgung humanitärer Regelungen. Solange daher asymmetrische Kampfstrategien den Erfolg des Kampfes bestimmen, werden sich Rebellengruppen nicht regelkonform verhalten.

Art. 3 GAbk. und Zusatzprotokoll II enthalten keine Rechte und Pflichten, die von Rebellenseite geltend gemacht werden könnten bzw. denen sich Rebellengruppen unterordnen müssten, da sie mangels Völkerrechtssubjektivität keine Vertragsparteien werden können (Kapitel 3). Die wechselseitige Abhängigkeit von abgeleiteter Völkerrechtssubjektivität und der faktischen Anwendung des humanitären Völkerrechts erinnert an das überwunden geglaubte klassische Durchsetzungssystem des Kriegsvölkerrechts, das ebenfalls in das Ermessen der Staaten gestellt war (Kapitel 1).

5. Die Anwendungskriterien des gemeinsamen Art. 3 GAbk. und des II. Zusatzprotokolls sind den Erscheinungsformen moderner Konflikte nicht angeglichen worden. Es ist ein Rechtszustand eingetreten, in dem viele der heute angewandten Strategien sich einer Subsumtion unter die Anwendungsschwellen entziehen.

a) Das moderne humanitäre Völkerrecht baut weiterhin auf dem Gedanken der Symmetrie der Konfliktparteien zur Gewährleistung einer gegenseitigen Anwendung der humanitären Bestimmungen auf. Die neuen Kriege aber streben in den wenigsten Fällen die Schaffung eines solchen Zustandes an, da Zweckmäßigkeitserwägungen, die Effizienz der asymmetrischen Kampfstrategien, die Kommerzialisierung des Krieges, die Brutalisierung der Kampfmethoden und das Fehlen einer rechtlichen Anerkennung, kein anderes Kalkül der Rebellenorganisationen zulassen (Kapitel 3).

b) Das Kriterium der Gebietskontrolle des Art. 1 Abs.1 ZP II entspricht nicht mehr den Kampfzielen der nichtstaatlichen Konfliktbeteiligten, so dass Zusatzprotokoll II meist unanwendbar bleibt. Die molekularen Kriege haben gezeigt, dass im Zuge der Privatisierung der Gewalt und des Staatskollapses häufig nur noch substaatliche Akteure die Kriegsparteien bilden. Auf diese Fälle findet Zusatzprotokoll II keine Anwendung.

Art. 3 GAbk. kann dabei sowohl im Hinblick auf seinen begrenzten Regelungsumfang als auch aufgrund der Indifferenz seiner Anwendungsvoraussetzungen keine Auffangfunktion übernehmen. Zum Hauptproblem wird hier die Identifikation der Konfliktparteien, die im Zuge der Privatisierung und Kommunalisierung der Gewalt nicht mehr bestimmbar sind.

Die Zunahme terroristischer Strategien in den traditionellen asymmetrischen Kampfformen wie auch die Herausbildung einer eigenständigen Terrorismustaktik lassen die Kriterien der Bestimmbarkeit der Konfliktbeteiligten (Art. 3 GAbk.), der Dauerhaftigkeit der Kampfhandlungen (Art. 3 GAbk., Art. 1 Abs. 1 ZP II) und der Kontrolle über einen Teil eines Staatsgebiets (Art. 1 Abs. 1 ZP II) obsolet werden (Kapitel 3).

6. Die internationale Staatengemeinschaft hat bislang nur verhalten auf die veränderten Konfliktformen reagiert. Jede Reaktion bzw. Rechtsanpassung beschränkt sich dabei auf das Minimum des Erforderlichen.

   a) Im Rahmen der Rechtsprechung der beiden *ad hoc*-Tribunale für das ehemalige Jugoslawien und Ruanda wurde auf der Grundlage eines menschenrechtsorientierten Lösungsansatzes eine individuelle strafrechtliche Verantwortlichkeit für Aufständische aus Völkergewohnheitsrecht ermittelt. Beschränkungen der nationalen Strafansprüche wurden hier hingenommen, um gleiche Sachverhalte den gleichen Straftatbeständen zuzuführen.

      Im Zuge der Untersuchung zum Völkergewohnheitsrecht stellte das ICTY in der Rechtssache Tadic eine Assimilierung der Regelungsbereiche von internationalen und nicht-internationalen bewaffneten Konflikten fest. Die Bereiche, in denen sich das humanitäre Völkerrecht angeglichen hat, betreffen jedoch keine detaillierten Bestimmungen, sondern grundlegende Garantien (Kapitel 4).

   b) Weiter konnte eine Vorgesetztenverantwortlichkeit für nichtstaatliche Konfliktbeteiligte dem Völkergewohnheitsrecht entnommen werden. Eine der Staatenverantwortlichkeit vergleichbare, kollektive Haftung von Rebellengruppen scheiterte bislang aber nicht nur an praktischen Überlegungen, sondern auch und in erster Linie am Willen der Staatengemeinschaft. Eine kollektive Erfassung substaatlicher Gruppierungen käme einer Anerkennung der Völkerrechtssubjektivität gleich (Kapitel 4).

c) Durch die Aufnahme der Tatbestände der Kriegsverbrechen für nicht-internationale bewaffnete Konflikte in das Rom Statut des IStGH wurde die Rechtsprechung der *ad hoc*-Tribunale zumindest teilweise umgesetzt. Indem aber weiterhin an der Dichotomie von internationalen und nicht-internationalen bewaffneten Konflikten festgehalten wird und die Kriegsverbrechenstatbestände zu den internationalen Konflikten eine größere Regelungsdichte besitzen, existiert weiterhin eine ungleiche Behandlung konfliktabhängiger, aber gleicher Sachverhalte.

   Art. 8 Abs. 2 f) Rom Statut erweitert insoweit den Anwendungsbereich der hier normierten Kriegsverbrechen für nicht-internationale bewaffnete Konflikte als er sich von zwei Voraussetzungen des Art. 1 Abs. 1 ZP II verabschiedet und nunmehr auf eine Gebietskontrolle und Beteiligung der Streitkräfte verzichtet. Durch Einführung des Merkmals der Dauerhaftigkeit hält zwar auch Art. 8 Abs. 2 f) Rom Statut an der Grundkonzeption des humanitären Völkerrechts bei der Einbeziehung innerstaatlicher Auseinandersetzungen fest, da auch hier den Staaten kräftemäßig ebenbürtige Gegner vorausgesetzt werden. Jedoch konnte durch das für viele der gegenwärtigen Konflikte charakteristische Merkmal der Dauerhaftigkeit ein erweiterter Anwendungsbereich von Art. 8 Abs. 2 e) Rom Statut erzielt werden (Kapitel 4).

d) Im Rahmen der seit 1977 geschlossenen Verträge wurde nur der Anwendungsbereich der Konvention zum Einsatz bestimmter konventioneller Waffen und ihrer vier Zusatzprotokolle eindeutig auf nicht-internationale bewaffnete Konflikte erweitert. Die Ge- und Verbote des Vertrages werden ausdrücklich auch an nichtstaatliche Konfliktparteien adressiert (Zusatzartikel 1 Abs. 3), wobei aber die Klarstellung, es werde kein Rechtsstatus gewährt (Abs. 6), mit der Systematik der Völkervertragsbindung in Widerspruch tritt (Kapitel 5).

e) Die Studie des IKRK zum Völkergewohnheitsrecht stellt einen Meilenstein in der Entwicklung des humanitären Völkerrechts dar. Zwar wird hier keine neue Rechtsnorm festgelegt, sondern bestehendes Völkergewohnheitsrecht zusammengetragen. Dadurch ist es dem IKRK aber gelungen, aufzuzeigen, dass eine größere Regelungsdichte im Rahmen nicht-internationaler bewaffneter Konflikte existiert, als die Kodifikationsbestrebungen der Staatengemeinschaft zu diesem Bereich vermuten ließen.

Die hier gefundene Staatenpraxis bezieht sich in erster Linie auf grundlegende Schutzbestimmungen und Garantien für die Zivilbevölkerung. Feste Begriffsdefinitionen für Zivilisten und Kombattanten konnten hingegen nicht gefunden werden. Diese Versäumnisse der Staatenpraxis stehen in engem Zusammenhang mit der Frage, wer legitimiert ist, Kampfhandlungen durchzuführen. Um ein Legitimation der Rebellenkämpfe zu vermeiden, wurde daher der Kombattantenbegriff allein den Streitkräften der Staaten und denen, die ihnen zuzurechnen sind, vorbehalten. Aus demselben Grund existiert auch kein Kriegsgefangenenstatus für Aufständische; es konnten aber einzelne Schutzbestimmungen auch für Rebellen in Gefangenschaft gefunden werden.

Unter dem Abschnitt der Befolgung der humanitären Regelungen sind neben den Staaten auch die Rebellen als Adressaten der völkergewohnheitsrechtlichen Bestimmungen genannt. Dies gelte gewohnheitsrechtlich auch für die Gebote des gemeinsamen Art. 3 GAbk. und das ZP II. Damit bleibt der Wertungswiderspruch zwischen fehlender Völkerrechtssubjektivität und Adressatenstellung auch im Rahmen der Studie bestehen (Kapitel 6).

7. Die Studie des IKRK gibt als Hauptursache für die fehlende Durchsetzung der Bestimmungen des humanitären Völkerrechts ihre mangelnde Kenntnis an. Diese Arbeit kommt stattdessen zu dem Schluss, dass das Festhalten an alten Regelungssystemen, die ihre Wurzeln im klassischen Kriegsrecht haben, überholte Anwendungsschwellen des humanitären Rechts in nicht-internationalen bewaffneten Konflikten und die Weigerung einer Anerkennung eines Rechtsstatus für Rebellengruppen die Schwachpunkte des humanitären Völkerrechts bilden. Das Fazit muss daher lauten, dass trotz aller Bemühungen zur inhaltlichen Ausgestaltung das humanitäre Völkerrecht weiterhin der Wirklichkeit der Konflikte nicht gerecht wird, da grundlegende Fragen zu seiner Anwendung und Durchsetzung unbeantwortet bleiben.

Literaturverzeichnis

Abi-Saab, Georges:
Wars of National Liberation in the Geneva Conventions and Protocols, in: RdC, Bd. 165, 1979/IV, S. 353 ff.

Abi-Saab, Georges:
Non-International Armed Conflicts, in: Henry Dunant Institute/UNESCO (Hrsg.), International Dimension of Humanitarian Law, Paris/Geneva, 1988, S. 217 ff.

Albrecht, Ulrich:
The Changing Global Composition of Armed Forces and Military Technology: The Trend Towards Informalization, in: Kaldor, Mary (Hrsg.), Global Insecurity: Restructuring the Global Military Sector, London, 2000, S. 120 ff.

Aldrich, George H.:
The Laws of War on Land, in: AJIL, Bd. 94, 2000, S. 42 ff.

Ambos, Kai:
Völkerrechtliche Bestrafungspflichten bei schweren Menschenrechtsverletzungen, in: AVR, Bd. 37, 1999, S. 318 ff.

Ambos, Kai:
Zur Bestrafung von Verbrechen im internationalen, nicht-internationalen und internen Konflikt, in: S+F, Heft 1, 2000, S. 12 ff.

Ambos, Kai:
Der Allgemeine Teil des Völkerstrafrechts: Ansätze einer Dogmatisierung, Berlin, 2002.

Amineh, Mehdi Parzivi:
Der Islam und die Iranische Revolution von 1979, in: Aus Politik und Zeitgeschichte, Bd. 19, 1999, S. 14 ff.

Aron, Raymond:
Frieden und Krieg. Eine Theorie der Staatenwelt, Frankfurt a. M., 1962.

Baraki, Martin:
Die Talibanisierung Afghanistans, in: Blätter für deutsche und internationale Politik 2001, S. 1342 ff.

Baxter, Richard:
The Duties of Combatants and the Conduct of Hostilities (Law of the Hague), in: Henry Dunant Institute/UNESCO (Hrsg.), International Dimension of Humanitarian Law, Paris/Geneva, 1988, S. 95 ff.

Baxter, Richard:
Jus in bello interno: The Present and Future Law, in: Moore, John N. (Hrsg.), Law and Civil War in the Modern World, Baltimore/London, 1974, S. 518 ff.

Beck, Ulrich:
Über den postnationalen Krieg, in: Blätter für deutsche und internationale Politik, 1999, S. 984 ff.

Benvenisti, Eyal:
The Israeli-Palestinian Declaration of Principles: A Framework for Future Settlement, in: EJIL, vol. 4, 1993, S. 542 ff.

Berber, Friedrich:
Lehrbuch des Völkerrechts, I. Band: Allgemeines Friedensrecht, 2. Auflage, München, 1975.

Beresford, S. / Muller, A. S.:
The Special Court for Sierra Leone: An Initial Comment, in: Leiden Journal of International Law, vol. 14, 2001, S. 635 ff.

Bindschedler, Rudolf L.:
Die völkerrechtliche Regelung nichtinternationaler bewaffneter Konflikte, in: Kipp, Heinrich/Heydte, Friedrich August/Steinkamm, Armin Arne/Mayer (Hrsg.), Um Recht und Freiheit, Festschrift für Friedrich August Freiherr von der Heydte, Erster Halbband, Berlin, 1977, S. 21 ff.

Bindschedler, Rudolf L.:
Die Zukunft des Kriegsrechts, in: Blumenwitz, Dieter/Randelzhofer, Albrecht (Hrsg.), Festschrift für Friedrich Berber zum 75. Geburtstag, München, 1973, 61 ff.

Bindschedler, Rudolf L.:
Die Neutralität im modernen Völkerrecht, in: ZaöRV, Bd. 17, 1956/57, S. 1 ff.

Bindschedler, Rudolf L.:
Neutrality, Concept and General Rules, in: EPIL vol. IV, 1982, S. 9 ff.

Birnbaum, Michael:
Krisenherd Somalia. Das Land des Terrors und der Anarchie, München, 2002.

Biskup, Uta / Heintze, Hans-Joachim:
Der aktuelle Fall: Söldner von Executive Outcome greifen in Sierra Leone und in Angola ein, in: HuV-I 1997, S. 81 ff.

Blaufarb, Douglas S.:
The Counterinsurgency Era: U.S. Doctrine and Performance, New York, 1977.

Blix, Hans:
Contemporary Aspects of Recognition, in: RdC, Bd. 130, 1970/II, S. 587 ff.

Blix, Hans:
When are the Laws of War and Neutrality Applicable?, in: Revue Egyptienne de Droit International, Bd. 32, 1976, S. 125 ff.

Bösch, Markus:
Asymmetric warfare im Irakkonflikt 2003, Kölner Arbeitspapiere zur internationalen Politik, Nr. 9, 2004, S. 1 ff.; abrufbar unter: www.politik.uni-koeln.de/jaeger/downloads/boesch.pdf.

Bos, Maarten:
A Methodology of International Law, Amsterdam, 1984.

Bothe, Michael:
Streitkräfte Internationaler Organisationen, Köln/Berlin, 1968.

Bothe, Michael:
Das Gewaltverbot im allgemeinen, in: Schaumann, Wilfried (Hrsg.), Völkerrechtliches Gewaltverbot und Friedenssicherung, Baden-Baden, 1971, S. 11 ff.

Bothe, Michael:
Krise der Rotkreuz-Idee?, in: EA 1976, S. 197 ff.

Bothe, Michael:
Völkerrechtliche Aspekte des Angola-Konflikts, in: ZaöRV, Bd. 37, 1977, S. 572 ff.

Bothe, Michael:
Conflits armés internes et droit international humanitaire, in: RGDIP 1978, S. 82 ff.

Bothe, Michael / Ipsen, Knut / Partsch, Karl-Josef:
Die Genfer Konferenz über humanitäres Völkerrecht: Verlauf und Ergebnisse, in: ZaöRV, Bd. 38, 1978, S. 1 ff.

Boutros-Ghali, Boutros:
An Agenda for Peace, New York, 1992.

Bracher, Karl Dietrich:
Zeit der Ideologien: Eine Geschichte des politischen Denkens im 20. Jahrhundert, Stuttgart, 1982.

Brooks, Rosa Ehrenreich:
War Everywhere: Rights, National Security Law, and the Law of Armed Conflict in the Age of Terror, in: University of Pennsylvania Law Review, vol. 153, 2004, S. 675 ff.

Bruns, Viktor:
Deutschlands Gleichberechtigung als Rechtsproblem: Vortrag gehalten in der 1. Vollsitzung der Akademie für Deutsches Recht am 5. November 1933, Berlin, 1934.

Bruzzone, Arthur:
Asymmetrical Warfare Cuts both Ways, American Daily, 3. January 2004; abrufbar unter: http://americandaily.com/article/1837.

Büttner, Christian / Kladzinski, Magdalena:
Krieg und Medien – Zwischen Information, Inszenierung und Zensus, in: Der Bürger im Staat, Heft 4, 2004, S. 223 ff.

Burkhardt, Johannes:
Der Dreißigjährige Krieg als frühmoderner Staatsbildungskrieg, in: Geschichte in Wissenschaft und Unterricht, 1994, S. 487 ff.

Byron, Christine:
Armed Conflicts: International or Non-International?, in: Journal of Conflict and Security Law, vol. 6, 2001, S. 63 ff.

Carroll, Rory:
Genocide Tribunal 'Ignoring Tutsi Crimes', Guardian January 13, 2005; abrufbar unter: www.globalpolicy.org/intljustice/tribunals/rwanda/2005/0113tutsicrimes.htm.

Cassese, Antonio:
The Status of Rebels under the 1977 Geneva Protocol on Non-International Armed Conflicts, in: ICLQ, Bd. 30, 1981, S. 416 ff.

Cassese, Antonio:
Ex iniuria ius oritur: Are we Moving towards International Legitimation of Forcible Humanitarian Countermeasures in the World Community?, in: EJIL, vol. 10, 1999, S. 23 ff.

Cassese, Antonio:
The Israel-PLO Agreement and Self-Determination, abrufbar unter: www.ejil.org/journal/Vol4/no4/art7.pdf.

Castrén, Erik:
Civil War, Helsinki, 1966.

Chen, Ti-Chiang:
The International Law of Recognition, London, 1951.

Chojnacki, Sven:
Gewaltakteure und Gewaltmärkte: Wandel der Kriegsformen, in: Der Bürger im Staat, Heft 4, 2004, S. 197 ff.

Chomsky, Noam:
War Against People. Menschenrechte und Schurkenstaaten, 4. Aufl., Hamburg, 2001.

Chopra, Jarat / Weiss, Thomas G.:
Sovereignty is No Longer Sacrosanct. Codifying Humanitarian Intervention, in: Ethics and International Affairs, vol. 6, 1992, S. 95 ff.

Clausewitz, Carl von:
Vom Kriege, 16. Aufl., Bonn, 1952.

Clinton, William J.:
Executive Order: Sanction on Afghan Taliban, The White House, July 4 1999; abrufbar unter: www.un.int/usa/99afg76a.htm

Collier, Paul:
Doing Well out of War: An Economic Perspective, in: Berdal, Mats/Malone, David M. (Hrsg.), Greed and Grievance: Economic Agendas in Civil Wars, Boulder, Colo./ London, 2000, S. 91 ff.

Creveld, Martin van:
Aufstieg und Untergang des Staates, München, 1999.

Cryer, R.:
Current Developments: Public International Law. II. A Special Court for Sierra Leone?, in: International and Comparative Law Quarterly, vol. 50, 2001, S. 435 ff.

Czempiel, Ernst-Otto:
Friedenssicherung im Zeitalter der Globalisierung und des Unilateralismus: Die UNO, in: Welt- und Kulturgeschichte, Bd. 16, DIE ZEIT (Hrsg.), Hamburg, 2006, S. 460 ff.

Dahm, Georg / Delbrück, Jost / Wolfrum, Rüdiger:
Völkerrecht Bd. I/2 und I/3, Berlin/New York, 2002.

Denis, Catherine:
Le tribunal spécial pour la Sierra Leone, in: Revue belge de droit international, Bd. 34, 2001, S. 236 ff.

Dingemann, Rüdiger:
Westermann-Lexikon Krisenherde der Welt: Konflikte und Kriege seit 1945, Braunschweig, 1996.

Dörmann, Knut:
The first Review Conference to the 1980 Convention on Prohibitions or Restrictions on the Use of Certain Conventional Weapons which may be deemed to be excessively injurious or to have indiscriminate effects – A Story of Failure?, in: HuV-I 1995, S. 203 ff.

Doswald-Beck, Louise:
Development in Customary International Humanitarian Law, in: SZIER/RSDIE 2005, S. 471 ff.

Draper, G.I.A.D.:
The Geneva Conventions of 1949, in: RdC, Bd. 114, 1965/I, S. 63 ff.

Duculesco, Victor:
Effet de la reconnaissance de l'état de belligérance par les tiers, y compris les organisations internationales, sur le statut juridique des conflits armés à caractère non international, in: RGDIP 1975, S. 125 ff.

Dupuy, René Jean / Leonetti, Antoine:
La notion de conflit armé à caractère non international, in: Cassese, Antonio (Hrsg.), The New Humanitarian Law of Armed Conflict, Neapel, 1979, S. 258 ff.

Engelhardt, Paulus:
Die Lehre vom „gerechten Krieg" in der vorreformatorischen und katholischen Tradition. Herkunft – Wandlungen – Krise, in: Steinweg, Reiner (Hrsg.), Der gerechte Krieg: Christentum, Islam, Marxismus, Frankfurt a.M., 1980, S. 72 ff.

Engels, Friedrich:
Herrn Eugen Dührings Umwälzung der Wissenschaft, 6. Aufl., Stuttgart, 1907.

Ettrich, Frank:
„Neue Kriege" und die Soziologie des Krieges, in: Berliner Journal für Soziologie, Bd. 10 (3), 2001, S. 391 ff.

Falk, Richard A.:
Introduction, in: Falk, R.A. (Hrsg.), The International Law of Civil War, Baltimore/ London, 1971, S. i ff.

Falk, Richard A.:
Janus tormented: The International Law of Internal War, in: Rosenau, James N. (Hrsg.), International Aspects of Civil Strife, Princeton, 1964, S. 185 ff.

Farquhar, Michael:
Tribunal Stages First Kosovar Trial, Institute for War and Peace Reporting, November 14, 2004; abrufbar unter: www.globalpolicy.org/intljustice/tribunals/yugo/2004/1114 kosovar.htm.

Fauchille, Paul:
Traité de droit international public, tome II: Guerre et Neutralité, Paris, 1921.

Ferdowsi, Mir A.:
Regionalkonflikte in der Dritten Welt: Dimensionen, Ursachen, Perspektiven, in: Ferdowsi, M.A. / Opitz, Peter J. (Hrsg.), Macht und Ohnmacht der Vereinten Nationen. Zur Rolle der Weltorganisation in Drittwelt-Konflikten, München/Köln/London, 1987, S. 13 ff.

Fleck, Dieter:
Towards a Code of Conduct for Internal Armed Conflicts: Current Efforts, Problems and Opportunities, in: ASIL Proc. 96 (2002), S. 25 ff.

Fleck, Dieter:
Handbuch des humanitären Völkerrechts in bewaffneten Konflikten, München, 1994.

Förster, Stig (Hrsg.):
Schlachten der Weltgeschichte: von Salamis bis Sinai, München, 2001.

Forsythe, David P.:
The 1974 Diplomatic Conference on Humanitarian Law: Some observations, in: AJIL, vol. 69, 1975, S. 77 ff.

Forsythe, David P.:
Legal Management of Internal War: The 1977 Protocol on Non-International Armed Conflicts, in: AJIL, vol. 72, 1978, S. 272 ff.

Fricke, Dietmar:
Globalisierung und Bürgerkrieg, 1. Aufl., Berlin, 2000.

Fritz, N. / Smith, A.:
Current Apathy for Coming Anarchy: Building the Special Court for Sierra Leone, in: Fordham International Law Journal, vol. 25, 2001, S. 391 ff.

Fromkin, David:
Die Strategie des Terrorismus, in: Funke, Manfred (Hrsg.), Terrorismus. Untersuchungen zur Strategie und Struktur revolutionärer Gewaltpolitik, Bonn, 1977, S. 83 ff.

Frowein, Jochen Abr.:
Völkerrechtliche Aspekte des Vietnam-Konfliktes, in: ZaöRV, Bd. 27, 1967, S. 1 ff.

Frowein, Jochen Abr.:
Das de facto-Regime im Völkerrecht, Köln/Berlin, 1968.

Furet, François:
Das Ende der Illusion. Der Kommunismus im 20. Jahrhundert, München, 1996.

Gantzel, Klaus Jürgen:
Kriegsursachen – Tendenzen und Perspektiven, in: Ethik und Sozialwissenschaften. Streitforum für Erwägungskultur, Heft 3, 1997, S. 257 ff.

Gantzel, Klaus Jürgen / Schwinghammer, Torsten:
Die Kriege nach dem Zweiten Weltkrieg 1945 bis 1992. Daten und Tendenzen, Münster, 1995.

Goose, Stephen D.:
The Ottawa Process and the 1997 Mine Ban Treaty, in: YIHL, vol. 1, 1998, S. 269 ff.

Green, Leslie C.:
Erdemovic – Tadic – Dokmanovic: Jurisdiction and early Practice of the Yugoslav War Crimes Tribunal, in: IYHR, vol. 27, 1997, S. 313 ff.

Greenwood, Christopher:
Gibt es ein Recht auf humanitäre Intervention?, in: EA 1993, S. 93 ff.

Greenwood, Christopher:
The International Tribunal for Former Yugoslavia, in: International Affairs, vol. 69, 1993, S. 641 ff.

Greenwood, Christopher:
International Humanitarian Law and the Tadic Case, in: EJIL, vol. 7, 1996, S. 265 ff.

Grewe, Wilhelm G.:
Fontes historiae iuris gentium, Band 2/3, 1815-1945, Berlin/New York, 1992.

Grewe, Wilhelm G.:
Epochen der Völkerrechtsgeschichte, 1. Aufl., Baden-Baden, 1984.

Grill, Bartholomäus / Dumay, Caroline:
Der Söldner-Konzern, in: DIE ZEIT, 17. Januar 1997.

Grotius, Hugo:
De iure belli ac pacis, Deutsche Übersetzung nach Walter Schätzel, Tübingen, 1950.

Guevara, Ernesto Che:
Der Guerillakrieg, in: Osanka, Franklin M. (Hrsg.), Der Krieg aus dem Dunkel. 20 Jahre kommunistische Guerillakämpfe in aller Welt, Köln, 1963, S. 48 ff.

Hackworth, Green Haywood:
Digest of International Law, vol. 1, Washington, 1943.

Haffner, Sebastian:
Einleitender Essay zur Theorie des Guerillakrieges oder Strategie der Dritten Welt von Mao Tse-tung, Reinbek bei Hamburg, 1966, S. 5 ff.

Heintschel von Heinegg, Wolff:
Casebook Völkerrecht, München, 2005.

Heintze, Hans-Joachim:
Der Beitrag des Völkerrechts im Anti-Terror-Kampf, S. 1 ff.; abrufbar unter: www.ruhr-uni-bochum.de/ifhv/red/heintzereferendar.pdf.

Hellmann-Rajanayagam, Dagmar:
Doktrin und Praxis des singhalesischen Nationalismus und die Entstehung des Bürgerkrieges, in: Berkemer, Georg/Frasch, Tilman (Hrsg.), Sri Lanka. Fünfte Heidelberger Südasiengespräche, Beiträge zur Südasienforschung, Bd. 171, Stuttgart, 1995, S. 21 ff.

Henckaerts, Jean-Marie:
Study on Customary International Humanitarian Law: A Contribution to the Understanding and Respect for the Rule of Law in Armed Conflict, in: International Review of the Red Cross, vol. 87, 2005, S. 1 ff.

Henckaerts, Jean-Marie / Doswald-Beck, Louise:
Customary International Humanitarian Law, 2 volumes, vol. I Rules, vol. II Practice (2 Parts), Cambridge, 2005.

Hensell, Stephan:
Jugoslawien (Slowenien); abrufbar unter: www.sozialwiss.uni-hamburg.de/publish/ Ipw/Akuf/kriege/228_slowenien.htm.

Herdegen, Matthias:
Völkerrecht, 3. Aufl., München, 2004.

Hermann, Christian:
Auswirkungen industrieller Exportproduktion im Rahmen der internationalen Arbeitsteilung auf die Einkommensverteilung von Entwicklungsländern, Frankfurt a. M., 1984.

Hess, Martin:
Die Anwendbarkeit des humanitären Völkerrechts, insbesondere in gemischten Konflikten, Diss., Zürich, 1985.

Heydte, Friedrich August Freiherr von der:
Völkerrecht, Ein Lehrbuch, Band I, Köln, 1958.

Heydte, Friedrich August Freiherr von der:
Der moderne Kleinkrieg als wehrpolitisches und militärisches Phänomen, Würzburg, 1972.

Hinz, Joachim:
Kriegsvölkerrecht, Textsammlung mit Hinweisen, Übersichten und Stichwortverzeichnis, 2. Aufl., Köln/Berlin, 1960.

Hirschmann, Kai:
Terrorismus in neuen Dimensionen, in: Aus Politik und Zeitgeschichte, Bd. 51, 2001, S. 7 ff.

Hoffmann, Stanley:
International Law and the Control of Force, in: Deutsch, Karl Wolfgang / Hoffmann, S. (Hrsg.), The Relevance of International Law, Essays in Honor of Leo Gross, Cambridge, Mass., 1968, S. 21 ff.

Holsti, Kalevi J.:
The State, War, and the State of War, 1. Aufl., Cambridge, 1996.

Howard, Michael:
Der Krieg in der europäischen Geschichte, München, 1981.

Huber, Max:
Principes, tâches et problèmes de la Croix-Rouge dans le droit des gens, Genève, 1944.

Hübner, Kurt:
Der Globalisierungskomplex: Grenzenlose Ökonomie – grenzenlose Politik?, Berlin, 1998.

Hummer, Waldemar:
Probleme der Staatennachfolge am Beispiel Jugoslawien, in: SZIER 1993, S. 425 ff.

Huntington, Samuel P.:
Einführung: Der Guerillakrieg in Theorie und Politik, in: Osanka, Franklin M. (Hrsg.), Der Krieg aus dem Dunkel. 20 Jahre kommunistische Guerillakämpfe in aller Welt, Köln, 1963, S. 17 ff.

Ihering, Rudolf von:
Der Zweck im Recht, Band 1, Leipzig, 1904.

Ipsen, Knut:
Völkerrecht: ein Studienbuch. In Zusammenarbeit mit Volker Epping, Horst Fischer, Christian Gloria, Wolff Heintschel von Heinegg, Hans-Joachim Heintze, 4. Aufl., München, 2004.

Isensee, Josef:
Weltpolizei für Menschenrechte, in: JZ 1995, S. 421 ff.

Heydte, Friedrich August Freiherr von der:
Die Verantwortlichkeit der Staatsorgane nach Völkerstrafrecht: Eine Studie zu den Nürnberger Prozessen, Bonn, 1952.

Heydte, Friedrich August Freiherr von der:
International Crimes, in: EPIL, vol. II, 1995, S. 1119 ff.

Jinks, Derek:
The Temporal Scope of Application of International Humanitarian Law in Contemporary Conflicts, International Humanitarian Law Research Initiative, Background Paper prepared for the Informal High-Level Expert Meeting in the Reaffirmation and Development of International Humanitarian Law, Cambridge, June 27-29 2001, S. 1 ff.; abrufbar unter: www.ihlresearch.org/ihl/pdfs/Session3.pdf.

Junne, Gerd:
Zum Stand der Diskussion um eine Neue Weltwirtschaftsordnung aus der Sicht der Friedensforschung, in: Landeszentrale für Politische Bildung des Landes Nordrheinwestfalen (Hrsg.), Erziehung für den Frieden, Köln, 1977, S. 111 ff.

Kahl, Martin:
Macht oder Moral. Welche Rolle spielen ethische Prinzipien in den internationalen Beziehungen?, in: Wissenschaft und Frieden, Heft 2, 1999, S. 29 ff.

Kaldor, Mary:
New and Old Wars. Organized Violence in a Global Era, Stanford, 1999.

Kaldor, Mary:
Introduction, in: Kaldor, M. (Hrsg.), Global Insecurity. Restructuring the Global Military Sector, vol. III, London, 2000, S. 1 ff.

Kalshoven, Frits:
Reaffirmation and Development of International Humanitarian Law applicable in Armed Conflicts: The Diplomatic Conference, Geneva 1974-1977, in: NYIL 1977, S. 107 ff.

Kapuściński, Ryszard:
Afrikanisches Fieber: Erfahrungen aus vierzig Jahren, Franfurt a. M., 1999.

Keller, Walter:
Die Wirtschaft Sri Lankas 1983, in: Südasienbüro Wuppertal (Hrsg.), Sri Lanka-Info, Heft 2, 1984, S. 16 ff.

Karhilo, Jaana:
The Establishment of the International Tribunal for Rwanda, in: NJIL, vol. 64, 1995, S. 683 ff.

Keen, David:
The Economic Functions of Violence in Civil Wars, Adelphi Paper no. 320, London: International Institute for Strategic Studies, 1998.

Kelsen, Hans / Tucker, Robert W.:
Principles of International Law, New York/Chicago/San Francisco/Toronto/London, 1966.

Kersting, Wolfgang:
Lassen sich Menschenrechte mit Gewalt zwischenstaatlich durchsetzen?, in: Gustenau, Gustav (Hrsg.), Humanitäre militärische Intervention zwischen Legalität und Legitimität, 1. Aufl., Baden-Baden, 2000, S. 59 ff.

Kimminich, Otto:
Rüstung und politische Spannung, Gütersloh, 1964.

Kimminich, Otto:
Schutz der Menschen in bewaffneten Konflikten: zur Fortentwicklung des humanitären Völkerrechts, München, 1979.

Kimminich, Otto:
Die Entstehung des neuzeitlichen Völkerrechts, in: Fetscher, Iring/Münkler, Herfried (Hrsg.), Pipers Handbuch der politischen Ideen, Band 3, München, 1985, S. 73 ff.

Kimminich, Otto:
Der gerechte Krieg im Spiegel des Völkerrechts, in: Steinweg, Reiner (Hrsg.), Der gerechte Krieg: Christentum, Islam, Marxismus, Frankfurt a. M., 1980, S. 206 ff.

Kimminich, Otto / Hobe, Stefan:
Einführung in das Völkerrecht, 8. Aufl., Tübingen/Basel, 2004.

Köhler, Michael:
Zur völkerrechtlichen Frage der „humanitären Intervention“, in: Beestermöller, Gerhard (Hrsg.), Die humanitäre Intervention – Imperativ der Menschenrechtsidee?, Stuttgart, 2003, S. 75 ff.

Koenig, Christian:
Der nationale Befreiungskrieg im modernen humanitären Völkerrecht, Diss., Frankfurt a. M., Bern, New York, Paris, 1988.

Kokott, Juliane:
Völkerrechtliche Beurteilung des argentinischen Gesetzes Nr. 23.521 über die Gehorsamspflicht, in: ZaöRV, Bd. 47, 1987, S. 506 ff.

Kreß, Claus:
Friedenssicherungs- und Konfliktvölkerrecht auf der Schwelle zur Postmoderne, in: EuGRZ 1996, S. 638 ff.

Kuhfus, Peter M.:
Die Anfänge der Volkskriegs-Doktrin in China, in: Schulz, Gerhard (Hrsg.), Partisanen und Volkskrieg. Zur Revolutionierung des Krieges im 20. Jahrhundert, Göttingen, 1985, S. 57 ff.

Kunig, Philip:
Humanitäre Intervention, in: Belz, Joachim / Brune, Stefan / Deutsches Übersee-Institut (Hrsg.), Jahrbuch Dritte Welt 1994, München, 1993, S. 47 ff.

Kunz, Josef L.:
Die Anerkennung von Staaten und Regierungen im Völkerrecht, Stuttgart, 1928.

Kutger, Joseph P.:
Irreguläre Kriegsführung im Zeitenwandel, in: Osanka, Franklin M. (Hrsg.), Der Krieg aus dem Dunkel, 20 Jahre kommunistische Guerillakämpfe in aller Welt, Köln, 1963, S. 79 ff.

Lael, Richard L.:
The Yamashita Precedent: War Crimes and Command Responsibility, Wilmington, Delaware, 1982.

Lailach, Martin:
Die Wahrung des Weltfriedens und der internationalen Sicherheit als Aufgabe des Sicherheitsrates der Vereinten Nationen, Berlin, 1998.

Langer, Robert:
Seizure of Territory: The Stimson Doctrine and Related Principles in Legal Theory and Diplomatic Practice, Princeton, 1947.

Lauterpacht, Hersch:
Recognition in International Law, Cambridge, 1947.

Lauterpacht, Hersch:
International Law and Human Rights, New York/London, 1973.

Leiß, Martin F.:
Internationaler Strafgerichtshof und Jugoslawientribunal, in: Kauffmann, Clemens / Kick, Karl G. / Köglmeier, Georg (Hrsg.), Regensburger Schriften auf Philosophie, Politik, Gesellschaft und Geschichte, Band 6, Münster – Hamburg – London, 2003.

Levie, Howard:
Remarks, Neutrality, the Rights of Shipping and the Use of Force in the Persian Gulf War (Part II), in: ASIL Proc. 82 (1988), S. 597 ff.

Lightfoot, Paul J.:
The Landmine Review Conference: Will the Revised Landmine Protocol Protect Civilians?, in: Fordham Int'l L.J., vol. 18, 1995, S. 1526 ff.

Lillich, Richard B.:
Humanitarian Intervention through the United Nations: Towards the Development of Criteria, in: ZaöRV, Bd. 53, 1993, S. 557 ff.

Linton, S.:
Cambodia, East Timor and Sierra Leone: Experiments in International Justice, in: Criminal Law Forum, vol. 12, 2001, S. 185 ff.

Lock, Peter:
Light Weapons and Conflict in Africa, in: Peace and security, The IIP Research Quarterly, Bd. XXXI, Dezember 1999, S. 31 ff.

Lock, Peter:
Ökonomie der neuen Kriege, in: Der Bürger im Staat, Heft 4, 2004, S. 191 ff.

Lombardi, Aldo Virgilio:
Bürgerkrieg und Völkerrecht, Berlin, 1976.

Mackinlay, John:
Globalisation and Insurgency, Adelphi Paper no. 352, Oxford, 2002.

Maechling, Charles Jr.:
Counterinsurgency: The First Ordeal by Fire, in: Klare, Michael T. / Kornbluh, Peter (Hrsg.), Low-Intensity Warfare: Counterinsurgency, Proinsurgency and Antiterrorism in the Eighties, New York, 1988, S. 21 ff.

Massarat, Mehmet:
Iran – Von der ökonomischen Krise zur sozialen Revolution, Osnabrück, 1979.

Matheson, Michael J.:
Humanitarian Law Conference, Remarks, in: American University Journal of International Law and Policy 1987, S. 419 ff.

Matthies, Volker:
Kriegsschauplatz Dritte Welt, München, 1988.

Matthies, Volker:
Immer wieder Krieg?, Opladen, 1994.

Mao Tse-tung:
Oeuvres choisies de Mao Tsé-toung, Band 4, Bejing, 1960.

Mao Tse-tung:
Theorie des Guerillakrieges oder Strategie der dritten Welt, Reinbek bei Hamburg, 1966.

McDonald, Avril J.M.:
The Year in Review, in: YIHL, vol. 1, 1998, S. 113 ff.

McDonald, Avril J.M.:
Sierra Leone's Uneasy Peace: The Amnesties Granted in the Lomé Peace Agreement and the United Nations' Dilemma, in: HuV-I 2000, S. 11 ff.

McDonald, Avril J.M.:
Sierra Leone's Shoestring Special Court, in: IRRC 2002, S. 121 ff.

Meier, Walter:
Die Bestimmungen über das Kriegsverbrechens- und Besetzungsstrafrecht in den Genfer Abkommen zum Schutze der Kriegsopfer von 1949, Diss., Winterthur, 1964.

Meron, Theodor:
Human Rights and Humanitarian Norms as Customary Law, Oxford, 1991.

Meron, Theodor:
War Crimes in Yugoslavia and the Development of International Law, in: AJIL, vol. 88, 1994, S. 78 ff.

Meron, Theodor:
International Criminalization of Internal Atrocities, in: AJIL, vol. 89, 1995, S. 554 ff.

Meron, Theodor:
Is International Law Moving towards Criminalization?, in: EJIL, vol. 9, 1998, S. 18 ff.

Merten, Detlef:
Rechtsstaat und Gewaltmonopol, in: Recht und Staat in Geschichte und Gegenwart, Bd. 442/443, Tübingen, 1975, S. 1 ff.

Metzl, Jamie F.:
Rwandan Geoncide and the International Law of Radio Jamming, in: AJIL, vol. 91, 1997, S. 628 ff.

Meyer, Thomas:
Fundamentalismus. Aufstand gegen die Moderne, Reinbek bei Hamburg, 1989.

Miller, Richard I.:
The Law of War, Lexington/Toronto/London, 1975.

Moore, John Bassett:
A Digest of International Law, 1906.

Moreillon, Jacques:
Le Comité international de la Croix-Rouge et la protection des détenus politiques, Diss., Lausanne, 1973.

Münkler, Herfried:
Afghanistan: Legitimität der Tradition und Rationalität der Modernisierung, in: Aus Politik und Zeitgeschichte Bd. 21, 1982, S. 32 ff.

Münkler, Herfried:
Der Partisan, Opladen, 1990.

Münkler, Herfried:
Gewalt und Ordnung, Frankfurt a. M., 1992.

Münkler, Herfried:
Die privatisierten Kriege des 21. Jahrhunderts, Merkur 2001, S. 222 ff.

Münkler, Herfried:
Die neuen Kriege, 6. Aufl., Reinbek bei Hamburg, 2003.

Münkler, Herfried:
Kriege im 21. Jahrhundert, in: Reiter, Erich (Hrsg.), Jahrbuch für internationale Sicherheitspolitik 2003, Hamburg/Berlin/Bonn, 2003, S. 83 ff.

Münkler, Herfried:
Die neuen Kriege, in: Der Bürger im Staat, Heft 4, 2004, S. 179 ff.

Musah, Abdel-Fatau / Fayemi, J. 'Kayode:
Mercernaries: an African Security Dilemma, 1. Aufl., London, 2000.

Naimark, Norman M.:
Fires of Hatred: Ethnic Cleansing in Twentieth-Century Europe, Cambridge, Mass., 2001.

Naini, Ahmad:
Die Revolution in Iran. Hintergründe und Ereignisse, in: Deutsches Orient-Institut (Hrsg.), Aktueller Informationsdienst Moderner Orient, Sondernummer Bd. 5, Hamburg, 1979.

Naumann, Friedrich Herbert:
Bürgerkrieg und Völkerrecht, insbesondere die Anerkennung als Aufständische und als kriegführende Partei in ihrer Bedeutung für das Seekriegsrecht, Dresden, 1939.

Neuhold, Hanspeter:
Völkerrechtliche Aspekte des Bürgerkrieges in Nigeria, in: Österreichische Zeitschrift für Außenpolitik 1969, S. 63 ff.

Nichols, Hans:
Truth Challenges Justice in Freetown, in: Washington Times, January 5 2005; abrufbar unter: www.globalpolicy.org/intljustice/tribunals/sierra/2005/0105freetown.htm.

Niedhart, Gottfried:
Revision und Konsolidierung? – Die Nachkriegsordnung und der Völkerbund, in: DIE ZEIT (Hrsg.), Welt- und Kulturgeschichte, Bd. 13, 2006, S. 206 ff.

Nohlen, Dieter (Hrsg.):
Lexikon Dritte Welt, Reinbek bei Hamburg, 1984.

O'Brien, William V.:
The PLO in International Law, in: Boston University International Law Journal, vol. 2 (3), 1984, S. 349 ff.

O'Connell, Daniel P.:
International Law, London, 1965.

Oehler, Dietrich:
Internationales Strafrecht, 2. Aufl., Köln/Berlin/Bonn/München, 1983.

Oellers-Frahm, Karin:
Das Statut des Internationalen Strafgerichtshofs zur Verfolgung von Kriegsverbrechen im ehemaligen Jugoslawien, in: ZaöRV, Bd. 54, 1994, S. 416 ff.

Oeter, Stefan:
Kriegsverbrechen in den Konflikten um das Erbe Jugoslawiens, in: ZaöRV, Bd. 53, 1993, S. 1 ff.

Oppenheim, Lassar F.L. / Lauterpacht, Hersch:
International Law, A Treatise, vol. II – Disputes, War and Neutrality, 7. Aufl., London, 1952.

Oppermann, Thomas:
Europarecht, 2. Aufl., München, 1999.

Padelford, Norman J.:
International Law and the Spanish Civil War, in: AJIL, vol. 31, 1937, S. 226 ff.

Padelford, Norman J.:
International Law and Diplomacy in the Spanish Civil Strife, New York, 1939.

Papcke, Sven Gustav (Hrsg. & Übersetzer):
Nachwort, in: Brandstiftung oder Neuer Friede? von Ernesto Che Guevara, Reden und Aufsätze, Reinbek bei Hamburg, 1969, S. 134 ff.

Partan, Daniel G.:
Legal Aspects of the Vietnam Conflict, in: Falk, Richard A. (Hrsg.), The Vietnam War and International Law, Princeton, 1968, S. 201 ff.

Perels, Joachim:
Hat Deutschland einen Rechtsanspruch auf Abrüstung der Anderen? Mitteilungen der Deutschen Gesellschaft für Völkerrecht, 1932.

Pfanner, Toni:
David gegen Goliath oder asymmetrische Kriegsführung, in: HuV 2005, S. 165 ff.

Pfetsch, Frank R.:
Globale Wandlungen im Konflikt- und Kriegsgeschehen. War das 20. Jahrhundert ein kriegerisches?, in: Voigt, Rüdiger (Hrsg.), Krieg – Instrument der Politik?, 1. Aufl., Baden-Baden, 2002, S. 223 ff.

Pfetsch, Frank R. / Rohloff, Christoph:
National and International Conflicts, 1945-1995: New Empirical and Theoretical Approaches, London/New York, 2000.

Pictet, Jean:
Die Grundsätze des humanitären Völkerrechts, Genf, 1967.

Pinto, Roger:
Les règles du droit international concernant la guerre civile, in: RdC, Bd. 114, 1965/I, S. 451 ff.

Plattner, Denise:
La répression pénal des violations du droit international humanitaire applicable aux conflits armés non internationaux, in: IRRC 1990, S. 443 ff.

Plattner, Denise:
The 1980 Convention on Conventional Weapons and the Applicability of Rules Governing Means of Combat in a Non-International Armed Conflict, in: IRRC 1990, S. 551 ff.

Prunier, Gérard:
The Rwanda Crisis: history of a genocide, 2. Aufl., New York, 1995.

Quade, Quentin L.:
The U.S. and Wars of National Liberation, in: Falk, Richard A. (Hrsg.), The Vietnam War and International Law, Princeton, 1968, S. 102 ff.

Rabehl, Thomas:
Das Kriegsgeschehen 1999. Daten und Tendenzen der Kriege und bewaffneten Konflikte, Opladen, 2000.

Rabehl, Thomas / Schreiber, Wolfgang:
Das Kriegsgeschehen 2000. Daten und Tendenzen der Kriege und bewaffneten Konflikte, Opladen, 2001.

Rashid, Ahmed:
Heiliger Krieg am Hindukusch. Der Kampf um Macht und Glauben in Zentralasien, München, 2002.

Reno, William:
Warlord Politics and African States, Boulder, Colo., 1998.

Regendanz, Wilhelm Guido / Werth-Regendanz, Alex:
Deutschlands militärische Gleichberechtigung: eine völkerrechtliche Untersuchung, Berlin, 1932.

Reinhard, Wolfgang:
Geschichte der Staatsgewalt: Eine vergleichende Verfassungsgeschichte Europas von den Anfängen bis zur Gegenwart, München, 1999.

Reisman, W. Michael / Silk, James:
Which Law applies to the Afghan Conflict?, in: AJIL, vol. 82, 1988, S. 459 ff.

Riedel, H. Eibe:
Recognition of Belligerency, in: EPIL, vol. IV, 1982, S. 167 ff.

Riedel, H. Eibe:
Recognition of Insurgency, in: EPIL, vol. IV, 1982, S. 171 ff.

Rieff, David:
Schlachthaus. Bosnien und das Versagen des Westens, München, 1995.

Riesebrodt, Martin:
Islamischer Fundamentalismus aus soziologischer Sicht, in: Aus Politik und Zeitgeschichte Bd. 33, 1993, S. 11 ff.

Robinson, Darryl / von Hebel, Herman:
War Crimes in Internal Armed Conflicts: Article 8 of the Statute of the International Criminal Court, in: YIHL, vol. 2, 1999, S. 193 ff.

Romano, P.R. / Boutruche, T.:
Tribunaux penaux internationalisés : Etat des lieux d'une justice 'hybride', in: Revue générale de droit international public, Bd. 107, 2003, S. 109 ff.

Rostow, Walt W.:
Countering Guerilla Attack, in: Falk, Richard A. (Hrsg.), The Vietnam War and International Law, Princeton, 1968, S. 127 ff.

Roth, Hans-Dieter:
Sri Lanka: Entwicklung hat seinen Preis, in: Auslandsinformationen, Nr. 6, 1982, S. 8 ff.

Roth, Hans-Dieter:
Änderungen der Entwicklungsstrategie in Sri Lanka?, in: Auslandsinformationen, Nr. 14, 1981, S. 1 ff.

Rösel, Jakob:
Der Bürgerkrieg auf Sri Lanka: der Tamilenkonflikt: Aufstieg und Niedergang eines singhalesischen Staates, 1. Aufl., Baden-Baden, 1997.

Rosas, Allan:
The Legal Status of Prisoners of War, Helsinki, 1976.

Rowe, Peter:
Liability for « War Crimes » During a Non-international Armed Conflict, Revue de droit militaire et de droit de la guerre 1995, S. 149 ff.

Rowe, Peter:
The International Criminal Tribunal for Yugoslavia: The Decision of the Appeals Chamber on the Interlocutory Appeal on Jurisdiction in the Tadic Case, in: International & Comparative Law Quarterly, vol. 45, 1996, S. 691 ff.

Rufin, Jean-Christophe:
Kriegswirtschaft in internen Konflikten, in: Jean, François / Rufin, Jean-Christophe (Hrsg.), Ökonomie der Bürgerkriege, 1. Aufl., Hamburg, 1999, S. 15 ff.

Rydberg, Robert:
Land Mines: Humanitarian Concerns, Law and Politics, in: ASIL Proc. 90 (1996), S. 384 ff.

Safferling, Christoph J. M.:
Zum aktuellen Stand des Völkerstrafrechts, in: JA 2000, S. 164 ff.

Sandoz, Yves:
Le droit d'initiative du Comité international de la Croix-Rouge, in: GYIL, vol. 22, 1979, S. 352 ff.

Sandoz, Yves:
Penal Aspects of International Humanitarian Law, in: Bassiouni, M. Cherif (Hrsg.), International Criminal Law, vol. 1: Crimes, 2. Aufl., Ardsley, NY, 1999, S. 393 ff.

Sandoz, Yves / Swinarski, Christophe / Zimmermann, Bruno (Hrsg.):
Commentary on the Additional Protocols of 8 June 1977 to the Geneva Conventions of 12 August 1949, Geneva, 1987.

Santos, Soliman M., Jr.:
The International Criminal Court and Rebel Groups; abrufbar unter: www.icbl.org/wg/nsa/library/iccrblgr.html.

Sardeshpande, Shrikrishna Chidambar:
Assignment: Jaffna, 1. Aufl., New Delhi, 1992.

Scheuner, Ulrich:
Internationale Verträge als Elemente der Bildung von völkerrechtlichem Gewohnheitsrecht, in: Hahn, Hugo J. (Hrsg.), Festschrift für F.A. Mann, 1. Aufl., München, 1977, S. 409 ff.

Schindler, Dietrich:
Le droit international humanitaire et les conflits armés internes internationalisés, in: IRRC 1982, S. 263 ff.

Schindler, Dietrich:
The Different Types of Armed Conflicts according to the Geneva Conventions and Protocols, in: RdC, Bd. 163, 1979/II, S. 117 ff.

Schindler, Dietrich:
Kriegsrecht und Menschenrechte, in: Häfelin, Ulrich / Haller, Walter / Schindler, Dietrich (Hrsg.), Menschenrechte, Föderalismus, Demokratie, Festschrift zum 70. Geburtstag von Werner Kägi, Zürich, 1979, S. 327 ff.

Schindler, Dietrich:
Der „Kriegszustand" im Völkerrecht der Gegenwart, in: Kipp, Heinrich / Heydte, Friedrich August / Steinkamm, Armin Arne / Mayer, Franz (Hrsg.), Um Recht und Freiheit, Festschrift für Friedrich August Freiherr von der Heydte, Erster Halbband, Erster Halbband, Berlin, 1977, S. 555 ff.

Schindler, Dietrich:
Die Anwendung der Genfer Rotkreuzabkommen seit 1949, in: SJIR 1965, S. 75 ff.

Schlichte, Klaus / Wilke, Boris:
Der Staat und einige seiner Zeitgenossen. Zur Zukunft des Regierens in der „Dritten Welt", in: Zeitschrift für Internationale Beziehungen 2000, S. 359 ff.

Schlögel, Anton:
La guerre civile, in: IRRC 1970, S. 137 ff.

Schmidt, Richard / Grabowsky, Adolf:
Deutschlands Kampf um Gleichberechtigung, Berlin, 1934.

Schmidt, Hajo:
„Humanitäre Intervention" nach dem Kosovo-Krieg von 1999. Rechtsethische Reflexionen, in: Voigt, Rüdiger (Hrsg,), Krieg – Instrument der Politik?, 1. Aufl., Baden-Baden, 2002, S. 109 ff.

Smith, Alison:
A Response to „A ,Special Court' for Sierra Leone's War Crimes"; abrufbar unter: www.globalpolicy.org/security/issues/sierra/court/2001/critique.htm.

Schmitt, Carl:
Der Nomos der Erde im Völkerrecht des Jus Publicum Europaeum, Köln, 1950.

Schmitt, Carl:
Theorie des Partisanen: Zwischenbemerkungen zum Begriff des Politischen, Berlin, 1963.

Schmitt, Carl:
Der Begriff des Politischen, Text von 1932 mit einem Nachwort von 1963, unveränderter Nachdruck, Berlin, 1987.

Schröder, Meinhard:
Non-Intervention, Principle of, in: EPIL, vol. VII, 1984, S. 358 ff.

Seidl-Hohenveldern, Ignaz:
Völkerrecht, 7. Aufl., Köln, 1992.

Shalom, Stephen R.:
The Rwanda Genocide; abrufbar unter: www.zmag.org/ZMag/articles/april96shalom.htm.

Shearer, David:
Private Armies and Military Intervention, Adelphi Paper no. 316, London: International Institute for Strategic Studies, 1998.

Shihadeh, Raja:
Can the Declaration of Principles Bring About a 'Just and Lasting Peace'?, in: EJIL, vol. 4, 1993, S. 555 ff.

Simma, Bruno (Hrsg.):
Charta der Vereinten Nationen: Kommentar, München, 1991.

Simma, Bruno / Paulus, Andreas L.:
The Responsibility of Individuals for Human Rights Abuses in Internal Conflicts: A Positivist View, in: AJIL, vol. 93, 1999, S. 302 ff.

Singer, Peter W.:
Corporate Warriors: the Rise of Privatized Military Industry, Ithaca, 2003.

Ssenyonjo, Manisuli:
Accountability of Non-State Actors in Uganda for War Crimes and Human Rights Violations: Between Amnesty and the International Criminal Court, in: Journal of Conflict and Security Law, vol. 10, 2005, S. 405 ff.

Stein, Andreas:
Der Sicherheitsrat der Vereinten Nationen und die Rule of Law, Baden-Baden, 1999.

Stein, Torsten / Butlar, Christian von:
Völkerrecht, 11. Aufl., Köln, Berlin, München, 2005.

Tibi, Bassam:
Der islamische Fundamentalismus zwischen „halber Moderne" und politischem Aktionismus, in: Aus Politik und Zeitgeschichte Bd. 33, 1993, S. 3 ff.

Thomas, Ann Van Wynen / Thomas, A. J., Jr.:
International Legal Aspects of the Civil War in Spain, 1936-39, in: Falk, Richard A. (Hrsg.), The International Law of Civil War, Baltimore/London, 1971, S. 111 ff.

Tomuschat, Christian:
Ein Internationaler Strafgerichtshof als Element einer Weltfriedensordnung, in: EA 1994, S. 61 ff.

Triffterer, Otto:
Der ständige Internationale Strafgerichtshof – Anspruch und Wirklichkeit. Anmerkungen zum „Rome Statute of the International Criminal Court" vom 17. Juli 1998, in: Gössel, Karl Heinz (Hrsg.), Gedächtnisschrift für Heinz Zipf, Heidelberg, 1999, S. 493 ff.

Verdross, Alfred:
Völkerrecht, 5. Aufl., Wien, 1964.

Verdross, Alfred / Simma, Bruno:
Universelles Völkerrecht, 3. Aufl., Berlin, 1984.

Verhoeven, Joe:
La reconnaissance internationale dans la pratique contemporaire, Paris, 1975.

Verwey, Will D.:
Humanitarian Intervention under International Law, in: Netherlands International Law Review, vol. 32, 1985, S. 357 ff.

Veuthey, Michel:
Les conflits armés de caractère non international et le droit humanitaire, in: Cassese, Antonio (Hrsg.), Current Problems of International Law, Milano, 1975, S. 179 ff.

Veuthey, Michel:
Guérilla et droit humanitaire, CICR (Hrsg.), Genf, 1983.

Vitzthum, Wolfgang:
Völkerrecht, 3. Aufl., Berlin, 2004.

Voigt, Rüdiger:
Entgrenzung des Krieges. Zur Raum- und Zeitdimension von Krieg und Frieden, in: Voigt, Rüdiger (Hrsg.), Krieg – Instrument der Politik?, 1. Aufl., Baden-Baden, 2002, S. 293 ff.

Waldmann, Peter:
Terrorismus. Provokation der Macht, München, 1998.

Wäspi, Stefan:
Die Arbeit der Internationalen Strafgerichtshöfe für das ehemalige Jugoslawien und Ruanda: Herausforderungen für die Anklage im internationalen Umfeld, in: NJW 2000, S. 2449 ff.

Watkin, Ken:
Combatants, Unprivileged Belligerents and Conflicts in the 21st Century, International Humanitarian Law Research Initiative, Background Paper prepared for the Informal High-Level-Expert Meeting on the Reaffirmation and Development of International Humanitarian Law, Cambridge, June 27-29 2001; abrufbar unter: www.ihlresearch.org/ihl/pdfs/Session2.pdf.

Weber, Max / Winckelmann, Johannes:
Wirtschaft und Gesellschaft: Grundriß der verstehenden Soziologie, 5. Aufl., Tübingen, 1980.

Wehberg, Hans:
La guerre civile et le droit international, in: RdC, Bd. 63, 1938/I, S. 1 ff.

Wengler, Wilhelm:
Der Begriff des Völkerrechtssubjektes im Lichte der politischen Gegenwart, in: Die Friedenswarte, Bd. 51, 1951-1953, S. 113 ff.

Werle, Gerhard:
Völkerstrafrecht, Tübingen, 2003.

Wetzel, Jan Erik:
Der aktuelle Fall: Der Special Court für Sierra Leone, in: HuV 2003, S. 147 ff.

Wilhelm, René-Jean:
Problèmes relatifs à la protection de la personne humaine par le droit international dans les conflits armés ne représentant pas un caractère international, in: RdC, Bd. 137, 1972/III, S. 311 ff.

Wirsching,Andreas:
Der Erste Weltkrieg und die Entwicklungsdynamik der totalitären Ideologien, in: Krieg – Instrument der Politik?, Voigt, Rüdiger (Hrsg.), 1. Aufl., Baden-Baden, 2002, S. 37 ff.

Wodie, Francis:
La sécession du Biafra et le droit international public, in: RGDIP 1969, S. 1018 ff.

Woetzel, Robert K.:
The Nuremberg Trials in International Law: with a Postlude on the Eichmann Case, 1. Aufl., London, 1962.

Wolfrum, Rüdiger (Hrsg.):
Handbuch Vereinte Nationen, 2. Aufl., München, 1991.

Wollstein, Günter:
Gas und Panzerwagen, Flugzeug und U-Boot: Der Einsatz von Massenvernichtungswaffen, in: DIE ZEIT (Hrsg.), Welt- und Kulturgeschichte, Bd. 13, 2006, S. 43 ff.

Zanetti, Véronique:
Menschenrechte und humanitäre Interventionspflicht, in: Gustenau, Gustav (Hrsg.), Humanitäre militärische Intervention zwischen Legalität und Legitimität, Tagungsband des Instituts für Internationale Friedenssicherung, Wien/Baden-Baden, 2000, S. 93 ff.

Zartmann, Ira William:
Introduction: Posing the Problem of State Collapse, in: Zartmann, I. W. (Hrsg.), Collapsed States, Boulder, Colo./London, 1995, S. 1 ff.

Zegveld, Liesbeth:
Accountability of Non-State Actors in International Law, Bruges Colloquium, Relevance of International Humanitarian Law to Non-State Actors, 25-26 October 2002, S. 153 ff.; abrufbar unter: www.coleurop.be/content/publications/pdf/Collegium27.pdf

Ziebura, Gilbert:
Ost-West- und Nord-Süd-Beziehungen im Zeichen der Doppelkrise von Weltwirtschaft und Weltpolitik seit 1974/75. Eine Problemskizze. in: Calließ, Jörg (Hrsg.), Der West-Ost-Konflikt. Geschichte – Positionen – Perspektiven, Paderborn/München/Wien/Zürich, 1988, S. 129 ff.

Zimmermann, Andreas:
The Judicial Legacy of Nuremberg – The Statute of the International Military Tribunal of Nuremberg and the International Criminal Court, in: Reginbogin, Herbert R. / Safferling, Christoph J. M., The Nuremberg Trials, International Criminal Law Since 1945, München, 2006, S. 266 ff.

Zippelius, Reinhold:
Allgemeine Staatslehre, 7. Aufl., München, 1980.

Zöckler, Markus C.:
Commentary on Protocol IV on Blinding Laser Weapons, in: YIHL, vol. 1, 1998, S. 333 ff.

Rechtsprechungsverzeichnis

Internationaler Militärgerichtshof Nürnberg

- The Trial of the Major War Criminals: Proceedings of the International Military Tribunal Sitting at Nuremberg Germany, Part 22, 1950.
- Internationaler Militärgerichtshof Nürnberg, Der Nürnberger Prozeß gegen die Hauptkriegsverbrecher, Bd. 1, 1947.

Internationaler Gerichtshof (IGH)

- Reparation for Injuries Suffered in the Services of the United Nations, Advisory Opinion, 11 April 1949, ICJ Reports 1949, p. 174 ff.
- Corfu Channel Case, Judgement, 15 December 1949, ICJ Reports 1949, p. 4 ff.
- Fisheries Case (United Kingdom v. Norway), Judgement, 18 December 1951, ICJ Reports 1951, p. 116 ff.
- North Sea Continental Shelf Case, Judgement, 20 February 1969, ICJ Reports 1969, p. 3 ff.
- Fisheries Jurisdiction Case (United Kingdom v. Iceland), Judgement 25 July 1974 – Merits, abrufbar unter: www.icj-cji.org/icjwww/icases/iai/iaiframe.htm.
- Applicability of the Obligation to Arbitrate under Section 21 of the United Nations Headquarters Agreement of 26 June 1947, Advisory Opinion, 26 April 1988, ICJ Reports 1988, p. 12 ff.
- Military and Paramilitary Activities in and against Nicaragua (Nicaragua v. United States of America), Judgement, 27 June 1986 – Merits, abrufbar unter: www.icj-cji.org/icjwww/icases/inus/inusframe.htm.
- Legality of the Threat or Use of Nuclear Weapons, Advisory Opinion, 8 July 1996, abrufbar unter: www.icj-cji.org/icjwww/icases/iunan/iunanframe.htm.
- Case concerning the Gabčikovo-Nagymaros Project (Hungary v. Slovakia), Judgement, 25 September 1997, ICJ Reports 1997, p. 7 ff.

Internationales Straftribunal für das ehemalige Jugoslawien (ICTY)

Trial Chambers

- The Prosecutor v. Aleksovski, Trial Chamber I Judgement, 25 June 1999, Case no. IT-95-14/1-AR73.
- The Prosecutor v. Blaškic, Trial Chamber I Judgement, 3 March 2000, Case no. IT-95-14.
- The Prosecutor v. Delalić et al., Trial Chamber II Judgement, 16 November 1998, Case no. IT-96-21-T.

- The Prosecutor v. Erdemović, Trial Chamber II Judgement, 5. March 1998, Case no. IT-96-22-T.
- The Prosecutor v. Furundzija, Trial Chamber II Judgement, 10 December 1998, Case no. IT-95-17/1.
- The Prosecutor v. Kordic & Cerkez, Trial Chamber III Judgement, 26 February 2001, Case no. IT-95-14/2-T.
- The Prosecutor v. Kunarac, Kovac, Vukovic, Trial Chamber I Judgement, 22 February 2001, Case no. IT-96-23 und IT-96-23/1.
- The Prosecutor v. Kupreskic, Trial Chamber II Judgement, 14 January 2000, Case no. IT-95-16.
- The Prosecutor v. Naletilic et al, Trial Chamber I Judgement, 31 March 2003, Case no. IT-98-34-T.
- The Prosecutor v. Rajic, Decision of Trial Chamber II on Review of Indictment Pursuant to Rule 61, 13 September 1996, Case no. IT-95-12-R61.
- The Prosecutor v. Tadic, Decision of Trial Chamber I on the Defence Motion on Jurisdiction, 10 August 1995, Case no. IT-94-1.
- The Prosecutor v. Tadic, Trial Chamber II Judgement, 7 May 1997, Case no. IT-94-1-T.

Appeals Chamber

- The Prosecutor v. Delalić et al., Appeal Chamber Judgement, 20 February 2001, Case no. IT-96-21-A.
- The Prosecutor v. Tadic, Decision of Appeal Chamber on the defence motion of interlocutory appeal on jurisdiction, 2 October 1995, Case no. IT-94-1-AR72.
- The Prosecutor v. Tadic, Appeals Chamber Judgement, 15 July 1999, Case no. IT-94-1-A.

Internationales Straftribunal für Ruanda (ICTR)

- The Prosecutor v. Akayesu, Trial Chamber Judgement, 2 September 1998, Case no. ICTR-96-4-T.
- The Prosecutor v. Bagilishema, Trial Chamber I Judgement, 7 June 2001, Case no. ICTR-95-1A-T.
- The Prosecutor v. Musema, Trial Chamber I Judgement, 27 January 2000, Case no. ICTR-96-13-A.
- The Prosecutor v. Ntagerura et al, Trial Chamber Oral Decision, 4 June 2002, Case no. ICTR-99-46-T.
- The Prosecutor v. Rutaganda, Trial Chamber Judgement, 6 December 1999, Case no. ICTR-96-3.

Andere Gerichtshöfe

- US Supreme Court, Three Friends v. United States, 166 U.S. 1, 1897.
- Supreme Court Transvaal, Fall Van Denventer v. Hancke and Mossop, Transvaal Law Reporter (1903), S. 401 ff.
- British Military Court, Trial of Joseph Kramer and 44 Others, Luneburg, 17 September – 17 November 1945, Law Reports Trials of War Criminals, vol. II.
- Dutch Court of Cassation, Public Prosecutor v. Menten, 29 May 1978, International Law Reports 1987, S. 331 ff.

Dokumentationsverzeichnis des Internationalen Komitees vom Roten Kreuz (IKRK)

Actes:
Actes de la Conférence Diplomatique convoquée par le Conseil fédéral suisse pour l'élaboration de Conventions internationales destinées à protéger les victimes de la guerre et réunie à Genève, du 21 avril au 12 aout 1949.

CDDH:
Actes de la Conférence Diplomatique sur la réaffirmation et le développement du droit international humanitaire applicable dans les conflits armés, à Genève 1974-1977, vol. I, III.

Commentaire III:
La Convention de Genève relative au traitement des prisonniers de guerre, Commentaire publié sous la direction de Jean Pictet, Genève, 1958.

Commentaire IV:
La Convention de Genève relative à la protection des personnes civiles en temps de guerre, Commentaire publié sous la direction de Jean Pictet, Genève, 1956.

Documentation 1971 V:
Conférence d'experts gouvernementaux sur la réaffirmation et le développement du droit international humanitaire applicable dans les conflits armés, à Genève, du 24 mai-12 juin 1971, Documentation présentée par le CICR.

Documentation 1972:
Conférence d'experts gouvernementaux sur la réaffirmation et le développement du droit international humanitaire applicable dans les conflits armés, à Genève du 3 mai-3 juin 1972; Documentation présentée par le CICR.

Rapport 1963:
Congrès du Centenaire de la Croix-Rouge International, à Genève, du 28 aout-10 septembre 1963, Conseil des délégués; protection des victimes de conflits non-internationaux, Rapport du CICR.

Rapport 1965:
XXe Conférence Internationale de la Croix-Rouge, à Vienne 1965; protection des victimes de conflits non-internationaux, Rapport présenté par le CICR.

Rapport 1971:
Conférence d'experts gouvernementaux sur la réaffirmation et le développement de droit international humanitaire applicable dans les conflits armés, à Genève, du 24 mai-12 juin 1971; Rapport sur les travaux de la Conférence présenté par le CICR.

Rapport 1972:
Conférence d'experts gouvernementaux sur la réaffirmation et le développement de droit international humanitaire applicable dans les conflits armés, à, Genève, du 3 mai-3 juin 1972; Rapport sur les travaux de la Conférence présenté par le CICR, vol. I, II.

Règlement 1900:
Règlement adopté par l'Institut de Droit International sur les « Droits et devoirs des Puissances étrangères, au cas de mouvement insurrectionnel, envers les gouvernements établis et reconnus qui sont aux prises avec l'insurrection », 8 septembre 1900, AIDI 18 (1900), S. 181 ff.

Schriften zum internationalen und zum öffentlichen Recht

Herausgegeben von Gilbert Gornig

Band 1 Michael Waldstein: Das Asylgrundrecht im europäischen Kontext. Wege einer europäischen Harmonisierung des Asyl- und Flüchtlingsrechts. 1993.

Band 2 Axel Linneweber: Einführung in das US-amerikanische Verwaltungsrecht. Kompetenzen, Funktionen und Strukturen der "Agencies" im US-amerikanischen Verwaltungsrecht. 1994.

Band 3 Tai-Nam Chi: Das Herrschaftssystem Nordkoreas unter besonderer Berücksichtigung der Wiedervereinigungsproblematik. 1994.

Band 4 Jörg Rösing: Beamtenstatut und Europäische Gemeinschaften. Eine Untersuchung zu den gemeinschaftsrechtlichen Anforderungen an die Freizügigkeit der Arbeitnehmer im Bereich des öffentlichen Dienstes. 1994.

Band 5 Wolfgang Wegel: Presse und Rundfunk im Datenschutzrecht. Zur Regelung des journalistischen Umgangs mit personenbezogenen Daten. 1994.

Band 6 Sven Brandt: Eigentumsschutz in europäischen Völkerrechtsvereinbarungen. EMRK, Europäisches Gemeinschaftsrecht, KSZE – unter Berücksichtigung der historischen Entwicklung. 1995.

Band 7 Alejandro Alvarez: Die verfassunggebende Gewalt des Volkes unter besonderer Berücksichtigung des deutschen und chilenischen Grundgesetzes. 1995.

Band 8 Martin Thies: Zur Situation der gemeindlichen Selbstverwaltung im europäischen Einigungsprozeß. Unter besonderer Berücksichtigung der Vorschriften des EG-Vertrages über staatliche Beihilfen und der EG-Umweltpolitik. 1995.

Band 9 Rolf-Oliver Schwemer: Die Bindung des Gemeinschaftsgesetzgebers an die Grundfreiheiten. 1995.

Band 10 Holger Kremser: "Soft Law" der UNESCO und Grundgesetz. Dargestellt am Beispiel der Mediendeklaration. 1996.

Band 11 Michael Silagi: Staatsuntergang und Staatennachfolge: mit besonderer Berücksichtigung des Endes der DDR. 1996.

Band 12 Reinhard Franke: Der gerichtliche Vergleich im Verwaltungsprozeß. Auch ein Beitrag zum verwaltungsrechtlichen Vertrag. 1996.

Band 13 Christoph Eichhorn: Altlasten im Konkurs. 1996.

Band 14 Dietrich Ostertun: Gewohnheitsrecht in der Europäischen Union. Eine Untersuchung der normativen Geltung und der Funktion von Gewohnheitsrecht im Recht der Europäischen Union. 1996.

Band 15 Ulrike Pieper: Neutralität von Staaten. 1997.

Band 16 Harald Endemann: Kollektive Zwangsmaßnahmen zur Durchsetzung humanitärer Normen. Ein Beitrag zum Recht der humanitären Intervention. 1997.

Band 17 Jochen Anweiler: Die Auslegungsmethoden des Gerichtshofs der Europäischen Gemeinschaften. 1997.

Band 18 Henrik Ahlers: Grenzbereich zwischen Gefahrenabwehr und Strafverfolgung. 1998.

Band 19 Heinrich Hahn: Der italienische Verwaltungsakt im Lichte des Verwaltungsverfahrensgesetzes vom 7. August 1990 (Nr. 241/90). Eine rechtsvergleichende Darstellung. 1998.

Band 20 Christoph Deutsch: Elektromagnetische Strahlung und Öffentliches Recht. 1998.

Band 21 Cordula Fitzpatrick: Künstliche Inseln und Anlagen auf See. Der völkerrechtliche Rahmen für die Errichtung und den Betrieb künstlicher Inseln und Anlagen. 1998.

Band 22 Hans-Tjabert Conring: Korporative Religionsfreiheit in Europa. Eine rechtsvergleichende Betrachtung. Zugleich ein Beitrag zu Art. 9 EMRK. 1998.

Band 23 Jörg Karenfort: Die Hilfsorganisation im bewaffneten Konflikt. Rolle und Status unparteiischer humanitärer Organisationen im humanitären Völkerrecht. 1999.

Band 24 Matthias Schote: Die Rundfunkkompetenz des Bundes als Beispiel bundesstaatlicher Kulturkompetenz in der Bundesrepublik Deutschland. Eine Untersuchung unter besonderer Berücksichtigung natürlicher Kompetenzen und der neueren Entwicklung im Recht der Europäischen Union. 1999.

Band 25 Hermann Rothfuchs: Die traditionellen Personenverkehrsfreiheiten des EG-Vertrages und das Aufenthaltsrecht der Unionsbürger. Eine Gegenüberstellung der vertraglichen Gewährleistungen. 1999.

Band 26 Frank Alpert: Zur Beteiligung am Verwaltungsverfahren nach dem Verwaltungsverfahrensgesetz des Bundes. Die Beteiligtenstellung des § 13 Abs. 1 VwVfG. 1999.

Band 27 Matthias Reichart: Umweltschutz durch völkerrechtliches Strafrecht. 1999.

Band 28 Nikolas von Wrangell: Globalisierungstendenzen im internationalen Luftverkehr. Entwicklung der Regulierung und Liberalisierung unter Berücksichtigung strategischer Allianzen und des Code-Sharing. 1999.

Band 29 Marietta Hovehne: Ein demokratisches Verfahren für die Wahlen zum Europäischen Parlament. Legitimation gemeinschaftlicher Entscheidungsstrukturen im europäischen Integrationsprozeß. 1999.

Band 30 Nina Kaden: Der amerikanische Clean Air Act und das deutsche Luftreinhalterecht. Eine rechtsvergleichende Untersuchung. 1999.

Band 31 Brigitte Daum: Grenzverletzungen und Völkerrecht. Eine Untersuchung der Rechtsfolgen von Grenzverletzungen in der Staatenpraxis und Folgerungen für das Projekt der International Law Commission zur Kodifizierung des Rechts der Staatenverantwortlichkeit. 1999.

Band 32 Andreas Fürst: Die bildungspolitischen Kompetenzen der Europäischen Gemeinschaft. Umfang und Entwicklungsmöglichkeiten. 1999.

Band 33 Gilles Despeux: Die Anwendung des völkerrechtlichen Minderheitenrechts in Frankreich. 1999.

Band 34 Michael Reckhard: Die rechtlichen Rahmenbedingungen der Sanktionierung von Beitragsverweigerung im System der Vereinten Nationen. 1999.

Band 35 Carsten Pagels: Schutz- und förderpflichtrechtliche Aspekte der Religionsfreiheit. Zugleich ein Beitrag zur Auslegung eines speziellen Freiheitsrechts. 1999.

Band 36 Bernhard Mehner: Die grenzüberschreitende Wirkung direktempfangbaren Satellitenfernsehens aus völkerrechtlicher Sicht. 2000.

Band 37 Karl-Josef Ulmen: Pharmakologische Manipulationen (Doping) im Leistungssport der DDR. Eine juristische Untersuchung. 2000.

Band 38 Jochen Starke: Die verfassungsgerichtliche Normenkontrolle durch den Conseil constitutionnel. Zum Kompetenztitel des Art. 61 der französischen Verfassung. 2000.

Band 39 Marco Herzog: Rechtliche Probleme einer Inhaltsbeschränkung im Internet. 2000.

Band 40 Gilles Despeux: Droit de la délimitation maritime. Commentaire de quelques décisions plutoniennes. 2000.

Band 41 Christina Hackel: Der Untergang des Landes Braunschweig und der Anspruch auf Restitution nach der Wiedervereinigung Deutschlands. 2000.

Band 42 Peter Aertker: Europäisches Zulassungsrecht für Industrieanlagen. Die Richtlinie über die integrierte Vermeidung und Verminderung der Umweltverschmutzung und ihre Auswirkungen auf das Anlagenzulassungsrecht der Bundesrepublik Deutschland. 2000.

Band 43 Karsten Bertram: Die Gesetzgebung zur Neuregelung des Grundeigentums in der ersten Phase der Französischen Revolution (bis 1793) und deren Bedeutung für die deutsche Eigentumsdogmatik der Gegenwart. 2000.

Band 44 Ulrike Hartmann: Die Entwicklung im internationalen Umwelthaftungsrecht unter besonderer Berücksichtigung von *erga omnes*-Normen. 2000.

Band 45 Thomas Jesch: Die Wirtschaftsverfassung der Sonderverwaltungsregion Hongkong. Eine Darstellung vor dem Hintergrund der Wiedereingliederung in die Souveränität der Volksrepublik China. 2001.

Band 46 Sven Gottschalkson: Der Ausschluß des Zivilrechtsweges bei Eigentumsverlusten an Immobilien in der ehemaligen DDR. 2002.

Band 47 Gilbert Hanno Gornig/Gilles Despeux: Seeabgrenzungsrecht in der Ostsee. Eine Darstellung des völkerrechtlichen Seeabgrenzungsrechts unter besonderer Berücksichtigung der Praxis der Ostseestaaten. 2002.

Band 48 Andreas Zühlsdorff: Rechtsverordnungsersetzende Verträge unter besonderer Berücksichtigung des Umweltrechts. 2003.

Band 49 Katja Schmitz: Durchgriffswirkung von Maßnahmen der UN und ihrer Sonderorganisationen unter besonderer Berücksichtigung von Resolutionen des UN-Sicherheitsrates - Die Entwicklung supranationaler Strukturen. 2003.

Band 50 Stefanie Rothenberger: Die angemessene Nutzung gemeinschaftlicher Ressourcen am Beispiel von Flüssen und speziellen Ökosystemen. Eine vergleichende Betrachtung zum modernen Verständnis eines klassischen völkerrechtlichen Nutzungsprinzips. 2003.

Band 51 Christoph von Burgsdorff: Die Umsetzung der EG-Datenschutzrichtlinie im nicht-öffentlichen Bereich. Möglichkeit einer zukunftsorientierten Konzeption des Datenschutzes in der Privatwirtschaft unter besonderer Berücksichtigung des BDSG. 2003.

Band 52 Frank Reinhardt: Powerline. Verfassungs-, verwaltungs- und telekommunikationsrechtliche Probleme. 2003.

Band 53 Chie Sato: Immunität Internationaler Organisationen. 2004.

Band 54 Johannes Thoma: EU-Recht und Schranken hoheitlicher Staatstätigkeit. 2004.

Band 55 Wolf Peterhoff: Rechtsansprüche enteigneter Volksgruppen und ihre Durchsetzbarkeit. 2004.

Band 56 Do-Hyub Kim: Das deutsche parlamentarische Regierungssystem als mögliches Modell für Korea. 2004.

Band 57 Alexander Koberg: Die Exilregierung im Völkerrecht. Eine Untersuchung ihrer rechtlichen Klassifikation. 2005.

Band 58 Nils Christian Carstensen: Das Verhältnis des Seerechtsübereinkommens der Vereinten Nationen von 1982 zu fischereirechtlichen Übereinkommen und deren Streitbeilegungsvorschriften. 2005.

Band 59 Oliver Franz: Osttimor und das Recht auf Selbstbestimmung. Eine Untersuchung zur Anwendung des Selbstbestimmungsrechts der Völker am Beispiel Osttimors. 2005.

Band 60 Michael Kadgien: Das Habsburgergesetz. 2005.

Band 61 Felix Wolf: Terrorversicherungen und europäisches Wettbewerbsrecht. Verschiedene Modelle staatlicher Beteiligung an einer Terrorversicherung für Wirtschaftsbetriebe und ihre Vereinbarkeit mit dem europäischen Wettbewerbsrecht. 2005.

Band 62 Heiko Bertelmann: Die Europäisierung des Staatshaftungsrechts. Eine Untersuchung zum Einfluss des Europäischen Gemeinschaftsrechts auf das deutsche Staatshaftungsrecht unter besonderer Berücksichtigung der Haftung für judikatives Unrecht. 2005.

Band 63 Cedric Christian Meyer: Konkretisierung unbestimmter Rechtsbegriffe im deutschen und französischen Anlagenzulassungsrecht. 2005.

Band 64 Philippe Gréciano: Die Gerichtsbarkeit der Europäischen Gemeinschaften. Rechtsprechung und Rechtssprache Europas aus französischer Perspektive. Mit einem Vorwort von Theodor Öhlinger. 2007.

Band 65 Anne-Louise Schümer: Die Stellung des Ministerpräsidenten in den Bundesländern im Vergleich. 2006.

Band 66 Helen Ghebrewebet: Identifying Units of Statehood and Determining International Boundaries. A Revised Look at the Doctrine of *Uti Possidetis* and the Principle of Self-Determination. 2006.

Band 67 Arne Hertel: Beihilfen an kleine und mittlere Unternehmen. 2006.

Band 68 Markus Günther: Europol. Rechtsschutzmöglichkeiten und deren Vereinbarkeit mit nationalen und internationalen Anforderungen. 2006.

Band 69 Christian Wicker: The Concepts of Proportionality and State Crimes in International Law. An Analysis of the Scope of Proportionality in the Right of Self-Defence and in the Regime of International Countermeasures and an Evaluation of the Concept of State Crimes. 2006.

Band 70 Hauke Stöwsand: Zyperns Beitritt zur Europäischen Union. Vom Antrag auf Mitgliedschaft bis zum Protokoll der Beitrittsakte. 2007.

Band 71 Natalie Rowohl: Weltbank und Internationaler Währungsfonds: Ihre Mandate und deren Abgrenzung. Stand und Reformvorschläge. 2007.

Band 72 Ru-Huei Liu: Europäisierung des deutschen Umweltrechts. 2007.

Band 73 Katja Lange: Der Status der Aufständischen im modernen humanitären Völkerrecht. 2007.

www.peterlang.de

Kolibri 360 GmbH
Ferdinand-Jühlke-Straße 7
99095 Erfurt, Deutschland
produktsicherheit@kolibri360.de

Druck:
CPI Druckdienstleistungen GmbH
im Auftrag der
Kolibri 360 GmbH
Ferdinand-Jühlke-Str. 7
99095 Erfurt